岗位技能培训手册系列

供应链管理人员岗位培训手册

弗布克培训运营中心
编著

化学工业出版社
·北京·

内容简介

《供应链管理人员岗位培训手册》是一本"拿来即用"的供应链管理人员培训手册。"拿来即学""拿来即参""拿来即改""拿来即查"是本书的特色，简洁精练的语言与新颖翔实的内容是本书的核心，掌握技能与解决问题是本书的目标，让供应链管理人员对管理工作从入门到精通是本书的主旨。

本书通过岗位说明书、岗位胜任素质模型、方法、方案、工具、制度、流程、报告等将供应链管理工作逐一细化，涵盖了需求、订单、计划、采购、库存、供应商、配送、仓储、逆向物流等供应链管理的全新内容，让培训者一学就会、一做就对。

本书适合供应链管理人员、采购人员、物流管理人员等供应链从业者阅读和使用。

图书在版编目(CIP)数据

供应链管理人员岗位培训手册/弗布克培训运营中心编著. —北京：化学工业出版社，2023.3
（岗位技能培训手册系列）
ISBN 978-7-122-42949-0

Ⅰ.①供… Ⅱ.①弗… Ⅲ.①供应链管理-岗位培训-技术手册 Ⅳ.①F252.1-62

中国国家版本馆 CIP 数据核字（2023）第 025729 号

责任编辑：王淑燕　　　　　　　　　　文字编辑：王　琪
责任校对：王　静　　　　　　　　　　装帧设计：史利平

出版发行：化学工业出版社(北京市东城区青年湖南街 13 号　邮政编码 100011)
印　　装：大厂聚鑫印刷有限责任公司
710mm×1000mm　1/16　印张 15¾　字数 285 千字
2023 年 6 月北京第 1 版第 1 次印刷

购书咨询：010-64518888　　　　　　　售后服务：010-64518899
网　　址：http://www.cip.com.cn

凡购买本书，如有缺损质量问题，本社销售中心负责调换。

定　　价：69.00元　　　　　　　　　　　　　　　　版权所有　违者必究

前言

"十四五"时期,中国大力实施"技能中国行动",健全技能人才培养、使用、评价、激励制度,主要任务为健全完善"技能中国"政策制度体系和实施"技能提升""技能强企""技能激励""技能合作"四大行动。

技能是强国之基、立业之本。在"技能提升"和"技能强企"行动中,每个企业的每个岗位人员,都需要不断强化岗位技能,提升工作能力,为企业贡献力量。为此,基于岗位,立足业务,面向管理,我们推出了"岗位技能培训手册系列"图书。

我们将业务内容和管理目标都细化为流程、步骤、制度、方案、工具、报告、方法等,以达到"拿来即学""拿来即参""拿来即改""拿来即查"的目的,从而达成"拿来即用"的目标。

《供应链管理人员岗位培训手册》是此系列图书中的一本,通过方法、方案、工具、制度、流程、报告等将供应链管理工作逐一细化,涵盖了需求、订单、计划、采购、库存、供应商、配送、仓储、逆向物流等供应链工作的全新内容。

本书具有以下3大特点。

1. 依照标准

本书在编写过程中,参照了供应链管理师国家职业标准,并根据这个标准,将一些具体的供应链管理工作制度化、流程化、方案化、方法化、模板化,让读者可以根据自己企业的业务情况和管理情况进行参考、参照、借鉴,快速提高本企业供应链作业水平和管理水平。

2. 分列环节

本书将供应链工作细分环节,从事项和管理两个角度分别阐述，便于供应链业务人员参照和使用，"拿来即查""拿来即参"；便于供应链管理人员"拿来即学""拿来即改"。

3. 设计优先

本书设计的岗位说明书、岗位胜任素质模型、流程、体系、方案、制度等，为供应链企业管理水平的提升提供了设计规范、模板、案例，为供应链企业规范化管理过程提供了可参照的样例。这些设计无疑节省了供应链管理者大量的工作时间，只要稍加修改，便可以"拿来即用"。

本书配有电子课件，可免费提供给采用本书作为培训教材的老师使用，如有需要请联系 357396103@qq.com。欢迎广大读者提出宝贵意见，以便改正。

弗布克培训运营中心

2022 年 12 月

目录

第1章 供应链管理人员岗位说明书与胜任素质设计　001

1.1 供应链管理人员岗位说明书 // 002
- 1.1.1 需求计划主管岗位说明书 // 002
- 1.1.2 产品采购经理岗位说明书 // 004
- 1.1.3 服务采购经理岗位说明书 // 006
- 1.1.4 招标经理岗位说明书 // 008
- 1.1.5 生产经理岗位说明书 // 010
- 1.1.6 物流经理岗位说明书 // 011
- 1.1.7 供应商经理岗位说明书 // 013
- 1.1.8 采购合同经理岗位说明书 // 015

1.2 供应链管理人员岗位胜任素质模型 // 017
- 1.2.1 需求计划主管岗位胜任素质模型 // 017
- 1.2.2 产品采购经理岗位胜任素质模型 // 018
- 1.2.3 服务采购经理岗位胜任素质模型 // 020
- 1.2.4 招标经理岗位胜任素质模型 // 022
- 1.2.5 生产经理岗位胜任素质模型 // 023
- 1.2.6 物流经理岗位胜任素质模型 // 025
- 1.2.7 供应商经理岗位胜任素质模型 // 026
- 1.2.8 采购合同经理岗位胜任素质模型 // 028

第2章 供应链战略、规划、流程、风险、绩效、质量管理　030

2.1 供应链战略制定 // 031
- 2.1.1 供应链战略制定方法 // 031

  2.1.2　供应链方案设计方法 // 032
  2.1.3　制造业供应链战略制定案例 // 033
  2.1.4　零售业供应链战略制定案例 // 034
  2.1.5　制造业供应链方案设计 // 035
  2.1.6　零售业供应链方案设计 // 037
2.2　供应链规划与布局 // 038
  2.2.1　生产与服务设施选址方法 // 038
  2.2.2　生产与服务设施布局方法 // 039
  2.2.3　供应链网络设计方法 // 040
  2.2.4　生产与服务设施选址方案 // 041
  2.2.5　生产与服务设施布局方案 // 043
  2.2.6　供应链网络设计方案 // 045
2.3　供应链流程管理 // 046
  2.3.1　供应链战略实施方案制定方法 // 046
  2.3.2　供应链管理目标分解方法 // 047
  2.3.3　供应链资源配置方案设计方法 // 048
  2.3.4　供应链战略实施方案设计 // 049
  2.3.5　供应链管理目标分解表 // 051
  2.3.6　供应链资源配置方案设计 // 053
2.4　供应链风险管理 // 054
  2.4.1　供应链风险识别方法 // 054
  2.4.2　供应链风险分析方法 // 056
  2.4.3　供应链风险评估方法 // 058
  2.4.4　供应链风险控制方法 // 060
  2.4.5　供应链风险体系建设方法 // 061
2.5　供应链绩效管理体系制定 // 062
  2.5.1　供应链绩效管理体系设计方法 // 062
  2.5.2　供应链绩效管理体系设计 // 064
  2.5.3　供应链绩效管理的工具及方法 // 065
  2.5.4　供应链绩效管理制度设计 // 067
  2.5.5　供应链绩效评估的流程及工具 // 069
  2.5.6　供应链绩效改进的方法及工具 // 072

2.6 供应链质量管理体系制定 // 074
    2.6.1 供应链质量管理体系设计的方法及工具 // 074
    2.6.2 供应链质量管理的方法及工具 // 076
    2.6.3 供应链质量管理制度设计 // 080
    2.6.4 供应链质量管理体系设计 // 082

第3章 供应链需求、订单、计划、库存管理   086

3.1 需求预测处理 // 087
    3.1.1 数据整理与可视化报告编制方法 // 087
    3.1.2 市场调研报告编制方法 // 088
    3.1.3 需求预测分析方法 // 089
    3.1.4 数据整理与可视化报告 // 090
    3.1.5 市场调研报告 // 093

3.2 客户订单分析与需求管理 // 095
    3.2.1 客户订单数据分析报告编制方法 // 095
    3.2.2 客户订单数据分析报告 // 096
    3.2.3 客户分级建议方案 // 098
    3.2.4 客户需求预测流程 // 100
    3.2.5 客户需求分析报告编制方法 // 102
    3.2.6 客户需求计划编制方法 // 102
    3.2.7 客户需求分析报告 // 103
    3.2.8 客户需求计划 // 105

3.3 供应链协同计划制订 // 106
    3.3.1 供应链协同策略制定方法 // 106
    3.3.2 供应链产供销协同方案 // 107

3.4 销售与运营计划实施与流程管理战略库存管理 // 108
    3.4.1 销售与运营计划会议实施流程 // 108
    3.4.2 销售与运营计划数据采集与处理方法 // 109
    3.4.3 销售与运营计划流程设计方法 // 110
    3.4.4 销售与运营计划绩效评估的工具及方法 // 111

3.5 库存计划与战略库存管理 // 112

3.5.1 库存计划数据采集与处理方法 // 112

3.5.2 库存计划可视化报告编制的工具 // 114

3.5.3 库存可视化报告 // 114

3.5.4 供应链库存管理方法 // 116

3.5.5 库存计划编制方法 // 118

3.5.6 库存控制方法 // 119

3.5.7 供应链战略库存策略制定方法 // 121

3.5.8 供应链战略库存实施方案 // 121

第 4 章　供应链采购、供应商、采购合规管理　124

4.1 采购订单管理 // 125

4.1.1 采购订单数据分析报告编写的工具及方法 // 125

4.1.2 采购订单数据分析报告 // 127

4.1.3 供应商绩效分析方法 // 129

4.1.4 供应商绩效分析报告 // 130

4.2 供应商管理 // 133

4.2.1 供应商信息采集与处理方法 // 133

4.2.2 供应商选择工具及方法 // 134

4.2.3 供应商选择流程 // 137

4.2.4 供应商合同管理方法 // 138

4.2.5 供应商开发方法及工具 // 139

4.2.6 供应商进行认证与分级方法 // 141

4.3 采购管理体系制定 // 144

4.3.1 企业采购制度设计 // 144

4.3.2 采购流程设计 // 145

4.4 战略寻源策略制定 // 147

4.4.1 供应商战略寻源主要内容与流程 // 147

4.4.2 供应商战略寻源方案编制方法 // 148

4.5 采购合规体系制定 // 150

4.5.1 供应商行为准则 // 150

4.5.2 供应商合规性评价方法 // 153

4.5.3 供应商合规性评价规范 // 155
4.5.4 采购合规管理体系制定方法 // 157
4.5.5 采购合规管理体系设计 // 159
4.5.6 采购合规评价体系设计方法 // 159
4.5.7 采购合规评价体系设计 // 160

第5章　供应链生产计划、产能、物料管理　　162

5.1 生产计划执行 // 163
    5.1.1 产能数据采集与处理方法 // 163
    5.1.2 生产计划变更处理方法 // 164

5.2 产能规划与调控 // 165
    5.2.1 产能计算和规划的工具及方法 // 165
    5.2.2 产能调控方案 // 167

5.3 产品与服务生产流程管理 // 168
    5.3.1 产品生产流程 // 168
    5.3.2 服务生产流程 // 169
    5.3.3 产品生产流程优化方案 // 171
    5.3.4 服务生产流程优化方案 // 173

5.4 生产策略制定 // 175
    5.4.1 生产模式确定方法 // 175
    5.4.2 生产流程优化方法 // 176
    5.4.3 生产计划优化方案 // 177

5.5 物料控制与物料管理策略制定 // 179
    5.5.1 库存管理数据收集与处理方法 // 179
    5.5.2 物料库存控制指标设计 // 180
    5.5.3 物料计划制订方法 // 182
    5.5.4 物料库存管理流程 // 182
    5.5.5 物料控制模式制定方法 // 182
    5.5.6 联合库存管理制定方法 // 184
    5.5.7 安全库存管理制定方法 // 185

5.6 产品与服务开发协同 // 186

5.6.1 产品开发方法 // 186

5.6.2 服务开发方法 // 187

5.6.3 产品开发优化方案 // 190

5.6.4 服务开发优化方案 // 191

第6章 供应链配送、仓储、逆向物流管理   194

6.1 运输与配送管理 // 195

6.1.1 运输与配送作业流程优化方法 // 195

6.1.2 运输与配送作业流程优化报告 // 196

6.1.3 运输与配送作业绩效考核方法 // 198

6.1.4 运输与配送作业绩效考核报告 // 199

6.1.5 运输与配送运营方案 // 201

6.1.6 运输与配送业务绩效考核方案 // 204

6.1.7 运输与配送运营策略 // 206

6.1.8 运输与配送考核与评价体系设计 // 207

6.2 仓储管理 // 208

6.2.1 仓储作业流程优化报告 // 208

6.2.2 仓储作业绩效考核报告 // 211

6.2.3 仓储运营方案 // 213

6.2.4 仓储业务绩效考核方案 // 216

6.2.5 仓储运营策略制定 // 219

6.2.6 仓储考核与评价体系设计 // 219

6.3 逆向物流管理与逆向物流体系设计 // 221

6.3.1 逆向物流作业流程优化报告 // 221

6.3.2 逆向物流绩效考核报告 // 223

6.3.3 逆向物流运营方案 // 225

6.3.4 逆向物流业务绩效考核方案 // 227

6.3.5 逆向物流网络体系设计 // 230

6.3.6 产品逆向物流管理策略制定方法 // 231

6.4 物流业务外包与物流外包战略制定 // 232

6.4.1 外包数据收集与处理的工具及方法 // 232

6.4.2　外包绩效考核报告 // 233
6.4.3　物流业务外包服务体系设计 // 235
6.4.4　物流供应商管理和绩效考核方案 // 236
6.4.5　物流运营模式制定方法 // 239
6.4.6　物流供应商选择的工具及方法 // 239

第1章

供应链管理人员岗位说明书与胜任素质设计

1.1 供应链管理人员岗位说明书

1.1.1 需求计划主管岗位说明书

以下是需求计划主管岗位说明书。

岗位名称	需求计划主管	岗位代码		所属部门	供应链管理部
直属上级	需求计划经理	管辖人数		晋升方向	需求计划经理
职位等级		编制日期		核准人	
职责概述	根据企业经营计划制订年度需求计划，建立需求预测模型，提高需求预测准确率，将供应链数据进行整合。根据市场和渠道变化，及时调整库存策略，协助供应链推动库存计划改善项目				
岗位职责	主要职责	工作任务			
	职责一	1.根据企业经营计划制订年度需求计划，并按月跟进分析 2.滚动月度计划每月提报及分析，持续提高预测准确率			
	职责二	1.活动运营预测专项分析，沟通运营小组提高运营预测准确率 2.总结预测经验与规律，参与建立预测模型并持续优化 3.定期对预测结果进行分析			
	职责三	1.定期组织销售与运营计划(S&OP)会议，提高业务协同能力 2.供应链产供销策略制定与方案实施			
	职责四	1.团队的发展与培养 2.将需求计划传送至各部门，使各部门根据需求计划安排工作 3.负责需求分析中各相关阶段说明文档的撰写			
	职责五	1.分析企业供应链的一系列检查数据，包括供应商供给能力、生产线实际制造能力以及物流能力等数据 2.将供应链数据以及客户需求进行对比整合，形成高效供需计划 3.下达生产、采购计划，管理和跟踪工厂的产出、交付情况			

	教育背景
任职资格	1. 大学本科及以上学历 2. 供应链管理、统计学及相关专业
	经验要求
	1. 具备需求计划及销售市场领域的工作经验 2. 具备销售市场领域管理经验或供应链管理的基层工作经验 3. 两年以上需求管理经验或供应链计划领域经验
	专业技能
	1. 需求预测技能：具备定性预测和定量预测技能，能通过需求规划软件更好地了解客户需求并制定相对准确的需求预测报告 2. 跟踪修正技能：即时跟踪计划实现过程，具备计算偏差技能，将偏差量化反馈
	岗位知识要求
	1. 熟悉现场效率提升、6S与目视化管理、生产品质控制 2. 具有ERP线上切换项目实施经验，熟悉操作ERP软件
	岗位能力要求
	1. 精通需求预测、S&OP流程管理 2. 精通订单评审、计划物控（PMC）及供应链管理，擅长数据分析 3. 精通需求计划及销售预测、物料分析与改善、库存结构优化与周转率提升
绩效考核	考核项目
	1. 需求计划编制的及时率、准确率 2. 需求计划落实的完成度 3. 月度、季度报告完成率
	考核标准
	1. 每月至少___次将需求计划流程整合到企业数据库战略 2. 每季度____日前完成上季度计划执行情况分析报告
	KPI指标
	1. 财务类：需求计划成本、产品预算合格率 2. 内部运营类：需求计划完成率、需求报告完成率 3. 学习和发展类：员工培训及时完成率、团队协同满意度

职业发展设计	1. 向上晋升,向需求计划经理、需求总监方向发展 2. 向供应链管理顾问方向发展 3. 企业供应链管理其他相关管理岗位,如市场部经理等

1.1.2 产品采购经理岗位说明书

以下是产品采购经理岗位说明书。

岗位名称	产品采购经理	岗位代码		所属部门	采购部
直属上级	采购总监	管辖人数		晋升方向	采购总监
职位等级		编制日期		核准人	
职责概述	负责产品采购的各项工作,达成企业所期望的货物种类、库存和利润目标,确保企业各项产品生产活动有序进行					
岗位职责	主要职责	工作任务				
	职责一	1. 协助决策层制定企业发展战略,负责其功能领域内短、中、长期的目标制定,负责协调供应链流程运营,确保企业目标的达成 2. 根据企业总体发展战略制定符合市场需求的营运策略、供应商管理策略等				
	职责二	1. 组织实施市场调研、预测,跟踪采购需求,编制采购计划并实施 2. 监督采购计划执行情况,对企业采购物资的质量负有全面责任 3. 监督并参与大批量产品订货的业务洽谈,检查合同的执行和落实情况				
	职责三	1. 规划采购预算,控制采购成本,实现年度成本削减目标 2. 紧密跟踪采购物资的市场走向和价格变化,及时管控采购成本				
	职责四	1. 组织并开发新的供应渠道和供应商,积极开拓货源市场 2. 建立并完善供应商的动态评估机制				
	职责五	1. 完善采购部对内和对外的工作流程和规范 2. 指导并监督下属开展业务,不断提高业务技能 3. 负责监督及检查各采购部门执行岗位工作职责和行为规范的情况				

任职资格	教育背景	
	1. 大学本科及以上学历 2. 采购与供应管理类相关专业	
	经验要求	
	1. 具备5年以上采购岗位任职经验 2. 具备2年以上采购管理岗位工作经验	
	专业技能	
	1. 熟悉产品采购程序,熟悉供应链运营流程 2. 了解企业所需采购物资市场供应情况 3. 优秀的商务谈判能力	
	岗位知识要求	
	1. 了解采购产品相关知识与性能 2. 了解合同签订过程的相关法律法规	
	岗位能力要求	
	1. 成本意识与价值分析能力 2. 预测能力(指对价格和供应数量的预测) 3. 良好的人际沟通与协调能力(与供应商、与供应链管理部门、与营销部门、与生产管理部门、与品控部门、与生产现场、与财务部门、与技术部门、与仓储部门)	
绩效考核	考核项目	
	1. 采购的及时率 2. 采购成本的下降率 3. 采购质量的合格率	
	考核标准	
	1. 采购质量合格率须达到___% 2. 每月____日前完成当月采购计划	
	KPI指标	
	1. 财务类:采购成本、采购预算合格率 2. 内部运营类:采购计划完成率、采购延期次数、采购物资验收合格率 3. 客户类:优秀供应商比例、供应商履约率、供应商开发计划完成率、部门协作满意度 4. 学习和发展类:员工培训及时完成率、核心员工保有率	

职业发展设计	1. 向上晋升，向采购总监、总经理方向发展 2. 向供应链管理顾问方向发展 3. 企业供应链管理其他相关管理岗位

1.1.3 服务采购经理岗位说明书

以下是服务采购经理岗位说明书。

岗位名称	服务采购经理	岗位代码		所属部门	采购部
直属上级	采购总监	管辖人数		晋升方向	采购总监
职位等级		编制日期		核准人	
职责概述	全面负责服务采购部的各项工作，进行服务采购的价格与质量控制，进行供应商管理与采购流程规范化管理，确保企业服务采购活动有序进行				
岗位职责	主要职责	工作任务			
	职责一	1. 根据服务项目需求制定采购策略和计划，及时响应业务需求 2. 能够针对不同的采购发生场景进行有效的策略规划及应对管理			
	职责二	1. 负责采购项目的寻源、招投标询比价、供应商绩效评估、结算等涉及采购流程的全链路执行 2. 定期分析服务市场行情，熟悉服务采购品类的供应渠道和市场变化情况，协助建立适配业务需求场景的供应商管理体系			
	职责三	1. 负责相关品类需求整合，合理控制项目采购成本，丰富项目市场资源及权益 2. 规避服务采购风险发生，包括但不限于项目交付风险、质量风险、舞弊风险等			
	职责四	1. 定期进行需求收集及项目复盘，梳理日常项目执行当中发生的问题 2. 为提高采购能效及时优化采购策略，对采购流程等提出合理化建议			
	职责五	1. 完善采购部对内和对外的工作流程和规范 2. 指导并监督下属开展业务，不断提高业务技能 3. 供应链整体流程协调			

任职资格	教育背景	
	1.大学本科及以上学历 2.采购与供应管理类相关专业	
	经验要求	
	1.具备5年以上采购岗位任职经验 2.具备2年以上服务采购管理岗位工作经验	
	专业技能	
	1.熟悉服务采购程序与采购流程 2.可以根据企业所需采购服务市场供应情况做出需求判断 3.具备强烈的合规及风险管控意识,能够及时进行风险把控及规避	
	岗位知识要求	
	1.了解采购服务项目基本情况与服务详情 2.具备合同审核与相关法律知识	
	岗位能力要求	
	1.成本意识与价值分析能力 2.需求预测能力 3.具备独立的供应商开发能力 4.良好的人际沟通与协调能力和谈判能力	
绩效考核	考核项目	
	1.供应商增加数量 2.服务产品质量 3.采购成本下降率	
	考核标准	
	1.供应商开发量 2.服务产品价格下降____%	
	KPI指标	
	1.财务类:采购成本 2.内部运营类:采购计划完成率、采购质量合格率 3.客户类:供应商履约率、部门协作满意度 4.学习和发展类:核心员工保有率、培训计划完成率	

职业发展设计	1. 向上晋升，向采购总监、总经理方向发展 2. 向供应链管理顾问方向发展 3. 企业供应链管理其他相关管理岗位

1.1.4 招标经理岗位说明书

以下是招标经理岗位说明书。

岗位名称	招标经理	岗位代码		所属部门	招投标部
直属上级	招标总监	管辖人数		晋升方向	招标总监
职位等级		编制日期		核准人	
职责概述	编制招投标制度及制订计划，组织招投标，监督招投标工作，进行招标采购预算及内外部沟通等					
岗位职责	主要职责	工作任务				
	职责一	1. 制订本部门年度工作计划、月度工作计划及月度实施方案 2. 参与编制并严格执行企业的招投标采购管理制度和流程 3. 制订采购招标工作计划并及时组织落实				
	职责二	1. 负责邀标、资格预审、考察、标书编制、选型封样、发标、答疑、回标、到评标、清标、议标、定标等全过程的组织管理工作 2. 组织招标后合同的谈判、起草、评审和签订工作，并跟踪、监督合同的执行情况				
	职责三	1. 搜集竞争对手投标数据，进行整理分析，建立相应资料库 2. 配合企业及其他部门解决项目进行过程中发生的合同纠纷等有关问题				
	职责四	1. 严格执行招标采购预算，控制采购成本 2. 收集整理供应商价格，及时剔除超过招标预算价格的供应商 3. 收集各合作企业资质使用费收费标准，建立成本信息库				
	职责五	1. 建立并协调当地有关部门的工作关系，确保有效维护外部资源，支持各项工作顺利开展 2. 负责部门内与部门间的协调和沟通 3. 建立并完善企业招标部门的绩效考核流程与评估体系				

任职资格	**教育背景**
	1. 大学本科及以上学历 2. 采购与供应管理类相关专业
	经验要求
	1. 从事5年以上大中型企业采购计划管理工作 2. 担任招标经理岗位2年以上
	专业技能
	1. 熟悉招投标书的撰写工作 2. 具备独立进行业务谈判和交涉的能力,熟练掌握商务谈判技巧
	岗位知识要求
	1. 熟悉招投标法规及流程,熟悉经济合同法等法律法规 2. 熟悉工程的招标、投标、评标和议标业务及流程 3. 熟练操作电脑及使用办公软件,能独立完成招投标文件的制作
	岗位能力要求
	1. 优秀的语言表达能力,亲和力强,掌握一定的沟通技巧 2. 工作责任心强,做事细心负责,敢于开拓创新 3. 较强的执行能力和组织协调能力 4. 思路清晰,具有较强的领导能力,有良好的团队合作精神
绩效考核	**考核项目**
	1. 标书撰写的准确性与采纳率 2. 招标成功率
	考核标准
	1. 标书采纳率达到____% 2. 招标成功率达到____%
	KPI指标
	1. 财务类:招标费用预算合格率 2. 内部运营类:标书完成度、采纳率、招标成功率 3. 客户类:客户投诉率、部门协作满意度 4. 学习和发展类:员工培训及时完成率、核心员工保有率
职业发展设计	1. 向上晋升,向招标总监方向发展 2. 向招投标顾问方向发展 3. 企业供应链管理其他相关管理岗位,如采购总监等

1.1.5 生产经理岗位说明书

以下是生产经理岗位说明书。

岗位名称	生产经理	岗位代码		所属部门	生产部
直属上级	生产总监	管辖人数		晋升方向	生产总监
职位等级		编制日期		核准人	
职责概述	负责企业生产计划的制订和实施工作,在安全生产的前提下降低生产成本,提高产品质量和生产效率,确保生产任务按时完成				
岗位职责	主要职责	工作任务				
	职责一	1.根据企业的生产经营战略制订生产计划 2.在计划执行过程中,视客观情况及时调整计划指标,协调好各个生产环节,确保生产任务的顺利完成				
	职责二	1.负责建立完善的质量管理体系,不断提高产品质量 2.负责企业生产质量的检查和监督,并配合外部相关部门的质量检查工作				
	职责三	1.不断优化生产流程,提高生产效率,降低生产成本 2.严格审核部门费用,控制部门开支				
	职责四	1.建立和完善生产安全责任制,并监督执行 2.规范和完善各项操作流程、操作规范,并监督执行 3.组织实施安全检查工作,消除安全隐患				
	职责五	1.负责设备更新改造管理工作,杜绝设备故障和事故 2.负责定期组织维修保养,提高设备完好率和利用率 3.指导、管理、监督下属的工作,不断提高其绩效水平				
任职资格	教育背景					
	1.大学本科及以上学历 2.企业管理、生产运营管理等相关专业					
	经验要求					
	1.5年以上生产制造行业从业经验 2.3年以上生产车间主任以上级别岗位工作					
	专业技能					
	1.具备标准化、目视管理、看板管理、现场管理法等生产管理方法 2.擅于设计生产流程,对生产成本节约和工作现场改善有一定的实战经验 3.对现场5S管理和精益生产有一定的管理经验					

任职资格	岗位知识要求	
	1. 熟悉国家有关安全、质量管理规定 2. 熟悉生产作业流程和工艺规程	
	岗位能力要求	
	1. 较强的现场管控能力、生产组织协调能力 2. 良好的计划与执行能力、领导能力	
绩效考核	考核项目	
	1. 产品生产过程合格率 2. 出货及时率 3. 生产效率提升率 4. 生产安全	
	考核标准	
	1. 年度生产成本下降____% 2. 生产计划完成率达____%	
	KPI指标	
	1. 财务类：生产成本降低率、单位生产成本 2. 内部运营类：生产计划完成率、产品质量合格率、安全事故发生次数、设备完好率 3. 客户类：客户满意度、产品质量投诉次数 4. 学习和发展类：核心人才流失率、培训计划完成率	
职业发展设计	1. 向上晋升，向生产总监方向发展 2. 向厂长经理、工厂负责人方向发展 3. 向仓储管理岗位发展	

1.1.6 物流经理岗位说明书

以下是物流经理岗位说明书。

岗位名称	物流经理	岗位代码		所属部门	物流部
直属上级	物流总监	管辖人数		晋升方向	物流总监
职位等级		编制日期		核准人	
职责概述	负责健全企业现代供应链管理体系，并进行实施，确保物资及时供应以及上下级部门沟通				

	主要职责	工作任务
岗位职责	职责一	1.制定物流长期、中期、短期战略,实现企业战略、市场需求对物流的要求 2.组织制定物流业务流程、规章制度与操作规范等并监督实施
	职责二	1.负责业务范围内物资配送管理 2.负责仓库规划工作,并负责实施中的指导与监督 3.优化物流解决方案,提升客户满意度 4.有效地处理物流运输中出现的突发事件和问题
	职责三	1.对运输、仓储、人员、信息处理等环节进行成本控制 2.与企业财务部进行协调,确保整体物流成本控制在合理的范围内
	职责四	1.负责物流功能领域内企业决策和战略的制定 2.掌握和了解企业内外动态,及时向总经理反映,并提出建议
	职责五	1.负责分管部门各项工作的安排、协调 2.负责指导、管理、监督下属分管部门员工业务工作,使其不断提高工作效率 3.负责下属员工的管理、培养、考核
任职资格	教育背景	
	1.大学本科及以上学历 2.管理类、物流类、供应链、财务类相关专业	
	经验要求	
	1.5年以上物流操作或管理经验 2.熟悉物流行业动态及发展趋势	
	专业技能	
	1.制定物流线路,提升运输时间 2.建设物流网络体系,提升运输效率,降低运输成本	
	岗位知识要求	
	1.熟悉ERP及物流信息管理系统 2.精通物流管理流程,对配送流程、库存管理流程、盘点流程较熟悉	
	岗位能力要求	
	1.良好的决策判断能力和计划组织能力 2.较强的沟通协调能力及分析、解决问题能力 3.优秀的合同谈判和签约能力	

绩效考核	**考核项目** 1. 月度配送目标完成率 2. 配送及时率 3. 物流运营管理费用降低率 **考核标准** 1. 配送目标完成率达到____% 2. 物流运营管理费用下降____% **KPI指标** 1. 财务类：单位仓储成本、货损货差赔偿费率 2. 内部运营类：运输货损率、准时配送率、库存货损率、存货周转率、车辆完好率 3. 客户类：客户投诉率 4. 学习和发展类：核心员工保有率、培训计划完成率
职业发展设计	1. 向上晋升，向物流总监方向发展，做物流的中高层管理岗 2. 向供应链运营管理方向发展 3. 向物流规格与物流工程师方向发展

1.1.7 供应商经理岗位说明书

以下是供应商经理岗位说明书。

岗位名称	供应商经理	岗位代码		所属部门	采购部
直属上级	供应商总监	管辖人数		晋升方向	供应商总监
职位等级		编制日期		核准人	
职责概述	建立并完善供应商资料库，参与供应商物资的质量监控与价格管理、部门人员管理，与其他部门进行协调沟通，参与相关供应商开发管理工作				
岗位职责	主要职责	工作任务			
	职责一	1. 根据企业战略规划和年度运营计划分析资源供应市场，制订供应商开发计划，并组织实施供应商开发与管理工作 2. 负责定期对供应商的技术能力、质量保证能力、生产及交付能力进行考核与评估，形成评估报告，经审批后传递给相关部门			

	主要职责	工作任务
岗位职责	职责二	1.结合企业运营需求,建立完善合格的供应商资料库 2.建立、维护与供应商之间的关系,解决存在的问题
	职责三	1.负责企业采购物资的质量监控与审核,确保采购行为符合政策法规和道德规范 2.参与产品的询价、比价和议价,负责样品价格的确认与维护工作
	职责四	1.负责指导、培养、监督及考核下属人员的工作,提高其工作效率 2.协调、配合部门内部或其他相关部门的工作
	职责五	1.沟通供应商产品价格,降低采购成本 2.确保供应商准时交货
任职资格	教育背景	
	1.大学本科及以上学历 2.采购管理、供应链管理、会计类或经济类等相关专业	
	经验要求	
	1.从事过3年以上大中型企业采购计划管理工作,并担任本职位2年以上 2.具备3年以上供应商管理工作经验	
	专业技能	
	1.制定和实施供应链管理战略,构建、管理和完善供应链业务运营体系 2.定期编制和分析动态管理供应链的预算和成本 3.供应商分级管理 4.建立供应商开发、维护、跟踪和评价体系	
	岗位知识要求	
	1.掌握供应商供货渠道及操作模式 2.熟悉采购流程及采购物资的质量管理体系 3.明确供应商评估及考核流程	
	岗位能力要求	
	1.优秀的合同谈判和签约能力、合同审核能力 2.供应商选择与考核技能 3.统计与数字分析能力	

绩效考核	**考核项目** 1. 供应商开发数量 2. 产品采购质量通过率 3. 供应商维护与运营 **考核标准** 1. 考核期内采购成本降低目标达成率在____%以上 2. 考核期内供应商开发完成率达到____% **KPI指标** 1. 财务类：产品采购成本降低率 2. 内部运营类：供应商履约率、供应商开发计划完成率 3. 客户类：供应商满意度
职业发展设计	1. 向上晋升,向供应商总监方向发展 2. 向供应商管理顾问方向发展 3. 向采购总监、总经理方向发展

1.1.8 采购合同经理岗位说明书

以下是采购合同经理岗位说明书。

岗位名称	采购合同经理	岗位代码		所属部门	采购部
直属上级	采购总监	管辖人数		晋升方向	采购总监
职位等级		编制日期		核准人	
职责概述	采购合同体系的建立及相关制度的制定,采购流程体系的建立,采购合同的谈判、签署、执行及监督,合同资料的归档管理					
岗位职责	主要职责	工作任务				
	职责一	1. 协助采购部经理建立采购价格和合同管理体系,为实施采购建立执行、控制机制 2. 组织制定企业采购合同管理制度、采购价格管理制度以及谈判制度				
	职责二	1. 建立采购价格管理、谈判管理以及合同管理流程,编制和统一采购合同范本 2. 组织实施合同价格调研、分析,开展询价和议价工作				

	主要职责	工作任务
岗位职责	职责三	1. 负责合同谈判、合同签署以及合同执行工作 2. 检查合同执行情况，预测合同履行风险，并制定风险防范措施 3. 根据采购谈判、采购询价等采购工作的结果，起草采购合同，并及时送审
	职责四	1. 指导谈判资料、价格资料以及合同文件归档工作 2. 及时将合同中规定的相关内容传送给责任人
任职资格	教育背景	
	1. 大学本科及以上学历 2. 企业管理、物流管理、统计学等相关专业	
	经验要求	
	1. 从事 3 年以上大中型企业采购计划管理工作 2. 担任合同采购经理岗位 2 年以上，具备 3 年以上供应商管理工作经验	
	专业技能	
	1. 制定与完善采购合同管理与保存制度 2. 具备合同审核能力 3. 采购数据统计与分析能力	
	岗位知识要求	
	1. 熟悉企业采购管理体系的建立方式 2. 熟练掌握采购合同书的格式及所涉及法律法规的规定 3. 掌握供应商供货渠道及操作模式	
	岗位能力要求	
	1. 优秀的合同谈判和签约能力、合同审核能力 2. 供应商选择与考核技能	
绩效考核	考核项目	
	1. 统计数据及报表数据准确率 2. 合同条款审查准确率 3. 合同清理及时率	
	考核标准	
	1. 统计报表数据准确率在____%以上 2. 合同审查条款准确率达到____%	
	KPI 指标	
	1. 风险类：法律风险控制 2. 运营类：合同变更率、合同索赔率	

职业发展设计	1. 向上晋升,向采购总监方向发展 2. 向供应商合同管理顾问方向发展

1.2 供应链管理人员岗位胜任素质模型

1.2.1 需求计划主管岗位胜任素质模型

结合需求计划主管的主要工作内容,从经验/知识、技能/能力、职业素养三个层面出发,构建需求计划主管岗位胜任素质模型,如图1-1所示。

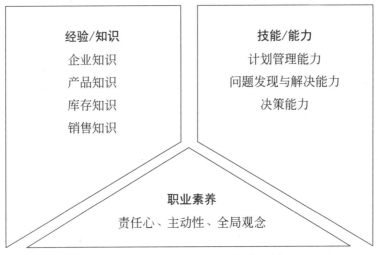

图 1-1　需求计划主管岗位胜任素质模型图

需求计划主管知识层面行为表现如表1-1所示。

表 1-1　需求计划主管知识层面行为表现

知识类别	行为表现
企业知识	了解企业发展战略和企业的年度经营目标,了解企业年度、月度生产经营计划,了解企业供应链运营体系
产品知识	了解产品信息和产品技术,了解产品的生命周期
库存知识	了解如何进行库存控制与管理,了解呆滞品的预防及处理知识
销售知识	了解如何编制销售预测,熟悉各品类销售预测模型

需求计划主管能力层面行为表现如表1-2所示。

表1-2　需求计划主管能力层面行为表现

能力分类	行为表现
计划管理能力	1. 根据企业发展战略和计划，整合销售计划和生产计划，组织制订年度、月度生产经营计划，实施和监控进度，定期递交执行分析报告 2. 分析需求预测，确定需求计划，关注销售部门活动规划与目标达成情况，监控销售计划、库存周转等内容
问题发现与解决能力	1. 针对生产异常或客户需求变更的情况，对计划进行有效调整 2. 控制库存周转率和呆滞品，协调处理存在的问题
决策能力	1. 对于常规问题决策，能够及时、不拖延地给出可行的决策方案 2. 对于非常规问题能够借助信息和分析工具给出可行、有效的解决方案

需求计划主管职业素养层面行为表现如表1-3所示。

表1-3　需求计划主管职业素养层面行为表现

职业素养分类	行为表现
责任心	具有较强的责任心，及时监督计划的执行情况，分析问题原因及提出改善措施
主动性	在工作过程中主动询问生产部门、采购部门、销售部门的计划执行情况，做好监督
全局观念	统筹企业的需求、采购、生产、库存、销售工作，从整体出发，做好需求预测

1.2.2　产品采购经理岗位胜任素质模型

结合产品采购经理的主要工作内容，从经验/知识、技能/能力、职业素养三个层面出发，构建产品采购经理岗位胜任素质模型，具体如图1-2所示。

产品采购经理知识层面行为表现如表1-4所示。

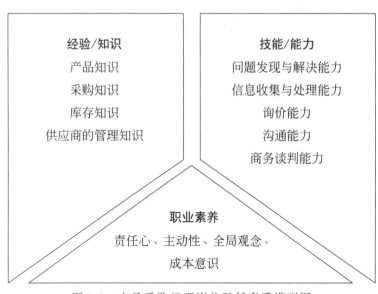

图 1-2 产品采购经理岗位胜任素质模型图

表 1-4 产品采购经理知识层面行为表现

知识类别	行为表现
产品知识	掌握产品质量管理知识,了解产品生产开发过程各项工艺、质量、设备、成本、产量指标
采购知识	1. 熟悉并了解采购工作,包括询价/比价、签订采购合同、验收、评估、反馈及汇总工作 2. 了解采购谈判的相关知识,包括谈判的准备工作、谈判技巧
库存知识	掌握控制库存及仓库的相关知识
供应商的管理知识	1. 了解如何寻找和引入新的供应商 2. 了解如何维护和对接已有的供应商

产品采购经理能力层面行为表现如表 1-5 所示。

表 1-5 产品采购经理能力层面行为表现

能力分类	行为表现
问题发现与解决能力	及时发现产品采购过程中出现的问题,分析问题出现的原因,并提出多种解决措施,选择最合适的方法来解决突发问题
信息收集与处理能力	收集产品、市场、供应商等相关情报,建立相应的信息资源库,整合分析信息资源,制定战略决策
询价能力	寻找多家供应商询问物料价格信息,比较多方信息,取得优惠价格

续表

能力分类	行为表现
沟通能力	在与供应商进行交流和谈判时,掌握谈判和沟通的技巧,达到采购的目的
商务谈判能力	1. 谈判前明确采购谈判目标,对谈判过程进行充分的准备 2. 谈判过程中密切关注供应商的变化,知悉供应商的心理

产品采购经理职业素养层面行为表现如表1-6所示。

表1-6 产品采购经理职业素养层面行为表现

职业素养分类	行为表现
责任心	能及时对产品采购执行情况进行监督跟进,发现采购问题
主动性	能主动为采购员进行采购业务、流程知识的培训,促进员工能力的提升
全局观念	能结合企业的库存情况、生产部门的生产安排、销售部的产品销售情况,进行动态采购
成本意识	1. 能将采购成本控制在预算范围内,并积极寻找降本增效的办法 2. 能够对成本控制及流程优化提出有效建议,且效果显著

1.2.3 服务采购经理岗位胜任素质模型

结合服务采购经理的主要工作内容,从经验/知识、技能/能力、职业素养三个层面出发,构建服务采购经理岗位胜任素质模型,具体如图1-3所示。

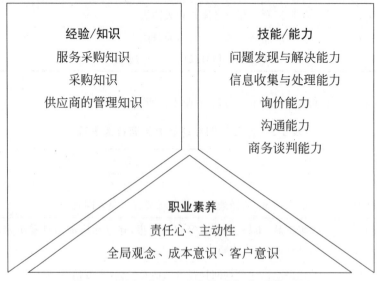

图1-3 服务采购经理岗位胜任素质模型图

服务采购经理知识层面行为表现如表1-7所示。

表1-7 服务采购经理知识层面行为表现

知识类别	行为表现
服务采购知识	掌握服务采购的相关知识,掌握服务采购的特点
采购知识	1. 熟悉并了解采购工作,包括询价/比价、签订采购合同、评估、反馈及汇总工作 2. 了解采购谈判的相关知识,包括谈判的准备工作、谈判技巧
供应商的管理知识	1. 了解如何寻找和引入新的供应商 2. 了解如何维护和对接已有的供应商

服务采购经理能力层面行为表现如表1-8所示。

表1-8 服务采购经理能力层面行为表现

能力分类	行为表现
问题发现与解决能力	及时发现服务采购过程中出现的问题,分析问题出现的原因,并提出多种解决措施,选择最合适的方法来解决突发问题
信息收集与处理能力	收集服务供应商的相关情报,建立相应的信息资源库,整合分析信息资源,购买更好的服务
询价能力	寻找多家供应商询问服务信息,比较多方信息,取得优惠价格
沟通能力	在与供应商进行交流和谈判时,掌握谈判和沟通的技巧,达到采购的目的
商务谈判能力	1. 谈判前明确采购谈判目标,对谈判过程进行充分的准备 2. 谈判过程中密切关注供应商的变化,知悉供应商的心理

服务采购经理职业素养层面行为表现如表1-9所示。

表1-9 服务采购经理职业素养层面行为表现

职业素养分类	行为表现
责任心	能及时对服务采购执行情况进行监督跟进,发现采购问题
主动性	能主动为采购员进行采购业务、流程知识的培训,促进员工能力的提升
全局观念	能根据采购服务的无形性,综合把握服务采购,全面客观地评价采购服务

续表

职业素养分类	行为表现
成本意识	1. 能将采购成本控制在预算范围内，并积极寻找降本增效的办法 2. 能够对成本控制及流程优化提出有效建议，且效果显著
客户意识	1. 能够主动了解客户的期望和要求，鼓励客户参与相关活动 2. 能够与客户共同寻求继续合作的战略规划，使双方达到共赢

1.2.4 招标经理岗位胜任素质模型

结合招标经理岗位的主要工作内容，从经验/知识、技能/能力、职业素养三个层面出发，构建招标经理岗位胜任素质模型，具体如图1-4所示。

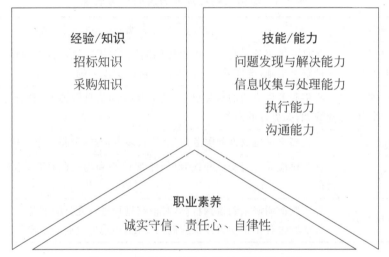

图1-4 招标经理岗位胜任素质模型图

招标经理知识层面行为表现如表1-10所示。

表1-10 招标经理知识层面行为表现

知识类别	行为表现
招标知识	1. 掌握国家、招投标相关法律法规和政策 2. 掌握招投标工作的流程
采购知识	熟悉了解采购计划，掌握采购招标的内容和安排

招标经理能力层面行为表现如表1-11所示。

表 1-11　招标经理能力层面行为表现

能力分类	行为表现
问题发现与解决能力	及时发现招标工作中不合格事项,制定和实施纠正措施
信息收集与处理能力	负责招标条件基础资料的搜集和评审,检查相关内容是否齐全、是否满足招标条件
执行能力	1. 编制招标代理方案并组织实施 2. 进行招标公告、投标邀请书、招标文件的审核和报送备案 3. 负责组织开标活动 4. 负责组织开评标会议,协助招标人组织评标委员会 5. 负责评标结果公示的起草、审核和中标通知书的发放
沟通能力	回答供应商对招标文件的疑问,搭建投标人与供应商的沟通渠道

招标经理职业素养层面行为表现如表 1-12 所示。

表 1-12　招标经理职业素养层面行为表现

职业素养分类	行为表现
诚实守信	能在招标过程中,严格遵守公开公平公正的原则,不收取贿赂,不透露供应商的投标信息,不向投标供应商透露底价
责任心	1. 做好招标的准备工作,按照招标的工作流程展开招标活动 2. 能做好招标整体工作,工作细心,完成招标全部工作
自律性	1. 能够自觉遵守招标的管理制度,无违纪行为 2. 能够积极引导招标工作人员遵守各项管理制度,且效果显著

1.2.5　生产经理岗位胜任素质模型

结合生产经理岗位的主要工作内容,从经验/知识、技能/能力、职业素养三个层面出发,构建生产经理岗位胜任素质模型,具体如图 1-5 所示。

生产经理知识层面行为表现如表 1-13 所示。

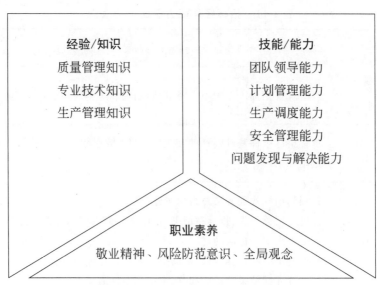

图1-5 生产经理岗位胜任素质模型图

表1-13 生产经理知识层面行为表现

知识类别	行为表现
质量管理知识	精通质量管理的各方面知识,掌握最新的质量管理理论,做好质量体系审核及质量检验工作
专业技术知识	1.精通本领域的基础理论知识和专业技术知识、技术标准、规范和规程 2.熟悉本行业的技术状况和发展趋势,对重大技术问题进行总结和分析,并予以解决
生产管理知识	掌握生产管理、生产工艺、生产技术等相关生产知识,熟悉生产流程,并能熟练运用到生产管理中

生产经理能力层面行为表现如表1-14所示。

表1-14 生产经理能力层面行为表现

能力分类	行为表现
团队领导能力	把握生产工作重点,根据企业战略规划,制订生产计划,并分解到具体岗位,同时负责产品生产、物控、质控、工程的日常管理工作
计划管理能力	负责生产部门的组织管理、人员配置、设备配置及生产计划安排
生产调度能力	能够在企业生产计划执行前对可能发生的问题有清醒的认识,并做好应对方案

续表

能力分类	行为表现
安全管理能力	1. 按照法律法规的要求做好安全生产普及与宣传工作,强化企业内部员工的安全意识 2. 对于供应商的产品供应,做好验收管理工作,使产品符合国家安全标准
问题发现与解决能力	及时对生产异常做出反应,发现问题及时追踪,并提出合理化建议

生产经理职业素养层面行为表现如表 1-15 所示。

表 1-15 生产经理职业素养层面行为表现

职业素养分类	行为表现
敬业精神	1. 有强烈的事业心及奉献精神,能努力完成工作及力所能及的事情 2. 调整自己的行为以符合企业利益及整体和谐性
风险防范意识	能够提出有效预防风险的措施和应对方案,并且能够有效地规避各类风险
全局观念	能够从全局出发,协调生产进度,积极完成生产计划

1.2.6 物流经理岗位胜任素质模型

根据物流经理岗位的主要工作内容,从经验/知识、技能/能力、职业素养三个层面出发,构建物流经理岗位胜任素质模型,具体如图 1-6 所示。

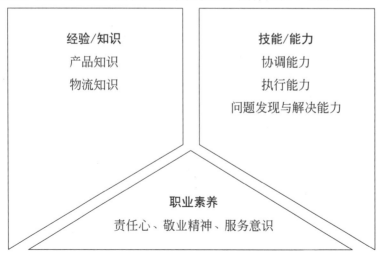

图 1-6 物流经理岗位胜任素质模型图

物流经理知识层面行为表现如表1-16所示。

表1-16 物流经理知识层面行为表现

知识类别	行为表现
产品知识	掌握产品的存储、运输、装卸、搬运的相关知识
物流知识	掌握物流配送、物流规划、物流问题处理、物流管理的相关知识

物流经理能力层面行为表现如表1-17所示。

表1-17 物流经理能力层面行为表现

能力分类	行为表现
协调能力	与生产部门、销售部门协同,做好供需平衡沟通,确保提供优质的物流服务
执行能力	1. 负责企业产品的货物运送、数量清点、自装自卸 2. 负责产品运输后的现场管理、人员车辆调度
问题发现与解决能力	处理物流运输、物流搬运、物流存储过程中的突发事件,做好解决措施

物流经理职业素养层面行为表现如表1-18所示。

表1-18 物流经理职业素养层面行为表现

职业素养分类	行为表现
责任心	1. 面对物流工作中出现的问题,勇于承担责任 2. 能够从企业利益出发,自觉承担责任和履行义务,监督和指导下属完成工作
敬业精神	有较强的物流专业知识,热爱本职工作,有进取精神,能够利用各种资源使工作成果最大化
服务意识	1. 工作中将成本控制在预算范围内,积极寻找降低成本的方法 2. 能对成本控制及流程优化提出有效建议,且效果显著

1.2.7 供应商经理岗位胜任素质模型

结合供应商经理岗位的主要工作内容,从经验/知识、技能/能力、职业素养三个层面出发,构建供应商经理岗位胜任素质模型,具体如图1-7所示。

供应商经理知识层面行为表现如表1-19所示。

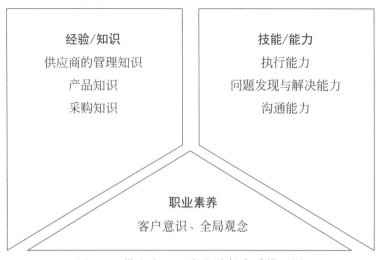

图 1-7　供应商经理岗位胜任素质模型图

表 1-19　供应商经理知识层面行为表现

知识类别	行为表现
供应商的管理知识	掌握供应商开发、选择、筛选、评估、维护的相关知识,掌握供应商关系管理的相关知识,掌握供应商纠纷处理知识
产品知识	了解产品信息和产品技术,了解产品的生命周期
采购知识	1.了解采购工作,包括询价/比价、签订采购合同、验收、评估、反馈及汇总工作 2.了解采购谈判的相关知识,包括谈判的准备工作、谈判技巧

供应商经理能力层面行为表现如表 1-20 所示。

表 1-20　供应商经理能力层面行为表现

能力分类	行为表现
执行能力	1.进行供应商开发和选择,选择合适的供应商,提供候选供应商名单给有需求的职能部门,邀请合格的供应商,组织召开招投标会议 2.进行供应商绩效评价、扣罚、激励与淘汰 3.进行日常供应商管理,进行供应商的监督审核
问题发现与解决能力	1.对于供应商供应产品时出现问题的,及时做出反馈,做出必要调整或更替 2.对供应商的服务质量、合同执行情况等进行跟踪、考核,发现问题及时反馈给供应商,必要时组织相关人员召开沟通会以改进服务质量

续表

能力分类	行为表现
沟通能力	1. 与需求部门沟通对于供应商的要求,归纳整理并提前规划 2. 与潜在的供应商联系,通过对其能力的了解,考核各供应商资质、服务类型及能力范围等评价指标

供应商经理职业素养层面行为表现如表1-21所示。

表1-21 供应商经理职业素养层面行为表现

职业素养分类	行为表现
客户意识	1. 能对供应商的各项行为做出反应,与其坦诚交流 2. 能主动了解供应商的期望和要求,鼓励供应商的参与性 3. 能与供应商共同寻求继续合作的战略规划,使双方达到共赢
全局观念	1. 清楚企业各部门或人员的关联性及部门的职能 2. 能与采购等需求部门或人员求同存异,积极开展合作 3. 能从全局出发,积极协助其他部门或人员完成工作

1.2.8 采购合同经理岗位胜任素质模型

结合采购合同经理岗位的主要工作内容,从经验/知识、技能/能力、职业素养三个层面出发,构建采购合同经理岗位胜任素质模型,如图1-8所示。

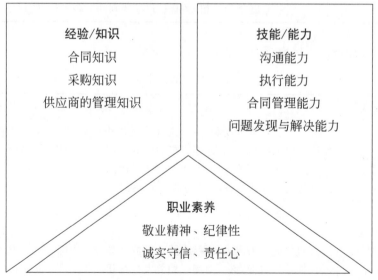

图1-8 采购合同经理岗位胜任素质模型图

采购合同经理知识层面行为表现如表 1-22 所示。

表 1-22　采购合同经理知识层面行为表现

知识类别	行为表现
合同知识	掌握国家关于合同的法律法规
采购知识	掌握采购合同起草、审核、审批、签订的相关知识
供应商的管理知识	了解供应商的管理技巧,掌握供应商合同保管和使用的知识

采购合同经理能力层面行为表现如表 1-23 所示。

表 1-23　采购合同经理能力层面行为表现

能力分类	行为表现
沟通能力	1. 根据谈判结果与供应商沟通采购合同及违约条款 2. 与需求部门沟通谈判结果,并落实到合同内容中
执行能力	1. 审批采购合同专员起草的采购合同 2. 负责合同的变更、撤销、解除工作的管理
合同管理能力	为保证供应商的履约能力,要监督合同的执行情况,提前做好应急处理预案,解决突发情况或异常
问题发现与解决能力	及时发现采购合同存在的重大问题,防止出现合同陷阱、欺诈等情况,若出现重大问题,及时做出解决方案

采购合同经理职业素养层面行为表现如表 1-24 所示。

表 1-24　采购合同经理职业素养层面行为表现

职业素养分类	行为表现
敬业精神	能有较强的采购合同管理思想,热爱本职工作,有旺盛的进取意识,利用各种资源使工作成果最大化
纪律性	1. 能自觉遵守企业合同保密管理制度,无违纪行为 2. 能积极监督或引导其他工作人员遵守企业各项管理制度
诚实守信	能以诚实、善良的心态进行合同的保管、存档、使用和借阅,不随意把合同借阅给其他人参考
责任心	1. 对于工作中出现的问题勇于承担,从不推卸责任 2. 能从企业利益出发,自觉承担责任和履行义务,并监督和指导同事完成工作

第 2 章

供应链战略、规划、流程、风险、绩效、质量管理

2.1 供应链战略制定

2.1.1 供应链战略制定方法

供应链战略是指在企业战略的高度上,对供应链进行全局性的规划,包含采购、生产、仓储、物流和销售等各个环节,它为原材料的获取和运输、产品制造和服务提供、产品交付和售后服务等一系列活动确定了方向。

供应链战略必须与企业战略相匹配,其作为企业职能战略的重要组成部分,只有在与企业各职能战略的互相配合中,才能真正提高企业的竞争能力。

企业制定供应链战略通常可以利用以下3种方法:波特五力模型法、价值链法、SWOT分析法。

(1)波特五力模型法

波特五力模型是由美国哈佛商学院教授迈克尔·波特提出的分析方法。

按照迈克尔·波特的观点,制定竞争战略的本质在于把企业与其所处的环境联系起来,企业在竞争中最关心的是其所在产业的竞争状态及企业当前所处的位置。

使用迈克尔·波特五力模型制定供应链战略应注意的5大分析力量为:供应商议价能力、潜在竞争者的威胁、客户的议价能力、替代者的威胁、现有供应链之间的竞争。

(2)价值链法

价值链也是由美国哈佛商学院教授迈克尔·波特提出来的分析方法。

价值链法是一种寻求确定竞争优势的工具,企业供应链有许多资源、能力和竞争优势,如果把企业供应链作为一个整体来考虑,但又无法识别这些竞争优势,则必须对供应链进行分解,通过考虑这些单个的流程本身及其相互之间的关系来确定企业供应链的竞争优势。

当成功确定供应链的竞争优势后,供应链战略的制定就是基于竞争优势的增强和展开。

(3)SWOT分析法

SWOT分析法即态势分析法,是由美国旧金山大学的管理学教授海因茨·韦里克提出,它经常被用于目标或战略制定、竞争对手分析等方面。

其中，S 代表 strength（优势），W 代表 weakness（弱势），O 代表 opportunity（机会），T 代表 threat（威胁）。S、W 是内部因素，O、T 是外部因素。

按照企业战略目标的完整概念，供应链战略制定应是一个供应链"能够做的"（即企业供应链的强项和弱项）和"可能做的"（即环境的机会和威胁）之间的有机组合。

2.1.2 供应链方案设计方法

供应链方案设计是指以市场和客户需求为中心，围绕核心企业，对从配套零件开始到制成中间产品以及最终产品，最后由销售网络把产品送到终端客户手中的过程，包含供应商、制造商、分销商直到终端客户的设计。

供应链方案设计方法主要包含 8 个部分的内容：核心企业现状分析、市场竞争环境分析、供应链设计目标确定、供应链组成分析、供应链设计框架形成、供应链设计方案可行性评估、检验供应链设计、供应链设计调整。

（1）核心企业现状分析

核心企业现状分析主要侧重对核心企业的供应、需求管理的情况进行分析和总结。通过分析企业现有供应与需求的满足关系，确定供应链方案设计的方向和定位。

（2）市场竞争环境分析

通过市场竞争环境分析，了解市场和客户的需求，明确已有产品或服务供应链的运行情况，确定新产品或服务的供应链开发要求。

在对竞争对手、供应商、零售商、客户等对象分析的基础上，了解行业市场份额、供应端的市场行情、经济政治环境的作用和影响等。

（3）供应链设计目标确定

实现高周转低成本的库存管理、交付高品质的产品、提供令客户满意的服务等供应链环节管理目标之间的平衡关系是供应链设计的主要目的。

不同类型的供应链，如快速反应供应链、高效率供应链、创新供应链，在一定程度上是其设计目标的体现，同时也是某一优势管理目标的突出表现。

（4）供应链组成分析

供应链运行过程中包含各类要素，如供应商、制造商、物流商、经销商、零售商等供应链成员，原材料、零部件、半成品、成品等供应链产品或服务要素。

供应链方案设计要对这些供应链组成要素进行把握，控制其对供应链运行可能产生的影响，明确每一部分的风险，进行综合考虑。

（5）供应链设计框架形成

供应链运行过程中的业务流程和管理流程，包含商流、物流、信息流、资金流，构成了企业供应链的基本框架。

供应链方案设计的框架形成，要妥善安排包含供应商、制造商、物流商、分销商、零售商和终端客户在内的供应链成员。

（6）供应链设计方案可行性评估

供应链设计方案可行性评估包含对供应链方案设计的技术可行性、功能可行性、运营可行性、管理可行性等内容进行分析和评价。

（7）检验供应链设计

供应链方案设计完成后，要对其进行检验，利用一定的模拟环境来运行供应链，判断供应链方案可能存在的问题。

（8）供应链设计调整

通过供应链方案模拟运行和新旧供应链的比较，考量供应链方案的设计成果，并对供应链方案设计进行调整。

2.1.3 制造业供应链战略制定案例

以下是制造业供应链战略制定案例。

案例名称	制造业供应链战略制定案例
COB 集团(以下简称 COB)是一家以重型机械制造为主营业务的跨国企业,由于各事业部的业务独立性较高,自 2000 年成立以来,COB 的供应链管理模式一直保持垂直型,各事业部都拥有自己的供应链。 2020 年以来,随着行业竞争的不断加剧,同类重型机械产品的市场价格不断下降,COB 在不同国家的市场份额已经相继出现下滑的趋势,但是其产品成本一直居高不下,产品价格调整的空间十分有限。如此下去,COB 将面临市场份额被挤占,产品逐渐退出市场,最终被淘汰的命运。 2022 年年初,经过 COB 董事会的一致通过,为了不断提高自身竞争力,稳住市场份额,确定了供应链变革的重大计划。 COB 面临的第一个难题就是供应链战略规划,早期各事业部拥有独立供应链的形式已然不再满足现有的集团业务发展需要,如何整合供应链?确定正确的供应链战略规划就是当务之急。 为了解决供应链战略规划和落地实施问题,COB 聘请了国际知名供应链管理公司——SCMP 公司,SCMP 公司通过分析评估 COB 的供应链管理现状,首先为其确定了有效性供应链战略方向,目的就是为了降低各环节成本,从而实现供应链整体成本的管控,以下是 SCMP 公司设计的供应链战略的几大思路。	

> 1. 数字化。原材料、零部件、配件、半成品、成品等的流动的全流程数字化,实现"物流运输+仓储全流程可视化""物联网+大数据"。
> 2. 互联协同。即供应链全流程透明化,全流程线上协作。
> 3. 科技化。即"软件+硬件+自动化解决方案""物联网+车联网+仓储运输无人化"。
> 4. 智能化。包括及时预知供应链风险、事件驱动的智能化管理供应链智能决策。
>
> 确定了合适的供应链战略之后,经过一年的发展,COB 的市场份额表现终于开始出现扭转的势头,成功捍卫了企业的市场地位,为 COB 的进一步发展奠定了基础条件。

2.1.4 零售业供应链战略制定案例

以下是零售业供应链战略制定案例。

案例名称	零售业供应链战略制定案例

A 品牌于 1995 年创立,并于 2010 年进入中国市场(××中国),通过十多年的市场开拓,中国市场已成为其全球份额最大的市场。××中国(以下简称××)在国内的销售渠道分线下门店和线上商城,当前有近 20 个仓储中心,1000 多家门店。

在 2020 年"数字化""年轻化""体验化"战略的驱动下,××的销售模式快速由线下向线上转型,当前线上份额已超过 80%。但是,××转型的过程并没有出现一帆风顺的局面,它的供应链面临着 3 大难题。

1. 物流成本和终端客户交付体验之间无法妥善平衡。
2. 库存周转天数过高。
3. SKU(最小库存单位)备货不均衡。

以上 3 大难题给××的供应链管理工作带来了极大的挑战,尤其是库存管理环节,显然它还没有完全适应线上转型带来的变化,供应链对于新零售的支撑不足。

为了不断优化线下向线上转型的过程,满足线上销售模式的需求,××必须对现有供应链进行调整优化,做出适应性的供应链战略规划。

通过对现有线上销售业务的全面分析,最终××确定了基于智能算法的供应链数字化运营战略,该战略主要涉及 5 大规划方向:销量预测、商品布局、智能补货、库存仿真、经营看板。

1. 销量预测。以大数据技术、算法技术、预测中心为基础,结合历史销售数据,综合考虑各种因素如品牌、价格、促销活动、产品生命周期等,做出销量预测。
2. 商品布局。在销量预测的基础上,结合库存计划,进行运营模拟,考虑成本、时效和服务等要素,确定仓储中心的供应链库存决策。
3. 智能补货。配合业务进行算法模型的调整优化,并建立供应商协同补货机制,指导 SKU 的采购量。
4. 库存仿真。综合品牌商、仓储和市场需求三方建立库存系统的仿真模型。
5. 经营看板。借鉴生产看板思路,构建针对零售供应链各环节的业务数据、销售数据等进行展示的系统。

通过 2 年的供应链数字化运营,××终于实现了低于行业平均的库存周转天数、99% 以上的现货率、更少的人力资源成本,且供应链进一步优化的空间较大。

2.1.5 制造业供应链方案设计

以下是制造业供应链方案。

方案名称	制造业供应链方案	编　号	
		受控状态	

一、目的

为了解决制造类企业在供应管理、制造协同、过程管控等环节存在的痛点,完善供应链业务流程和管理流程,帮助制造类企业不断提高供应链管理水平,特制定本方案。

二、参与部门及其职责

1. 供应链管理部负责企业供应链方案设计工作的指挥、控制、审批和监督等内容。

2. 采购部、生产部、仓储部、物流部等业务部门和人力资源部、财务部、行政管理部等支持部门负责供应链方案设计工作的协助和配合。

三、分析供应链设计需求

制造类企业供应链方案设计的重点在于保证生产的顺利完成和成功交付终端客户,其供应链设计需求体现为生产外部协同、生产内部协同两个部分。

(一)生产外部协同

1. 供应商协同需求。

2. 仓储物流协同需求。

3. 分销商协同需求。

4. 第三方服务支持协同需求。

5. 外部信息和数据协同需求。

(二)生产内部协同

1. 生产任务分工协同需求。

2. 生产计划流程协同需求。

3. 信息共享协同需求。

4. 沟通交流协同需求。

5. 特殊问题处理协同需求。

四、明确供应链战略

制造类企业供应链战略的确定主要包含 2 大步骤:经营管理现状评估、供应链战略规划。

(一)经营管理现状评估

1. 生产能力差距评估。如人工利用率低、设备利用率低、物料问题等。

2. 产品质量差距分析。如供应件质量不高、部分产品不成熟、缺乏技术手段和经验等。

3. 生产成本差距分析。如管理成本过高、非消耗品增长、市场不确定性因素过多等。

4. 生产周期差距分析。如产品工艺问题处理缓慢、生产计划过粗、计划和预测不足、供应商重视不足等。

5. 交付水平差距分析。如缺乏和终端客户的沟通、准时交货率低、服务水平定义不清等。

（二）供应链战略规划

1.有效性供应链战略规划,指制造类企业供应链能够以最低成本将原材料转化为零部件、半成品、成品,并在运输中实现低成本。

2.反应性供应链战略规划,指制造类企业的供应链目的在于快速把握市场需求的变动,并能够及时对需求变动做出有效的反应来适应需求的变动。

五、设计供应链网络

制造类企业供应链网络设计主要包含2大层面:战略层和战术层。

（一）供应链网络战略设计

1.生产地点、生产能力、仓储设施等设计。

2.多级供应商管理设计。

3.物流运输管理设计。

4.信息化系统设计。

5.其他重要战略设计。

（二）供应链网络战术设计

1.主生产计划与物料计划等。

2.采购计划、交付计划、逆物流计划等。

3.物流运输线路设计。

4.其他重要战术设计。

六、建设供应链执行系统

制造类企业供应链执行系统的建设重心集中在供应端,主要包含:供应商协同系统（SRM）、生产制造执行系统（MES）。

（一）供应商协同系统（SRM）

1.通过运行MRP计划导入SRM系统,自动按各供应商分别生成对应采购周期预测计划,指导供应商生产备货。

2.供应商可通过系统导入发货计划,基于采购单维护预先发货清单（ASN）并提交给客户确认。

3.所有的供应链执行凭据及执行节点将在系统中有所体现,方便企业用户进行追溯与查询。

（二）生产制造执行系统（MES）

1.可视化工艺流程建模,简单应对复杂产品工艺。

2.支持多种方式导入生产订单,敏捷调整生产计划。

3.实时看板,实现精益化生产管理。

七、附则

1.本方案由供应链管理部负责编制、解释与修订。

2.本方案自20××年××月××日起生效。

执行部门		监督部门		编修部门	
执行责任人		监督责任人		编修责任人	

2.1.6 零售业供应链方案设计

以下是零售业供应链方案。

方案名称	零售业供应链方案	编　号	
		受控状态	

一、目的

为了解决零售类企业在品类管理、分销渠道、客户关系等方面存在的痛点,不断提高其供应链整体竞争力,提高经营利润率,特制定本方案。

二、参与部门及其职责

1. 供应链管理部负责企业供应链方案设计工作的指挥、控制、审批和监督等内容。
2. 市场营销部、采购部、仓储部、物流部等业务部门和人力资源部、财务部、行政管理部等支持部门负责供应链方案设计工作的协助和配合。

三、分析供应链设计需求

要分析零售类企业的供应链设计需求,主要集中在以下4个方面。

1. 商品管理需求。如商品组合、缺货、补货等。
2. 渠道管理需求。如渠道数据分散,各个渠道都有客户积累,但无法统一管理。
3. 客户维护需求。如收集了诸多客户会员资料和内部标签信息,但是使用难度高,产品生命周期不完善。
4. 新零售管理需求。以互联网为基础,利用大数据、人工智能等技术,对商品的生产、流通与销售过程进行升级改造。

四、明确供应链战略

零售类企业供应链主要采用有效性供应链战略,这由零售业的运作模式决定。

有效性零售供应链战略的目的在于把商品以正确的价格在正确的时间放在合适的市场上,卖给终端客户。

五、设计供应链网络

零售类企业供应链网络设计主要包含3大结构:物流网络设计、信息网络设计、关系网络设计。

(一)物流网络设计

物流网络是零售供应链设计的基础,是实现商品、货物准确和快速运输的前提条件。物流网络的设计主要包含2大部分:物流节点、物流线路。

1. 物流节点。如物流节点的确定、位置的选择、吞吐容量的规划、服务市场的分配等。
2. 物流线路。如运输网络的规划、运输方式的选择、运输线路的安排等。

(二)信息网络设计

高效零售供应链离不开信息网络系统,这也是新零售与传统零售供应链的重要区别之一,一般包含3个部分的内容。

1. 网络技术的选择。
2. 设施设备的配置。
3. 覆盖范围内各成员企业的沟通协议。

(三)关系网络设计

零售供应链关系网络的设计主要包含3个部分,涉及品牌商、渠道商、零售商等。

1. 供应链上下游成员企业之间的协同机制。
2. 各环节和节点的成员企业的关系管理。
3. 各成员企业在零售供应链中的角色定位。

六、建设供应链执行系统

零售类企业供应链执行系统的建设主要包含 3 大部分：协同式库存管理系统（CPFR）、物流执行系统（WMS）、运输管理系统（TMS）。

（一）协同式库存管理系统（CPFR）

1. 协同，要求商品供应商与零售企业实现公开沟通、信息分享，确立其协同性的经营战略。
2. 规划，包括合作规划（品类、品牌、分类、关键品种等）和合作财务（销量、订单满足率、定价、库存、安全库存、毛利等）。
3. 预测，要求双方共同参与做出最终预测，及时处理需求变动数据，修正预测模型。
4. 补货，减少补货流程中的程序，协同运输，商品供应商可直接负责相关区域，缩短补货时间。

（二）物流执行系统（WMS）

1. 智能化仓库作业策略定义，优化作业动线，解决作业瓶颈。
2. 多仓库支持，集约化管理，构建一体化物流服务体系。
3. 仓库数字化定义，灵活应对不同类型的定义配置。

（三）运输管理系统（TMS）

1. 整合多种运输模式，构建全方位的运输体系。
2. 人性化的计划引擎，帮助计划员实时调整运输计划。
3. 路线优化管理，支持动态调整，降低运输成本。

七、附则

1. 本方案由供应链管理部负责编制、解释与修订。
2. 本方案自 20××年××月××日起生效。

执行部门		监督部门		编修部门	
执行责任人		监督责任人		编修责任人	

2.2
供应链规划与布局

2.2.1 生产与服务设施选址方法

供应链生产与服务设施选址的常用方法有 3 种：重心法、因素评分法、盈亏平衡分析法。

（1）重心法

重心法（The Centre of Gravity Mathod）是一种设置单个生产与服务设施

的方法。这种方法主要考虑的因素是现有设置之间的距离及需要运输的货物量，常用于生产与服务设施选址工作。

该方法简单地将各生产与服务设施地点抽象为地理坐标，并为每一段运输距离赋予一定的运输费率，那么在运营过程中，会产生对制造商到仓库、仓库到终端客户的两部分运输费用。

重心法在计算时，通过对两部分运输费用的相加，做出选址模型，并求出运输费用最小的位置，作为生产与服务设施的选址。

（2）因素评分法

因素评分法是指首先从生产与服务设施选址工作中确定几个关键因素，如选址成本、交通条件、经济状况、人口环境等，每个因素按标准评出一个相应的分数，然后根据评估总分确定不同生产与服务设施选址方案对应的等级。

生产与服务设施在采用因素评分法进行选址设计时，应选择其中综合得分最高的选址方案。

因素评分法最大的优点在于它的公平性和准确性。缺点在于实施复杂，周期长，所耗用的时间、费用非常大。企业在进行供应链生产与服务设施选址时可结合自身情况对因素评分法进行一定程度的简化。

（3）盈亏平衡分析法

盈亏平衡分析法又称保本点分析或量本利分析法，是从经济收益维度衡量不同生产与服务设施选址方案的一种数学分析方法。

使用盈亏平衡分析法主要包含以下3个步骤。

首先，确定不同生产与服务设施选址方案的固定成本和可变成本。

其次，分别计算不同生产与服务设施选址方案的总成本，并将其集中到同一张图表中，形成总成本线。

最后，比较不同生产与服务设施选址方案在预期产出水平下的总成本高低。在其他条件保持一致的前提下，总成本最低则供应链生产与服务设施选址规划的利润最高，为最优方案。

2.2.2　生产与服务设施布局方法

供应链生产与服务设施布局的常见方法主要有4类：固定式布置、按产品布置、按工艺布置、按成组单元布置。

（1）固定式布置

固定式布置，指加工对象位置固定，生产工人和设备都随加工产品所在的某一位置而转移，主要是工程项目和大型产品的供应链生产与服务设施采用的布置形式。

（2）按产品布置

按产品布置（流水线布置），指当企业供应链的产品品种少批量大时，应当按照产品的加工工艺过程顺序来配置设备，形成流水生产线或装配线。

（3）按工艺布置

按工艺布置（机群式布置），指把供应链生产与服务设施中同类型的设备和人员集中布置在一个地方，实现生产制造工艺的集中和顺序安排。

（4）按成组单元布置

按成组单元布置（混合布置），指通过识别供应链生产与服务过程中产品零部件的相似性，将零部件分类，一系列相似工艺要求的零部件组成零件族。

按成组单元布置与按产品布置有一定的相似性，但前者具备更高的柔性，适合多品类产品的批量生产。

2.2.3 供应链网络设计方法

企业设计供应链网络的常用方法主要有3种：优化模型法、重心模型法、启发式算法。

（1）优化模型法

优化模型法是一种特殊的数学模型，使用优化模型法可以得出供应链网络设计中某一项目的最优解。

主要是利用运筹优化模型对不同要求下的企业供应链网络设计问题进行建模，直接输出最优的决策结果。

利用优化模型设计供应链网络要注意4大内容：需求分配模型、多供应源设施布局模型、单供应源设施布局模型、多级布局模型。

① 需求分配模型。要求供应链网络设计在满足终端客户所有需求的同时使得总的运输成本最低。

② 多供应源设施布局模型。要求供应链网络设计中同一个需求可以由多个供应商满足，满足终端客户总需求的同时使得总运输成本和供应商设施固定成本最低，实现总收入最大。

③ 单供应源设施布局模型。要求供应链网络设计中同一需求只能由一个供应商满足，满足终端客户总需求的同时使得总运输成本和供应商设施固定成本最低。

④ 多级布局模型。供应链网络设计考虑多级网络，要求满足终端客户总需求的同时使得网络总设施固定成本以及运输成本最低。

（2）重心模型法

重心模型法是指以客户需求地点为中心和重心，在供应链网络设计中使得所有供应源到目标地点的总配送成本最低。

在重心法选址的基础上完成供应链各成员企业，采购、制造、仓储、物流等环节流程的设计，形成供应链网络设计方案。

（3）启发式算法

启发式算法是指一个基于直观或经验构造的算法，在可接受的花费下给出供应链网络设计问题每一个实例的一个可行解，该可行解与最优解的偏离程度一般不能被预计。

同时需要注意，采用启发式算法设计供应链网络并不能得出最优解，也就是不能保证为最优供应链网络设计。它的优势在于可以在一定时间内给出一个较优解，且简单直观，便于修改。

2.2.4 生产与服务设施选址方案

以下是生产与服务设施选址方案。

方案名称	生产与服务设施选址方案	编　号	
		受控状态	

一、目的

为了得到科学、合理的供应链生产与服务设施选址结果,不断优化供应链生产成本,提高供应链的效率和客户需求响应速度,特制定本方案。

二、适用范围

本方案适用于企业供应链生产制造环节中不同区域的生产与服务设施选址需求。

三、参与部门及其职责

1.供应链管理部负责生产与服务设施选址工作的指导审批和监督。

2.生产部领导生产与服务设施选址工作的具体执行,并对设施选址结果负责。

四、分析选址影响因素

（一）区域

1.原材料位置。距离原材料产地的距离,主要从必要性、易损性和运输成本三个方面进行考虑。

2.市场位置。生产与服务设施距离市场的远近,距离过近选址成本高、距离过远则失去选址优势。

3.劳动力资源。地区的薪资水平、劳动力的生产率、对待工作的态度以及工会是否健全,员工的年龄分布、工作态度,工作能力、薪资水平和失业率。

4.自然环境。自然条件需重点关注环境质量和自然灾害两大要素。

5.其他重要区域影响因素。

(二)配套

1. 政策支持。政策支持包括产业发展政策、人才政策、土地政策及政府监管等多个方面。

2. 基础设施。基础设施包含产业链上下游供应商、产业配套企业、公共基础设施等方面。

3. 税收优惠。主要指税收政策、财政政策等优惠条件。

4. 发展支持。企业供应链进一步发展的条件,如发行债券、贷款等方面。

5. 其他重要配套影响因素。

(三)交通

1. 交通位置。供应链生产与服务设施在城市交通系统中所在的位置是否合理,物流运输的条件如何。

2. 便利程度。包括公路、铁路、空运等形式的交通便利程度。

3. 其他重要交通影响因素。

五、选址需求规划

生产与服务设施选址要与供应链整体经营运作系统有机结合,以便有效、经济地达到供应链的运行目的。

生产与服务设施选址包括选位与定址,选址需求规划主要包含5种:投资新办、增设分厂、增产扩容、战略性搬迁、政策牵引。

1. 投资新办。企业投资选址布置新生产与服务设施,与现有生产与服务设施相互呼应。

2. 增设分厂。根据供应链生产制造需求,在其他地区选址建设生产与服务设施。

3. 增产扩容。在原有生产与服务设施的基础上进行产量和容量的扩增。

4. 战略性搬迁。依据企业供应链战略规划的发展要求,对生产与服务设施进行搬迁选址。

5. 政策牵引。在政府相关政策和招商引资条件的吸引下,进行供应链生产与服务设施选址。

六、确定选址方法

供应链生产与服务设施选址可以采用3种方法:因素评分法、盈亏平衡分析法、线性规划法。

(一)因素评分法

综合考虑影响生产与服务设施选址的各个因素及重要程度,对各因素按重要程度赋值,计算各个方案总分,将分值最高者定为最优方案。具体步骤如下所述。

1. 列出影响选址的影响因素,即备选方案。

2. 赋予每个因素一定的权重,以反映它在目前选址中的相对重要程度。

3. 确定每个因素打分的取值范围,如从4到1,表示很好到不好。

4. 请有关专家对每个候选地址进行评分。

5. 计算每个方案得分,选择总分数最高的为最优选址方案。

(二)盈亏平衡分析法

假设可供选择的各个方案均能满足生产与服务设施选址的基本要求,但投资额及投产后的原材料、燃料等变动成本不同,绘制总成本线,找出每个备选地址产出的最优区间及盈亏区间,确定在要求产量下总成本最小的方案为最佳选址方案。

(三)线性规划法

线性规划法适用于拥有多个生产厂、多个仓储地点和销售地点的多点布置。

七、选址实施步骤

经过上述过程进行生产与服务设施选址设计后,具体实施步骤主要包含2个部分。

1. 从宏观角度综合考量各类影响因素,初步选定某一区域,并确定大致的范围。
2. 从给定的范围内确定具体地点,从微观角度分析各类影响因素,如市场、原材料、运输和劳动力成本等方面。拟定多个选址方案,利用选址分析方法确定最优生产与服务设施选址结果。

八、附则

1. 本方案由生产部负责编制、解释与修订。
2. 本方案自20××年××月××日起生效。

执行部门		监督部门		编修部门	
执行责任人		监督责任人		编修责任人	

2.2.5 生产与服务设施布局方案

以下是生产与服务设施布局方案。

方案名称	生产与服务设施布局方案	编号	
		受控状态	

一、目的

为了合理布置供应链生产与服务设施,对各种生产要素(如设备、材料、能源、人员、地面等)进行综合安排,维护良好的生产与服务环境,使供应链能够稳定而高效地运行,特制定本方案。

二、适用范围

本方案适用于企业供应链生产制造环节中各单位的生产与服务设施布局任务。

三、参与部门及其职责

1. 供应链管理部负责生产与服务设施布局工作的指导审批和监督。
2. 生产部领导生产与服务设施布局工作的具体执行,并对设施布局结果负责。

四、确定布局思路

生产部确定布局思路,常见的生产与服务设施布局思路主要有4种:固定式布置、按产品布置、按工艺布置、按成组单元布置。

1. 固定式布置。加工对象位置固定,生产工人和设备都随加工产品所在的某一位置而转移。
2. 按产品布置。当企业供应链的产品品种少批量大时,应当按照产品的加工工艺过程顺序来配置设备,形成流水生产线或装配线。
3. 按工艺布置。把供应链生产与服务设施中同类型的设备和人员集中布置在一个地方,实现生产制造工艺的集中和顺序安排。
4. 按成组单元布置。通过识别供应链生产与服务过程中产品零部件的相似性,将零部件分类,一系列相似工艺要求的零部件组成零件族。

五、设计生产与服务设施环境

(一)照明与通风设计

1. 生产与服务设施照明主要使用符合规定瓦数要求的节能灯,其灯座安装于离地面规定距离的墙壁上,灯座之间的距离符合要求。

2. 生产与服务设施通风除自然通风外,采用机械通风,具体做法为在灯座与灯座的墙壁中间安装悬挂式工业风扇,进行通风。

(二)作业地面设计

1. 生产与服务设施地面应采用水泥地面,保证其硬度与承受力及水平。

2. 生产与服务设施地面用不同的颜色划分出不同的区域,具体区域由通道、设备、成品、半成品、原材料、不良品、工位器具等放置区域组成,其中中间为划分好的物品放置区域,两边为生产加工区域,同时便于管理。

3. 生产与服务设施通道采用井字形布局,方便人流、物流的流动,其中人流通道宽度不小于1米,物流通道宽度不小于2米。

4. 在物品放置区铺设皮垫,防止物品倒时砸伤地面。

(三)水、电设计

1. 生产与服务设施的水源全部入地,在每台需水设备周围安装一个出水口,设置水龙头。

2. 生产与服务设施的电线全部走屋顶,并用铆钉进行固定,线缆密集区采用防护罩的形式进行固定,在每个立柱与设备的附近设置电气箱,包括闸刀与插座。

(四)消防措施合规

1. 生产与服务设施的所有消防卷帘门、消防报警设备正确维护,无损坏。

2. 在规定的地点放置灭火器,并配备额外备用的灭火器,注意保证其在使用期限内。

六、规划车间设备、生产用具和物料等

(一)车间设备

1. 对各种加工设备进行布局时,将同一种设备放置在一起,按照生产工序顺序依次进行设备的布局。

2. 大、中、小型生产设备的间距、距离墙或立柱的间距严格符合生产与服务设施布局要求。

3. 注意对生产与服务现场所有的生产设备的机电部分设置隔声罩,减小噪声的产生。

(二)生产用具

1. 在生产与服务设施现场四周墙壁处设置高度以低于窗户为准,长宽符合要求的储物柜,柜中将放置员工的私人用品和生产时所用到的工具。

2. 生产用具设置专用放置区域,统一领用、存放。

(三)物料

1. 设置合格材料区、不合格材料区、辅助材料区、半成品放置区、成品待检区、合格成品区。

2. 做好醒目标识。每个标识牌的颜色不要相同,尽可能和材料的颜色相近。标识内容除材料名称、规格、进厂日期、数量等以外,还应有保存方法与要求的说明。

3. 先进先出的布置思路。同一区域同一规格的材料要经常调整位置,让先进车间的材料摆放在最方便拿取的位置,以保证先进车间先使用。

七、附则

1. 本方案由生产部负责编制、解释与修订。

2. 本方案自20××年××月××日起生效。

执行部门		监督部门		编修部门	
执行责任人		监督责任人		编修责任人	

2.2.6 供应链网络设计方案

以下是供应链网络设计方案。

方案名称	供应链网络设计方案	编号	
		受控状态	

一、目的

为了对供应链中物流网络、信息网络及关系网络的流动结构进行科学合理的规划、设计、建设,使整个供应链在保持较低成本的同时具有很好的响应性,特制定本方案。

二、适用范围

本方案适用于核心企业的供应链网络设计任务,包含节点布局、运输线路设计、容量配置等。

三、参与部门及其职责

1.供应链管理部负责领导供应链网络的设计工作,从分析影响因素直到网络设计方案最终成形。

2.生产部、仓储部、物流部等部门协助供应链网络设计工作,并执行具体任务。

四、供应链网络基本组成

供应链网络基本组成主要包含 3 大部分:供应链成员、网络结构变量、工序连接的方式。

1.供应链成员,包含核心企业、业务流程基本成员企业、支持成员企业。

2.网络结构变量,主要有 3 种重要的网络结构,分别为水平结构(供应链网络层数)、垂直结构(同一层中供应商和客户的数量)、核心企业在供应链中的水平位置。

3.工序连接的方式,指产品在供应链中从原材料到最终可交付成品的生产工序流程之间的连接方式。

五、分析供应链网络设计影响因素

1.战略性因素,不同企业供应链的战略目标不同,如强调生产成本的企业往往在成本最低的区位布局生产设施,即便会使生产工厂远离其市场区;强调反应能力的企业会在市场区附近布局生产设施,有时甚至不惜以高成本为代价。

2.技术因素,生产技术水平是否能够带来规模经济效益,影响供应链生产与服务设施的选址与布局。

3.宏观经济因素,注意关税水平、税收优惠情况、汇率、市场稳定性风险等。

4.政治因素,小到一个地区的政策支持情况,大到跨国企业供应链的政局稳定情况。

5.基础设施因素,重点关注土地、交通、劳动力等方面。

6.竞争性因素,供应链网络设计是靠近对手布局还是远离对手布局。

7.对客户需求的反应时间,重点在于目标客户群体能够忍受的供应链反应时间长短。

8.物流和设施成本,关注供应链网络设计的安全库存成本、物流成本、设施成本。

六、明确供应链网络设计决策原则

1. 上下相结合原则,供应链管理部做出战略规划,各环节责任部门实施决策。
2. 简洁性原则,具有灵活快速响应市场的能力,每个节点应尽量简洁,便于实现业务流程快速组合。
3. 互补性原则,各个节点应遵循强强联合的原则,实现资源外用。
4. 协调性原则,供应链业绩的好坏取决于供应链合作伙伴关系是否和谐。
5. 动态性原则,预见各种不确定性对供应链运作的影响,减少信息传递过程中信息的延迟和失真。

七、制定供应链网络设计决策框架

供应链网络设计决策框架主要包含4个步骤。

1. 明确供应链战略,包含竞争战略、内部限制、增长战略、现存网络等。
2. 明确地区性设施构架,包含生产技术、竞争环境、区域性需求、关税和税收等。
3. 确定理想的选址,包含基础设施、生产需要的条件、反应时间等。
4. 具体的区位选择,包含劳动力、原材料、物流、运输、库存和协调等各类成本。

八、选择供应链网络设计方法

供应链网络设计可以采用3种方法:优化模型法、重心模型法、启发式算法。

1. 优化模型法。利用优化模型设计供应链网络要注意4大内容:需求分配模型、多供应源设施布局模型、单供应源设施布局模型、多级布局模型。
2. 重心模型法。重心模型法是指以客户需求地点为中心和重心,在供应链网络设计中使得所有供应源到目标地点的总配送成本最低。
3. 启发式算法。启发式算法是指一个基于直观或经验构造的算法,在可接受的花费下给出供应链网络设计问题每一个实例的一个可行解。

九、附则

1. 本方案由供应链管理部负责编制、解释与修订。
2. 本方案自20××年××月××日起生效。

执行部门		监督部门		编修部门	
执行责任人		监督责任人		编修责任人	

2.3 供应链流程管理

2.3.1 供应链战略实施方案制定方法

供应链战略是指在企业战略的高度上,对供应链进行全局性的规划,包含采购、生产、仓储、物流和销售等各个环节,它为原材料的获取和运输、产品制造和服务提供、产品交付和售后服务等一系列活动确定了方向。

企业制定供应链战略实施方案的常用方法有3种:关键事项法、流程顺序法、模块组合法。

（1）关键事项法

关键事项法是指以供应链战略规划的各类关键事项为中心，围绕关键事项的达成，根据关键事项的目标、条件等制定供应链战略实施方案。最终实现通过关键事项的达成来推动供应链战略的完成。

一般来说，供应链管理关键事项包含 8 个部分：产销率、产需率、产品或服务出产循环期、供应链总运营成本、库存周转率、准时交货率、成本利润率、产品质量合格率。

（2）流程顺序法

供应链的运行本质上是一个个流程的持续正常运转，供应链战略实施方案的制定自然无法离开供应链流程。

在供应链运作参考模型（SCOR）中，供应链被划分为 5 个流程：计划、采购、生产制造、交付、退货/回收。

流程顺序法是指按照企业供应链流程的运转顺序编制供应链战略实施方案。采用流程顺序法制定的供应链战略实施方案具有直观性的特点，其与供应链流程一致的规划顺序便于实施方案的实际执行。

（3）模块组合法

供应链虽然是从供应端到终端客户的功能网链结构，但其运行的过程可以归结为一个个的管理模块。

模块组合法是指通过对供应链管理核心模块的规划来制定供应链战略实施方案。

完整的供应链闭环以市场和终端客户需求为导向，供应链战略规划涉及以下 6 个模块：市场与客户管理、产品开发管理、计划与需求管理、采购和供应管理、生产和运营管理、仓储与物流管理。

2.3.2 供应链管理目标分解方法

供应链管理是指企业对自身供应链整体网链状系统进行计划、协调、操作、控制和优化的活动和过程，是要将市场和客户所需要的产品在规定的时间、按照确定的数量、满足规定的质量准确地送达指定的地点，并在这个过程中谋求成本的不断优化。

企业供应链管理的目标虽然略有区别，但主要是指在满足终端客户需求的基础上，对供应链全过程的各个环节、节点进行综合管理，如从采购、物料、生产、物流、销售到客户的整个供应链的商流、物流、信息流和资金流，实现供应链成本的降低。

企业分解供应链管理目标的方法主要有 4 种：指令式分解法、协商式分解法、系统图法、时间顺序分解法。

（1）指令式分解法

指令式分解法是指由供应链管理主体直接确定供应链管理目标分解方案，以指令或指示、计划的形式向各部门下达，向供应商、物流商等合作伙伴传达。

这种分解方法虽然容易使供应链管理目标构成一个完整的管理体系，但由于未与供应链各环节、节点的责任主体进行协商，在内部对各部门承担供应目标的困难、意见不了解，容易造成某些目标难以落实下去；在外部对供应链各成员的协同性要求高，核心企业的影响力要能够覆盖供应链全过程。

（2）协商式分解法

协商式分解法是指企业供应链管理主体采取多方商谈和讨论的方式，对供应链管理目标进行分解，力求取得一致性意见。

协商式分解法容易使供应链管理目标落到实处，也有利于下级积极性的调动和能力的发挥，是对供应链上下游较为依赖的情况下核心企业时常采取的供应链管理目标分解方法。

（3）系统图法

系统图法是企业分解供应链管理目标时常用的一种方法和操作工具。

首先将一级目标（供应链总体管理目标）分解，就是将实现一级目标的手段作为二级目标，以此类推，层层分解，从而形成一个"目标—手段"链；同时，自上而下又是逐级保证的过程，不但构成了供应链管理目标体系，各级目标的实现也能落到实处。

（4）时间顺序分解法

时间顺序分解法是指根据企业产品或服务的供应链流程，按照供应链运行时间顺序制定出各阶段管理目标的实施进度，以便于在实施中的检查和控制。

这种分解形式同时构成了供应链管理目标的时间体系。

2.3.3 供应链资源配置方案设计方法

企业设计供应链资源配置方案通常有 2 大参照点，即以需求预测为基础、以供应链计划为基础。

下面分别介绍以需求预测为基础和以供应链计划为基础的供应链资源配置方案设计方法。

（1）以需求预测为基础的设计方法

以需求预测为基础设计供应链资源配置方案时，包括采购、生产、仓储、物流等各环节的供应链资源配置数据皆是对需求预测结果数据的应用。在此过程中常用的设计方法是基于数学模型的方法,这里着重介绍线性规划法。

当供应链资源限制或约束条件表现为线性等式或不等式,目标函数表示为线性函数时,可运用线性规划法进行资源配置决策。

线性规划法是解决企业供应链各环节多变量资源配置问题最优决策的方法,是在各种相互关联的多变量约束条件下,解决或规划供应链资源配置的线性目标函数最优的问题。

通过线性规划法,可使供应链的人力、物力和相关资源,在如何应用才能得到最大经济效益的资源配置问题上得到优解。

利用线性规划法进行供应链资源配置方案设计主要包含4大步骤:确定各变量、确定目标函数、确定约束条件、建立资源配置数学模型。

(2)以供应链计划为基础的设计方法

以供应链计划为基础设计供应链资源配置方案时,最常用的设计方法为帕累托最优法。

帕累托最优,也称帕累托效率,是供应链资源配置的一种状态,即不使供应链任一环节情况变坏的前提下,不可能再使其他环节的情况更好。

帕累托最优的核心思想是在决定供应链的众多因素中分清主次,识别出少数的但对事物起决定作用的关键因素,以及多数的但对事物影响较少的次要因素。

通过帕累托分析,实现供应链资源配置方案的设计要注意在供应链过程中各阶段的帕累托效率,包含采购帕累托最优、生产帕累托最优、仓储帕累托最优、物流帕累托最优、交付服务帕累托最优等。

在一系列的帕累托最优的过程中,实现供应链资源配置方案的设计平衡。

2.3.4 供应链战略实施方案设计

以下是供应链战略实施方案。

方案名称	供应链战略实施方案	编　　号	
		受控状态	|全文

一、目的
　　为了有计划地安排供应链战略实施工作,确保供应链战略规划能够顺利落地,进而不断提高供应链整体竞争力,特制定本方案。
二、适用范围
　　本方案适用于企业供应链战略规划达成任务。
三、参与部门及其职责
　　1.供应链管理部负责供应链战略实施工作的指挥、控制、调整和监督。

2. 采购部、生产部、仓储部、物流部、质量管理部等业务部门负责完成指标任务，推动供应链战略目标的达成。

3. 人力资源部、财务部、行政管理部等支持部门负责协助、支持工作。

四、匹配供应链战略与竞争战略

供应链管理部要保证供应链战略与竞争战略的相互匹配，只有两者具有相同的目标，才能在相互配合中保证企业战略体系发挥既定的作用。

（一）供应链战略

1. 决定原材料的采购方式。

2. 决定物流的运进运出。

3. 决定产品的制造方式或服务的提供方式。

4. 决定产品的配送交付方式。

5. 决定后续服务。

6. 决定各环节需要外包与否等。

（二）竞争战略

相对于竞争对手而言，企业供应链产品或服务能够满足终端客户需求的组合，重点在于形成在经营管理、技术、产品、市场营销、服务等诸多方面与同行的差异。

（三）3大匹配步骤

1. 理解终端客户和供应链的不确定性。包含需求不确定性和隐含需求不确定性。

2. 理解供应链能力。包含供应链响应能力（对大幅变动的需求量的响应、对较短交货时间要求的满足、经营种类繁多的产品、生产具有较高创造性的产品、应对供给不确定性）和供应链效率。

3. 实现竞争战略与供应链战略的匹配。确保供应链响应能力和隐含不确定性协调一致。

五、分解供应链战略规划

供应链战略的分解包含4个主要的驱动因素：库存、运输、设施和信息。

1. 库存。库存是一个重要的供应链驱动，库存政策的变动能够极大地改变供应链效率和响应能力。

2. 运输。运输选择对供应链响应和效率有很大影响，运输的基本决策之一是要在运输成本最低和运输速度最优之间做出选择。

3. 设施。设施是供应链网络中进行库存、装配和生产制造的地方，对于设施的定位、选址和设施能力的决策对供应链整体性能起到很大的影响。

4. 信息。信息是供应链运行的关键驱动要素之一，信息直接影响其他的驱动要素，它是供应链整体效能改进的潜在关键驱动。

六、制定供应链执行（SCE）计划

供应链执行计划包含订单计划、生产、补货和分销等，制订供应链执行计划包含4大模块系统：物流执行系统（WMS）、生产制造执行系统（MES）、运输管理系统（TMS）、供应商协同系统（SRM）。

（一）物流执行系统（WMS）

1. 智能化仓库作业策略定义，优化作业动线，解决作业瓶颈。
2. 多仓库支持，集约化管理，构建一体化物流服务体系。
3. 仓库数字化定义，灵活应对不同类型的定义配置。

（二）生产制造执行系统（MES）

1. 可视化工艺流程建模，简单应对复杂产品工艺。
2. 支持多种方式导入生产订单，敏捷调整生产计划。
3. 实时看板，实现精益化生产管理。

（三）运输管理系统（TMS）

1. 整合多种运输模式，构建全方位的运输体系。
2. 人性化的计划引擎，帮助计划员实时调整运输计划。
3. 路线优化管理，支持动态调整，降低运输成本。

（四）供应商协同系统（SRM）

1. 通过运行 MRP 计划导入 SRM 系统，自动按各供应商分别生成对应采购周期预测计划，指导供应商生产备货。
2. 供应商可通过系统导入发货计划，基于采购单维护预先发货清单（ASN）并提交给客户确认。
3. 所有的供应链执行凭据及执行节点将在系统中有所体现，方便企业用户进行追溯与查询。

七、跟踪评估供应链执行（SCE）计划

1. 各部门按照供应链执行计划完成业务指标，总结业务成果并填写绩效清单。
2. 供应链管理部采用自评或联合第三方供应链管理机构的方式对供应链进行评估，了解供应链执行计划的完成情况。
3. 供应链管理部加强对供应链执行计划实施情况的监控，定期收集和分析相关信息，对于明显偏离供应链战略规划的情况，应当及时纠正。

八、附则

1. 本方案由供应链管理部负责编制、解释与修订。
2. 本方案自 20××年××月××日起生效。

执行部门		监督部门		编修部门	
执行责任人		监督责任人		编修责任人	

2.3.5 供应链管理目标分解表

供应链管理是对整个供应链系统进行的计划、协调、操作、控制和优化的各类活动和过程，其目标就是要将顾客所需的正确的产品能够在正确的时间、按照正确的数量、正确的质量和正确的状态送到正确的地点，并使供应链总成本达到最低。

供应链管理总体目标的实现依赖采购、生产、仓储、物流、市场等各环节具体管理目标的达成。目标分解表是对各环节、节点管理目标的分析和解释,是供应链管理的重要工具,常用模板如表2-1所示。

表2-1　供应链管理目标分解表

编号	管理项目	达成目标	目标分解					实施细则
1	采购成本控制	采购成本控制在＿＿万元内	(1)物料1控制在＿＿元以内 (2)物料2控制在＿＿元以内 (3)物料3控制在＿＿元以内					1. 2.
2	采购质量管理	采购合格率达到＿＿%	(1)物料1合格率达到＿＿% (2)物料2合格率达到＿＿% (3)物料3合格率达到＿＿%					1. 2.
3	生产产值和利润指标	利润达到＿＿万元	季度＼产量	第一季度	第二季度	第三季度	第四季度	1. 2.
			计划产量					
			实际产量					
4	新产品开发	新产品1	＿＿~＿＿月生产出样机,＿＿~＿＿月样机投入试用,＿＿~＿＿月产品改进并试用,＿＿~＿＿月新产品小批量生产					1. 2. 3.
		新产品2						
		新产品3						
5	生产成本费用控制	生产成本控制在预算之内	(1)物料成本控制在＿＿元以内 (2)人工成本控制在＿＿元以内 (3)制造成本控制在＿＿元以内					1. 2.
6	产品质量管理	退货率控制在＿＿%;返修率控制在＿＿%;产品交付合格率达到＿＿%	季度＼项目	第一季度	第二季度	第三季度	第四季度	1. 2. 3.
			退货率					
			返修率					
			合格率					
7	仓储管理	…	…					…
8	物流管理	…	…					…
…								

注:此类表仅用于内容示意,囿于格式,全书统一用"…"表示内容省略。

2.3.6 供应链资源配置方案设计

以下是供应链资源配置方案。

方案名称	供应链资源配置方案	编　号	
		受控状态	

一、目的

为了帮助供应链更好地解决资金流和物流两大难题,妥善地处理供应链内部资源和外部资源的优化配置问题,特制定本方案。

二、适用范围

本方案适用于企业供应链运行过程中各环节和节点的资源配置工作。

三、参与部门及其职责

1. 供应链管理部负责供应链资源配置的指挥、调度、控制和监督等诸多管理工作。
2. 生产部、仓储部、物流部等相关部门负责具体执行供应链资源配置任务。

四、统计供应链资源信息

供应链管理部对企业现有供应链的整体资源使用、配置情况进行调查统计,形成供应链资源一览表。

(一)内部资源

1. 物流资源,如厂房、分销中心、仓储等物流设施。
2. 人力资源,如生产人员、技术专家等各类劳动者。
3. 财务资源,如现金、银行存款、应收账款等。
4. 信息技术资源,如物流执行系统(WMS)、生产制造执行系统(MES)、运输管理系统(TMS)、供应商协同系统(SRM)等各类供应链支持系统。
5. 市场营销资源,如市场份额、品牌文化、公众声誉等。
6. 组织资源,如培训系统、供应商关系、客户关系等。
7. 法律资源,如专利、商标、合同等。

(二)外部资源

1. 供应商资源。
2. 客户资源。
3. 第三方服务资源。

五、制定供应链资源计划(SCRP)

供应链资源计划的最终目的是满足客户服务,其总体框架主要包含3大部分:供应链战略计划、供应链战术计划、供应链运作计划。

1. 供应链战略计划,从建立供应链网络到战略合作伙伴关系到制定共同市场战略。
2. 供应链战术计划,如生产计划、物流需求预测和分析,目标是实现最大化的净利润,实现供应链中成员企业之间的协同合作。
3. 供应链运作计划,主要体现企业内部和成员企业之间的日常运作,包含实时、动态的供应链执行信息,主要为短期计划,具备更小的需求不确定性。

六、ERP 系统与供应链资源配置

通过 APS（高级计划与排程）与 ERP 系统集成，实现将 ERP 系统扩展为供应链资源配置的有力工具。

1. 需求计划满足资源配置。
2. 采购计划达标资源配置。
3. 生产计划和排程实现资源配置。
4. 运输计划实现资源配置。
5. 分销计划达成资源配置。

七、信息管理系统与供应链资源配置

为实现供应链中各个环节的协同工作和供应链资源配置的优化，必须具备一套强大的信息管理系统，如物流执行系统（WMS）、生产制造执行系统（MES）、运输管理系统（TMS）、供应商协同系统（SRM）等。

1. 物流执行系统，实现物流仓储管理的流程化、自动化、智能化。
2. 生产制造执行系统，运用及时准确的数据，指导、启动、响应并记录生产制造活动，能够对生产条件的变化做出迅速的响应。
3. 运输管理系统，从订单计划到自动结算的过程中，简化运输业务、降低成本，实现运输环节全透明化。
4. 供应商协同系统，从供应寻源，到采购协同，到供应优化，针对生产、市场的变化，快速实现资源调配。

八、附则

1. 本方案由供应链管理部负责编制、解释与修订。
2. 本方案自 20××年××月××日起生效。

执行部门		监督部门		编修部门	
执行责任人		监督责任人		编修责任人	

2.4
供应链风险管理

2.4.1 供应链风险识别方法

风险控制部门和相关人员识别供应链风险的方法一般包含 4 种：检查表法、危险分析与关键控制点法、失效模式和效应分析法、危险与可操作性分析法。

（1）检查表法

① 方法介绍。检查表（Check-lists）法是根据以前的风险评估结果或过去的风险事件，将供应链管理业务中各阶段可能发生的潜在风险列举在表中，以供识别人员进行检查核对，判断该阶段是否存在表中所列举的或相似的

风险。

② 用途。检查表法可用来识别供应链管理中的危险、风险或者评估控制效果。它可以用于供应链风险管理业务的任何阶段，也可以作为其他风险识别或评估技术的组成部分进行使用，但最主要的用途是检查在运用了旨在识别新的危险或风险的更富想象力的技术之后，是否还有遗漏的危险或风险。

（2）危险分析与关键控制点法

① 方法介绍。危险分析与关键控制点（Hazard Analysis and Critical Control Points，HACCP）法是为识别、防范供应链管理过程中相关阶段可能发生的风险并采取必要的控制措施提供了框架，以避免可能出现的危险，同时维护供应链管理过程中的安全性。

旨在通过过程控制和关键点控制来尽量降低风险，将这些可能发生的风险在过程中消除，防患于未然。

② 用途。通过对供应链管理各阶段过程和业务流程审查，以及对可能影响到交付成果实现的需求、计划、招标、合约、品控、仓储、配送等关键控制点的风险识别，将风险消除在过程中，消灭在关键点上。

（3）失效模式和效应分析法

① 方法介绍。失效模式和效应分析（Failure Mode and Effect Analysis，FMEA）法是用来识别供应链管理过程中各业务模块未能达到其业务要求的方法。

FMEA 用于识别供应链管理各业务模块所有潜在的失效模式及其影响，并寻找其原因，制定能够消除或避免潜在的失效模式发生的有效措施。

② 用途。失效模式和效应分析可以用来识别设备、程序、硬件、软件和系统失效模式及影响，也可以用来识别人为失效模式及影响。

（4）危险与可操作性分析法

① 方法介绍。危险与可操作性分析（Hazard and Operability Studies，HAZOP）法是对一种规划或现有产品、过程、程序或体系的结构化及系统分析。该技术可以识别供应链管理过程中人员、业务、资财、交付及协同所面临的各种风险。

HAZOP 过程是一种基于危险和可操作性研究的定性技术，它对需求计划、采购过程、业务程序等各个供应链管理步骤中，是否能实现供应链管理意图或运行条件的方式提出质疑。该方法通常由一支多专业团队通过多次会议进行。

HAZOP 在识别过程、系统或程序的风险的原因和后果方面与 FMEA 类似。其不同在于团队通过考虑不希望的结果、与预期的结果以及条件之间的偏差来反查可能的原因和风险模式，而FMEA则先确定风险模式，然后才开始评估。

②用途。最初开发HAZOP技术是为了分析化学过程系统，但是该技术目前已拓展到其他类型的系统及复杂的操作中，包括机械及电子系统、程序、软件系统，甚至包括组织变更及法律合同设计及评审。

HAZOP过程可以处理由于供应链管理各业务程序和人为活动的缺陷所造成的各种形式的对供应链管理意图的偏离。

这种方法也可以用于供应链管理过程中的各种评审中。当用于计算机系统、网络安全控制时，该方法称作CHAZOP（控制危险及可操作性分析或计算机危险及可操作性分析）。

2.4.2 供应链风险分析方法

对供应链风险进行分析的方法一般分为定性分析法和定量分析法两类。

定性分析法主要包含4种：故障树分析法、情景分析法、业务影响分析法、人因可靠性分析法。

定量分析法主要包含3种：风险矩阵法、风险指数法、交叉影响分析法。

（1）故障树分析法

①方法介绍。故障树分析（Fault Tree Analysis，FTA）法是用来识别并分析造成供应链特定不良事件（称作顶事件）因素的分析方法。

它是通过归纳法等方法识别出导致供应链特定不良事件的因果因素，然后按合乎逻辑的方式进行编排并用树形图进行表示，由此来描述原因因素及其与重大事件的逻辑关系。

故障树中识别的因素可以是系统硬件故障、人为错误或造成供应链不良事件的其他相关事项。

②用途。故障树分析法可以用来对供应链特定不良事件（称作顶事件）的潜在原因及路径进行定性分析，也可以在掌握因果事项可能性的知识之后，定量计算供应链特定不良事件的发生概率，由此实现对供应链风险的精细化管理。

这种分析方法对具有多个等级业务和相互作用的分析系统特别有用。

故障树分析法可以在供应链风险管理设计阶段使用，也可以在供应链风险管理运行阶段使用，还可以用来分析已发生的风险。

（2）情景分析法

①方法介绍。情景分析（Scenario Analysis）法是指对供应链管理中的某个状态或情景进行详细描述，分析和描述风险发生的可能性的高低、风险发生的条件，以确定风险是否需要处理以及采用合适的应对措施的一种方法。

换句话说，情景分析法是类似"如果……怎样"的分析方法。

供应链管理的风险总是不确定的，而情景分析使我们能够预测未来的风险，不仅能得到具体的预测结果，而且还能分析达到供应链管理过程中各业务模块在未来不同发展情景的可行性以及提出需要采取的应对措施，为管理者决策提供依据。

② 用途。情景分析法可用来分析供应链管理过程中某特定环境下可能发生的事件并分析潜在的后果及每种情景的可能性，也可用来预计风险可能发生的方式。

在周期较短及数据充分的情况下，可以从供应链管理现有业务情景中推断出可能出现的情景。对于周期较长或数据不充分的情况，情景分析法的有效性更依赖于合乎情景的想象力。

（3）业务影响分析法

① 方法介绍。业务影响分析（Business Impact Analysis，BIA）法是分析已识别出来的风险对供应链管理业务运营的影响，并确定和量化管理这些风险所需能力的方法。

② 用途。业务影响分析法用来确定危害性以及供应链管理过程和相关资源的恢复时间，以确保供应链管理中各业务要求的持续实现。

而且，业务影响分析法有助于确定供应链管理过程、内外部各方以及各业务连接处之间的相互依存关系。

（4）人因可靠性分析法

① 方法介绍。人因可靠性分析（Human Reliability Analysis，HRA）法关注的是人因对供应链管理运行的影响，通过分析风险源来评估人为错误对供应链管理运行的影响。

在供应链管理，很多业务模块在进行运作时都有可能出现人为错误，人为错误包括主观层面上的错误和客观层面上的错误，这些人为错误可能最终发展到严重地步的可能性或许不大，但是，有时人的行为是唯一能避免最初的问题演变成风险的防卫。

② 用途。人因可靠性分析法主要用来分析供应链管理中已发生的或潜在的人为错误产生的风险，确定风险发生的原因、后果及其发生的可能性，评估对供应链管理运行的影响，降低人为错误发生的可能性。

（5）风险矩阵法

① 方法介绍。风险矩阵（Risk Matrix）法是一种将定性或半定量的后果分级与产生一定水平的风险或风险等级的可能性相结合，并通过分析已被识别

的风险发生的可能性和对供应链管理的影响程度绘制风险矩阵的方法。

② 用途。风险矩阵法通常作为一种筛查工具，根据风险在矩阵中的区域，确定其是否需要更细致地分析，是否应优先处理，是否需要进一步考虑。

风险矩阵法也可以用于企业内对风险进行等级定性。设定风险等级的方法和赋予等级决策的规则应当与企业的风险偏好一致。

（6）风险指数法

① 方法介绍。风险指数（Risk Indices）法是对供应链体系风险的半定量测评，是利用顺序标度的记分法得出的估算值，主要用于风险分析的方法，如供应链金融风险评估等。

风险指数法本质上是一种对风险进行分级和比较的定性方法，使用数字完全是为了便于操作。

② 用途。风险指数法可作为一种范围划定工具用于评估供应链体系中的采购、配送、退货等各个环节、各种类型的风险，以根据风险水平划分风险。还可以确定哪些风险需要更深层次的分析以及可能进行定量评估。

（7）交叉影响分析法

① 方法介绍。交叉影响分析（Cross Impact Analysis）法是一种系统预测技术，是在德尔菲法、专家咨询法等基础上发展起来的预测方法。

这种方法首先要估计供应链相关事件出现的概率，以及事件之间相互影响的概率，然后对供应链相关事件的风险变化进行分析，预测其发生的可能性及影响程度，从而做出风险决策。

② 用途。交叉影响分析法抓住了供应链业务风险决策中最关键的问题，即相关事件自然状态出现的概率问题，通过概率的变化辨明决策方向，使决策目标更加清楚。在实践中主要应用于供应链相关业务风险决策的效果分析。

2.4.3 供应链风险评估方法

供应链风险评估是在各种风险的分析结果之间进行比较，确定风险的等级。评估供应链风险状况的方法主要有2类：定性评估方法、定量评估方法。

（1）定性评估方法

供应链风险定性评估方法主要包含5种：情况发生法、时间频次法、频率程度法、财产损失法、影响程度法。

① 情况发生法。情况发生法是根据风险事件发生的条件进行风险等级划分，一般分为一般情况下不会发生、极少情况下发生、某些情况下发生、较多情况下发生、常常会发生，其对应等级分别为极低、低、中、高、重大。

② 时间频次法。时间频次法是根据风险事件发生的时间频次进行风险等级划分，一般分为每天/每周/每月/每年 0~1 次、每天/每周/每月/每年 2~3 次、每天/每周/每月/每年 4~5 次、每天/每周/每月/每年 6~7 次、每天/每周/每月/每年 8~10 次，其对应等级分别为极低、低、中、高、重大。

③ 频率程度法。频率程度法是根据风险事件发生的频率程度进行风险等级划分，一般分为从不（0%）、很少（10%）、有时（20%）、经常（40%）、通常（60%），其对应等级分别为极低、低、中、高、重大。

④ 财产损失法。财产损失法是根据风险事件发生对企业财产损失程度进行风险等级划分，一般分为较低的财产损失（1万元以下）、轻微的财产损失（1万~10万元）、中等的财产损失（10万~50万元）、重大的财产损失（50万~100万元）、极大的财产损失（100万元以上），其对应等级分别为极低、低、中、高、重大。

企业要根据自身供应链业务运营情况确定财产损失等级的相关具体数额。

⑤ 影响程度法。影响程度法是根据风险事件发生对进度/业务/流程/质量/运营/预算/成本/收益/效率/企业的影响程度进行风险等级划分，一般分为没有影响、轻微影响、一定程度上的影响、严重影响、重大或无法弥补的影响，其对应等级分别为极低、低、中、高、重大。

（2）定量评估方法

供应链风险定量评估方法主要包括 3 种：风险矩阵法、风险指数法、"SEP"法。

① 风险矩阵法。风险矩阵法是一种可视化的分析工具，它将风险发生的可能性及其后果分别定级，再综合评估风险的高低，在实践中有着广泛的应用。

通常把每个风险都进行发生可能性和影响度分析，发生可能性分为 A、B、C、D、E 共 5 个等级，影响度分为 1、2、3、4、5 共 5 个等级，然后根据这个分级，把风险点逐一放入横坐标为影响度，纵坐标为可能性的坐标里面，最终依次标识出风险的级别。

② 风险指数法。风险指数法是基于风险发生可能性（1~5 个级别，对应分值为 1~5 分）、影响程度（1~5 个级别，对应分值为 1~5 分）、管理改进迫切性（1~5 个级别，对应分值为 1~5 分）三个维度计算。

③ "SEP"法。"SEP"法是一种用于工作业务和生产区域风险评估的半定量评估方法。用于供应链风险管理中，SEP 中的各项指标应该有所变化，其中"P"表示风险发生的可能性，"E"表示风险发生的频繁程度或频次、频率的程度，"S"表示风险可能造成后果的严重程度。

2.4.4 供应链风险控制方法

企业控制供应链风险的 4 种基本方法分别为风险回避、损失控制、风险转移、风险保留。

（1）风险回避

风险回避是指企业供应链管理主体有意识地放弃风险行为，完全避免特定的损失风险。简单的风险回避是一种最消极的风险处理办法，因为在放弃风险行为的同时，往往也放弃了潜在的目标收益。

企业选择回避的供应链风险控制方法主要包含 4 种情况：企业对供应链风险极端厌恶；存在可实现同样目标的其他方案，且风险更低；管理主体无能力消除或转移相关供应链风险；管理主体无能力承担供应链风险，或承担相关风险但得不到足够的补偿。

（2）损失控制

损失控制不是指企业放弃应对供应链风险，而是通过制订计划和采取措施来降低损失的可能性或者减少实际损失。

损失控制的阶段包括供应链风险问题的事前、事中和事后三个阶段。事前控制的目的主要是为了降低损失发生的概率，事中和事后的控制主要是为了减少供应链运作过程中实际发生的损失。

（3）风险转移

风险转移是指企业通过签订契约，将供应链风险转移给相关环节主体企业或其他受让人承担的行为。通过风险转移的控制方法，可以在很大程度上减少企业供应链风险引发的影响问题。

供应链风险转移的主要形式有 2 种：合同转移、保险转移。

① 合同转移。指企业与风险受让方通过签订相关合同，将部分或全部供应链环节风险转移给一个或多个其他参与者。

② 保险转移。指企业通过购买保险将本应由自己承担的供应链相关风险转移给保险公司。保险是使用最为广泛的风险转移方式。

（4）风险保留

风险保留，或称风险承担，是指如果损失发生，企业将以当时可利用的任何资金进行支付。

风险保留控制方法主要包括 2 种：无计划自留、有计划自我保险。

① 无计划自留。指风险损失发生后从营业收入中进行支付，即不是在损失前做出资金安排。当管理主体没有意识到相关供应链风险并认为不会发生损失

时,或显著低估了相关供应链风险时,就会采用无计划保留方式承担风险。

一般来说,无计划保留方法应当谨慎使用,因为当实际总损失远远大于损失可承受的限度时,将引起企业供应链的资金周转困难。

② 有计划自我保险。指可能的损失发生前,企业通过做出各种资金安排以确保损失出现后能及时获得资金以补偿供应链损失。

有计划自我保险主要通过企业供应链建立风险预留基金的方式来实现。

2.4.5 供应链风险体系建设方法

企业建设供应链风险体系的方法主要为全面风险管理。

供应链全面风险管理主要包含:供应及交付风险、供应链网络风险、质量安全风险、供应链运营风险、财务风险、市场变化风险、行业周期风险、政策法律风险、环境灾祸风险等,如图 2-1 所示。

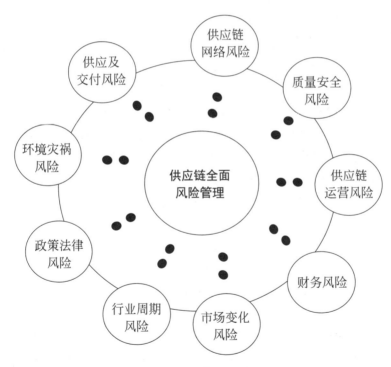

图 2-1 供应链全面风险管理

要实现供应链全面风险管理,企业就要围绕供应链运营战略目标,通过在供应链管理的各个环节和节点的过程中执行风险管理的规定程序,培育企业自身的供应链风险管理文化,建立健全供应链全面风险管理系统。

2.5 供应链绩效管理体系制定

2.5.1 供应链绩效管理体系设计方法

企业设计供应链绩效管理体系的常用方法有3种：模型法、指标法、标杆对照法。

（1）模型法

模型法，是指利用特定模型和一些标准框架对供应链各环节、节点进行绩效管理，通过对各类模型的整合来设计整体供应链绩效管理体系。

① APQC模型和PCF流程分类框架。APQC模型的流程分级主要有5级：类或域、流程组、流程、活动、任务。PCF流程分类框架由12类业务流程组成：5类运营流程、7类管理和支持流程。

APQC模型和PCF流程分类框架提供了用于供应链业绩评估、改善供应链业务流程的开放式模型和标准框架，可以对核心企业内部或者供应链成员企业之间的绩效进行客观的比较。

② CSCMP模型。CSCMP模型提出了计划、采购、制造、交付、回收、执行6个部分的供应链结构。它的关键价值在于，企业可以参照CSCMP模型的流程标准的描述对自身供应链流程的绩效水平进行管理考核。

根据CSCMP模型的供应链流程绩效管理通常分为5类结果：完全不达标的供应链、部分达到最低标准的供应链、最低流程标准的供应链、介于最低流程标准和最优标准之间的供应链、最佳流程实践的供应链。

③ SCOR模型。SCOR模型，即供应链运作参考模型（Supply-chain Operations Reference-model）。它是一个标准的供应链流程参考模型，是供应链的诊断工具，能够使企业间能够准确地交流供应链问题，客观地评测其性能，确定性能改进的目标，并影响今后供应链管理软件的开发。

SCOR模型把业务流程再造、标杆比较和流程评测等著名的概念集成到一个跨功能的框架之中，它能够帮助企业了解业务流程的现状、推导出未来的预期，量化相似企业的运营绩效，并且分析得出最佳绩效的管理实践和软件解决方案。

④ GSCF模型。GSCF模型是根据需求管理、订单管理、制造过程管理、供应商关系管理、产品开发和定制化管理、逆物流管理、客户关系管理和客户服务管理8项供应链流程确定的定性评估的绩效管理框架。

（2）指标法

供应链绩效考核指标是供应链绩效管理体系的重要内容，通过对供应链全程进行指标分解来设计企业供应链绩效管理体系的方法是一种较为全面的设计思路。

利用指标法设计供应链绩效管理体系要注意 3 类绩效指标：EVA 指标、供应链 5 大指标、供应链 20 大关键指标。

① EVA 指标。EVA 经济价值增值法，是基于剩余收益思想发展起来的新型价值模型。即指资本获得的收益至少能够弥补投资者承担的风险。

EVA 指标包含 3 个部分：基本 EVA 值、正常 EVA 值、理想 EVA 值。

在供应链绩效管理体系设计中，EVA 指标体现在 2 个方面：终端客户价值驱动的 EVA 和供应商价值驱动的 EVA。

② 供应链 5 大指标。主要涉及 5 个方面：供应链可靠性指标、供应链反应性指标、供应链灵活性指标、供应链成本指标和供应链资产管理效率指标。

③ 供应链 20 大关键指标。分布在供应链的 6 个部分：采购绩效指标、制造绩效指标、物流绩效指标、产品开发绩效指标、客户订单管理指标、供应链诊断指标。

第一，采购绩效指标：可支付天数、对前十大供应商的依赖度。

第二，制造绩效指标：资产周转率、库存供货天数、库存短缺占总销售产品数量的百分比、过期存货按比例折算计入产品销售的总数目、残次零部件的比例。

第三，物流绩效指标：客户订单周期、订单履行率。

第四，产品开发绩效指标：产品或服务开发项目占销售额的百分比、产品或服务开发项目上市的周期时间、产品或服务开发项目准时推出的比例、产品或服务开发项目在预算内完成的百分比。

第五，客户订单管理指标：关键客户盈利率、市场份额、供应链管理总成本占收入的百分比。

第六，供应链诊断指标：年度总库存周转率、现金的时间周期、资产回报率、员工人均增值产出率。

（3）标杆对照法

标杆对照法是指选择行业内的标杆企业，利用其可测量、业界认可的优秀绩效管理成绩，作为企业供应链绩效管理体系设计的参照标准。

通过标杆对照，以标杆企业为标准，结合企业供应链自身的实际情况，学习和应用标杆企业的供应链绩效管理实践经验，提高企业供应链绩效管理体系设计水平。

2.5.2 供应链绩效管理体系设计

基于供应链战略的供应链绩效管理体系主要由绩效目标体系、绩效管理循环、绩效考核制度和绩效管理责任体系四部分构成,具体如图 2-2 所示。

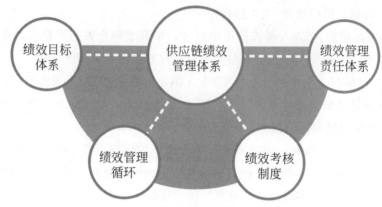

图 2-2　供应链绩效管理体系

(1) 绩效目标体系

绩效目标体系是从供应链战略分析开始,到供应链规划目标与关键指标,再到各环节责任部门目标与关键指标,最后落实到岗位关键指标,从而建立起基于供应链战略的组织目标责任体系。

(2) 绩效管理循环

绩效管理循环包括绩效计划、绩效辅导实施、绩效评价反馈和绩效结果运用四个环节。通过绩效管理循环,绩效目标体系落实到了供应链管理部与各环节责任部门员工身上,从而使绩效管理与企业供应链管理者日常管理有机结合,供应链的战略真正得以实施。

① 绩效计划。绩效计划是绩效管理循环的起点。制订绩效计划的基本依据是供应链战略目标。绩效计划要求供应链管理者与各环节责任部门一起研讨后,确定计划期内各部门应该做什么、做到什么程度、为什么要做、何时做完,以及其他的具体内容。

② 绩效辅导实施。绩效辅导实施阶段是供应链管理者与各环节责任部门共同完成绩效目标的阶段。在此阶段,供应链管理者和各环节责任部门就绩效目标和内容,进行阶段性的回顾与检查,辨别为达到工作进度需要改善的方面,帮助和支持员工达成供应链运营目标。

③ 绩效评价反馈。绩效评价反馈阶段是指供应链管理者评价各环节责任部

门的供应链任务业绩并与其进行面对面反馈的过程。该阶段管理者根据制定的绩效目标，综合收集考核信息，并公正客观地评价相关员工。

供应链管理者就考核结果向员工进行反馈，包括肯定员工已取得的成绩，同时指出工作中存在的不足，并确定下一阶段的供应链工作目标。

④ 绩效结果运用。绩效结果的运用阶段是把绩效考核的信息传递到需要此信息的其他过程中去。绩效管理的结果可以用在供应链战略目标的审视、供应链人力资源成本计算、供应链开发计划和供应链预算管理等方面。

（3）绩效考核制度

基于供应链战略的绩效目标要得到落实，除了需要绩效管理过程的有序承接，还需要建立统一、规范的供应链绩效考核制度。

企业应通过供应链绩效管理制度规范和约束供应链管理者和员工的行为，使对员工的评价更具公正性和合理性，确保岗位、部门和供应链整体目标的实现。

（4）绩效管理责任体系

绩效管理责任体系是保障供应链绩效管理有效进行的保障体系。只有绩效管理过程有了强有力的保证，供应链绩效管理才能真正地落实和实施。

要建设有效的绩效管理责任体系，首先，需要成立供应链绩效管理委员会，委员会成员的确立由供应链管理部和各环节责任部门的领导构成，并明确各部门的职责，确定绩效管理推行的方式、日程和问题解决等事宜。

其次，成立各环节责任部门的绩效管理推进小组，小组成员由各部门具有一定经验的管理者和员工构成，各小组负责在本部门推行绩效考核制度，并定期向绩效管理委员会进行汇报。

再次，成立以人力资源部为主导、顾问介入的供应链绩效管理支持与咨询小组，协助各推进小组开展工作，对小组成员定期进行培训，并及时汇报推进过程遇到的问题。

最后，绩效管理推进小组和支持与咨询小组对绩效实施进行全过程的跟踪，了解制度操作、部门和员工绩效改进等方面的情况，及时总结经验、吸取教训，以便及时对供应链绩效管理进行优化和改进。

2.5.3 供应链绩效管理的工具及方法

（1）供应链绩效管理方法

企业应结合供应链实际情况选择和搭配绩效管理方法，供应链绩效管理的常用方法有目标管理法、关键绩效指标法（KPI）、平衡记分法（BSC）和相对比较法等。

① 目标管理法。目标管理法是指按一定的指标或评价标准来衡量员工完成既定目标和执行工作标准的情况，根据衡量结果给予相应的奖励。它是在供应链运行过程中实行"目标管理"的条件下，对各环节责任部门员工进行的考核方法。

② 关键绩效指标法（KPI）。关键绩效指标法是一种将绩效的评估简化为对相应关键指标的管理考核，供应链绩效管理者把供应链相关工作的关键指标当作评估标准，对被考核者的绩效与关键指标做出比较的方法。

③ 平衡记分法（BSC）。平衡记分法从供应链财务、终端客户、内部协同过程、学习和成长四个角度进行评价，并根据供应链战略的要求给予各指标不同的权重，实现对企业供应链的综合测评，从而使得供应链管理部能整体把握和控制供应链，最终实现供应链的战略目标。

④ 相对比较法。相对比较法是对处于供应链绩效管理范围内的人员进行两两比较，任何两位员工都要进行一次比较。两名员工比较之后，相对较好的员工记"1"，相对较差的员工记"0"。所有的员工相互比较完毕后，将每个人的得分相加，总分越高，则意味着该员工的绩效成绩越好。

（2）供应链绩效管理工具

供应链绩效管理工具是其管理方法得以实现的辅助手段，绩效管理工具的形式一般有制度、流程、标准、计划书、考核量表等。

一般情况下，供应链管理方法或管理任务是由多种管理工具实现的，管理者在工作中，应根据工作内容、工作目的等方面的实际需求，合理组合管理工具。

① 供应链绩效管理体系规范工具。绩效管理制度制定程序、绩效管理制度内容设计、绩效管理制度实用范本、部门级绩效考核制度、岗位考核方案设计范本、员工考核工作计划范本、绩效考核评估报告范本、绩效评议、公示、申诉制度。

② 供应链绩效管理计划实施工具。

第一，绩效目标设定工具：SMART 分析标准、SWOT 分析范本、鱼骨图分析模型、绩效目标设定流程、绩效目标分解过程、目标设定工作标准、目标设定相关表单、目标管理责任书范本、目标管理法实用范本。

第二，绩效指标标准设定工具：通用考核指标标准表单、指标标准设定工作标准、指标标准设定执行程序、指标标准设定方法范本、市场营销部考核指标标准表、生产部考核指标标准表、财务部考核指标标准表、人力资源部考核指标标准表。

第三，绩效考核评估工具：考核评估内容汇总、绩效考核评估流程、360度考核问卷模板、360度考核实用范本、KPI绩效考核表单、KPI考核实施范本、

BSC考核指标体系、BSC考核实施计划书、行为导向型主客观考核方法实用图表。

③ 供应链绩效管理沟通反馈工具。绩效面谈准备事项、绩效面谈技巧模型、绩效面谈实施标准、绩效面谈执行程序、绩效面谈实施进程表、绩效面谈考核记录表、绩效面谈实施计划书。

④ 供应链绩效管理结果应用工具。

第一，绩效改进执行工具：绩效改进计划表单、绩效改进步骤分析、绩效改进策略模型、绩效改进评估报告、绩效改进工作办法、绩效改进计划编写规范。

第二，绩效工资设计工具：绩效工资设计步骤分析、绩效工资设计操作要点、绩效工资设计方案范本、绩效工资发放核定表、绩效矩阵表。

第三，绩效激励管理工具：精神激励模型、物质激励模型、激励方法操作步骤、绩效激励机制体系制度范本。

2.5.4 供应链绩效管理制度设计

以下是供应链绩效管理制度。

制度名称	供应链绩效管理制度	受控状态	
		编 号	
执行部门		监督部门		编修部门	

第1章 总则

第1条 目的。

为了达成以下目的,特制定本制度。

1. 完善企业供应链绩效管理体系,保证供应链高效运行,更好地实现供应链战略规划和总体绩效目标。

2. 对企业供应链绩效有一个客观全面的认识和评价,及时发现供应链运行问题。

第2条 适用范围。

本制度适用于企业供应链绩效管理工作的全过程和所涉人员。

第3条 管理职责。

1. 供应链管理部负责供应链绩效管理工作的领导和审批,同时对中、高层管理人员进行考核。

2. 人力资源部负责供应链绩效管理工作的具体内容,如制定各类考核计划和方案,组织实施绩效考核工作。

3. 各环节责任部门负责监督、指导下属员工实施绩效考核方案,并帮助其制订和落实绩效改进计划。

第2章 供应链绩效考核时间、频率、方式

第4条 供应链考核年度自1月1日至12月31日(根据企业供应链运行实际情况调整)。

第 5 条　供应链绩效考核分为月度考核、季度考核和年终考核三种。

第 6 条　为进行科学有效的考核,建立合理的考核指标,依据供应链各环节岗位的性质,供应链管理部将员工分为两类进行考核。

1. A类员工,即供应链各环节责任部门的管理人员和市场营销部人员,包括如生产、采购、物流、仓储、市场营销部经理和部门主管等,对此类员工,供应链绩效考核主要依据计划与目标确定其业绩考核指标。

2. B类员工,即工作内容属日常性、重复性工作的员工,包括除市场营销部之外的其他部门的基层员工,对此类员工,供应链绩效考核主要依据工作说明书中对工作的具体规定确定其业绩考核指标。

第 7 条　供应链绩效考核主要从业绩、能力和态度三个方面对各环节责任部门员工进行考核,对于不同岗位的员工,其考核的内容不同。

第 3 章　绩效目标设定与分解

第 8 条　绩效目标的制定要严格遵守 SMART 原则。

1. S 指 Specific,即绩效目标必须具体、明确。
2. M 指 Measurable,即绩效目标必须是可衡量的。
3. A 指 Attainable,即绩效目标必须是可执行的。
4. R 指 Realistic,即绩效目标必须是员工能力的真实反映,是可以实现的。
5. T 指 Time-bound,即绩效目标必须要有时间限制。

第 9 条　绩效目标的制定和分解程序是自上而下逐级进行的,供应链管理部将战略规划目标分解到各环节责任部门,制定部门绩效目标,各部门再分解落实到各岗位,制定各岗位目标。

第 10 条　供应链绩效目标必须与制度管理、供应链团队管理、供应链计划管理等相结合。

第 11 条　绩效目标应是双方沟通后确认的结果,在分解建立目标时,考核者必须与被考核者进行充分的沟通,达成一致。

第 4 章　各环节绩效考核计划书

第 12 条　供应链管理部确定 5 大供应链环节流程年度绩效目标。

1. 供应链需求计划流程定性与定量绩效考核。
2. 采购流程定性与定量绩效考核。
3. 制造流程定性与定量绩效考核。
4. 产品或服务交付定性与定量绩效考核。
5. 回收流程定性与定量绩效考核。

第 13 条　人力资源部制订供应链年度绩效工作计划,同时与各环节责任部门进行沟通。

第 14 条　各环节责任部门根据供应链年度绩效工作计划制订部门绩效考核计划,同时与下属员工进行沟通。

第 5 章　实施绩效考核

第 15 条　人力资源部发布考核通知,考核通知应明确考核标准、考核表提交的时间和要求。

第16条　人力资源部对供应链各环节责任部门的绩效考核工作进行培训指导,培训内容包括确认考核规定、解释考核内容与项目、统一考核与统计的基准、严肃考核纪律等。

第17条　各环节责任部门设立本部门供应链任务考核计划和目标,并指导下属员工做好各岗位的绩效考核工作。

第18条　员工按照绩效考核要求,在规定的时间内进行自我评估并填写考核表。

第19条　各环节责任部门按照考核要求对自己和员工的工作表现及计划目标的达成情况进行记录和评定,定期上交人力资源部。

第20条　人力资源部在绩效考核实施的过程中,负责监督和检查考核落实情况,并为考核者提供指导。

第21条　人力资源部依据各环节责任部门提交的"岗位考核评分表",计算出被考核者的最终得分,并确定其对应的考核等级。

第22条　人力资源部要在考核得分统计后的三个工作日内公布考核结果,如遇特殊情况需推迟公布,要采用公告的形式说明原因。

第23条　供应链管理部对各考核者的工作要求。
1.根据日常业务工作中观察到的具体事实做出评价。
2.消除对被考核者的偏见,排除对上、对下的各种顾虑,实事求是做出评价。
3.根据做出的评价结论,对被考核者进行有针对的指导教育。
4.在考核过程中,注意加强上下级之间的沟通与能力开发,通过被考核者填写的自评表,了解被考核者的自我评价及对上级的意见和建议,以便上下级之间相互理解。

第6章　供应链绩效提升

第24条　确定供应链绩效提升目标。
供应链管理部根据各环节、节点的绩效考核结果,分析、判断各绩效指标的提升空间,确定合理的绩效提升目标。

第25条　制定供应链绩效提升路线图。
1.向供应链战略规划靠近,与最佳实践进行比较,确定供应链绩效提升的核心流程。
2.分清主次,安排重要供应链流程和非重要流程提升先后顺序,合理充分利用资源。

第7章　附则

第26条　编制单位。
本制度由供应链管理部和人力资源部联合制定,经会议决议后通过,修订、废止时亦同。

第27条　生效时间。
本制度自20××年××月××日起生效。

编制日期		审核日期		批准日期	
修改标记		修改处数		修改日期	

2.5.5　供应链绩效评估的流程及工具

(1) 供应链绩效评估流程

供应链绩效评估由供应链管理部主导,人力资源部负责协助,对供应链各环节的工作成果进行绩效评估，具体流程如图2-3所示。

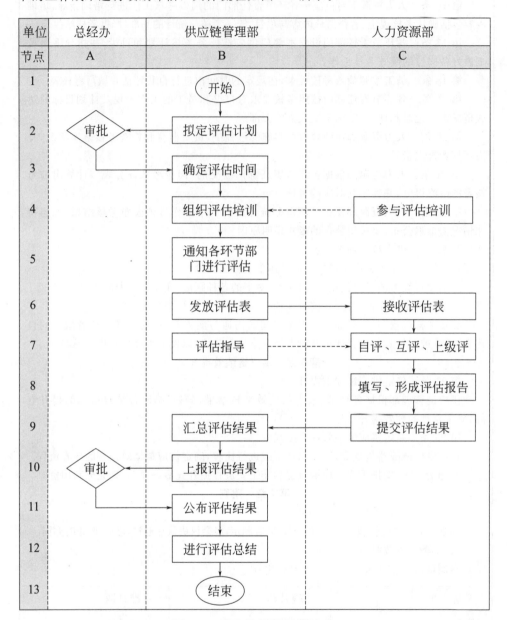

图2-3 供应链绩效评估流程

（2）供应链绩效评估工具

供应链绩效评估的常用工具有：360度绩效考核表、KPI绩效考核表、绩效目标管理表等。

① 360度绩效考核表。360度绩效考核表如表2-2所示。

表 2-2　360 度绩效考核表

被考核者姓名		被考核者职务		被考核者所属部门	
考核日期					
评价尺度及分数:1——有待提高　2——可以接受　3——一般　4——好　5——优秀					
考核项目			评分		备注
项目一	维度 1				
	维度 2				
	维度 3				
项目二	维度 1				
	维度 2				
	维度 3				
项目三	维度 1				
	维度 2				
	维度 3				
考核者意见					

② KPI 绩效考核表。KPI 绩效考核表如表 2-3 所示。

表 2-3　KPI 绩效考核表

被考核人姓名		职位		部门	
考核人姓名		职位		部门	
序号	KPI 指标	权重	绩效目标值		考核得分
本次考核总得分					
考核指标说明					
被考核人		考核人		复核人	
签字:　　　日期:		签字:　　　日期:		签字:　　　日期:	

③ 绩效目标管理表。绩效目标管理表如表 2-4 所示。

表 2-4 绩效目标管理表

工作部门			目标执行人			上级主管						完成度
次序	目标	重要性	工作计划	工作条件	责任人			进度(季度)				
								1	2	3	4	
1						当季度	计划					
							实际					
						累计	计划					
							实际					
…	…	…	…	…	…	…	…	…	…	…	…	…
编制			审核			批准						

2.5.6 供应链绩效改进的方法及工具

（1）供应链绩效改进方法

企业改进供应链绩效的常用方法有：业务流程再造法、六西格玛管理法、PDCA 循环法等。

① 业务流程再造法。流程指的是供应链中一系列的特定工作，由两个及以上的业务步骤，完成一个完整的行为/业务的过程，它有一个起点、一个终点、有明确的输入资源与输出成果。

流程由输入资源、活动、活动间的相互作用、输出结果、顾客和价值六个要素组成。

业务流程再造指的是对供应链的业务运行流程进行根本性的再思考和彻底性的再设计，使企业的成本、质量、速度、服务等方面获得实质性改善。

在进行业务流程再造时采用 IDEF 方法，可以对系统庞大的组织进行快速有效的描述、分析和调整。

IDEF 方法是一种系统分析与设计方法，是由一系列的方法组成的，是借助图形，清楚而严谨地描述庞大而复杂的系统，有时与差异分析并用。

从 IDEF0 到 IDEF14（包括 IDEF1X 在内）共有 16 套方法，每套方法都是通过建模程序来获取某个特定类型的信息。基本的 IDEF0 模型图如图 2-4 所示。

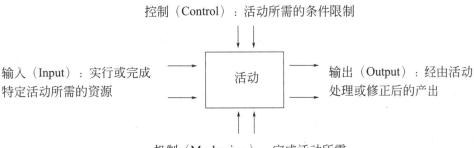

图 2-4　IDEF0 模型图

② 六西格玛管理法。六西格玛管理由 MOTOROLA 于 1987 年提出并实施，然后由通用电气、西门子等商业机构采用并发展，六西格玛管理作为全新的管理模式，充分体现着量化科学管理的思想理念。

六西格玛即 6σ，σ 代表标准差，标准差用于描述各种可能的结果相对于期望值的波动程度。六西格玛表示在每 100 万个机会中有 3.4 个出错的机会，即合格率为 99.99966％。

六西格玛管理法是一种统计评估法，它的核心是追求零缺陷生产，防范相关产品责任风险，降低供应链成本，提高产品生产率和市场占有率，提高终端客户的满意度和忠诚度。

六西格玛管理既关注产品、服务质量，又关注过程改进，是驱动供应链绩效改进的一种方法论和管理模式。

③ PDCA 循环法。PDCA 循环图在供应链绩效管理中经常被应用，是供应链绩效管理的一个系统性工具。它通过建立供应链绩效目标的制定、绩效管理的实施、绩效检查以及绩效改进行动整个流程来提高供应链的绩效管理。

PDCA 在各个领域的具体应用应该结合各领域的特点和实际情况而行，但是大致流程是一致的。

PDCA 的含义如下：P（Plan）——计划，D（Do）——执行，C（Check）——检查，A（Act）——行动，即对总结检查的结果进行处理。成功的经验加以肯定并适当推广、标准化；失败的教训加以总结，未解决的问题放到下一个 PDCA 循环里。

以上四个过程不是运行一次就结束，而是周而复始地进行，一个循环完了，解决一些问题，未解决的问题进入下一个循环，这样阶梯式上升的。

（2）供应链绩效改进工具

企业供应链绩效改进的常用工具为绩效改进计划表，以各环节责任部门为例，部门绩效改进计划表如表 2-5 所示。

表 2-5　部门绩效改进计划表

部门名称		部门负责人		定编人数	
现有人数		直接上级		考核月/季度	
供应链规划目标和分解任务					
本考核月/季度任务目标					
下一考核月/季度任务目标					
下一考核周期需改进的内容	待提高的方面	改进措施	达到的目标	完成日期	员工、领导或相关部门需提供的帮助

2.6 供应链质量管理体系制定

2.6.1 供应链质量管理体系设计的方法及工具

（1）供应链质量管理体系设计方法

企业设计供应链质量管理体系的方法一般包含以下 5 部分内容。

① 沟通培训，统一认识。供应链质量管理体系的设计和建立，始于对产品或服务的一致认识，同时落到对客户的交付承诺上，这是一个不断提高认识和统一认识的过程。

设计并成功建立供应链质量管理体系，首先要实现决策层的认识统一。

通过介绍供应链质量管理和质量保证的要求和历史经验教训，说明设计、建立并不断提高供应链质量管理体系的迫切性和重要性。

通过供应链质量管理体系的要素讲解，明确各环节主体企业的决策层领导在供应链质量管理体系建设中的关键地位和主导作用。

其次要实现管理层的执行统一。

管理层统一，是指产品或服务从原材料到半成品到成品的供应链流转过程中的各阶段相关工作的管理统一，重点是采购、生产等部门的负责人，以及与建立供应链质量管理体系有关的工作人员。

② 明确质量战略，拟定工作计划。供应链质量管理体系涉及上下游各环节成员企业，要掌控质量管理首先要明确供应链质量战略，确定质量管理统一战线和利益共同体。

质量管理要完成什么任务，要达到什么程度，由谁来负责，由谁来实施，这些都是供应链质量管理工作计划要解决的问题。

③ 确定质量方针，制定质量目标。质量方针、质量目标是供应链质量管理的重要内容。质量方针是供应链运营方针的重要组成部分，是核心企业对供应链质量管理的指导思想和承诺，一般由供应链管理部制定并统一发布。

质量目标是质量方针的体现，它要满足 SMART 原则，即质量目标应是具体的、可测量的、可实现的、相关联的、有时限的。

质量目标一般包含客户质量目标、设计质量目标、供应商质量目标和制造质量目标。供应链质量目标的实现要通过质量策划、质量控制、质量改善等一系列步骤才能达成。

④ 供应链现状调查和运行分析。供应链现状调查和运行分析是质量管理体系设计的资料基础，一般包含供应链经营效益调研、供应链特点分析、供应链结构分析、供应链运营模式分析、供应链重点客户分析。

⑤ 调整结构，配备资源。由于产品或服务质量的产生、形成和实现过程分布在整个企业供应链范围内，要不断提高产品或服务质量水平，就要在供应链全过程中对质量管理进行适应性的结构调整和资源配置。

供应链质量管理体系通过信息交流和互动的实施过程，不断完善标准化的质量管理程序，督促供应链成员企业执行质量管理规定。

（2）供应链质量管理体系设计工具

设计供应链质量管理体系的工具通常有质量手册和作业指导书。

① 质量手册。质量手册是供应链质量管理体系的标准说明和指导，具体编制过程如图 2-5 所示。

编制的 3 项基本要求如下。

第一，质量手册介绍页应包含企业和质量手册的基本信息。

第二，质量手册中应明确规定手册适用的范围和质量体系要素。

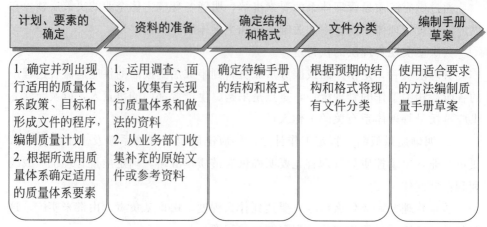

图 2-5 质量手册编制

第三，质量手册目录应列出各章节标题及查询方法，各类编号及分类系统应清楚、合理。

② 作业指导书。作业指导书是供应链质量管理体系程序文件的进一步延伸和具体化，用于细化具体的作业过程和作业要求，具体制定过程如图 2-6 所示。

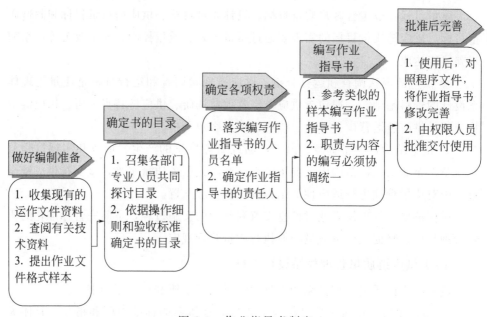

图 2-6 作业指导书制定

2.6.2 供应链质量管理的方法及工具

企业供应链质量管理的常用方法和工具包含 3 种：层别法、因果图法、控制图法。

（1）层别法

① 层别法的使用说明。层别法又称数据分层法（Stratification）、分类法、分组法，是根据产品变异的原因，有目的地搜集数据，以找出其间异常的方法。

层别法是将复杂的资料有系统有目的地加以分门别类的归纳及统计，具体如图 2-7 所示。

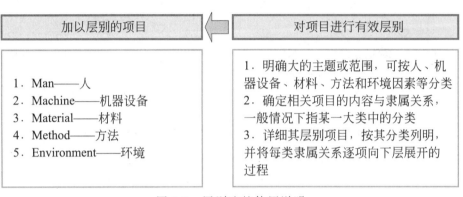

图 2-7　层别法的使用说明

② 层别法的实施步骤。根据掌握资料的分散状况，可针对部门、班组、个人等所搜集的数据，依照其共同的特征加以分类统计的一种方法，具体实施步骤如图 2-8 所示。

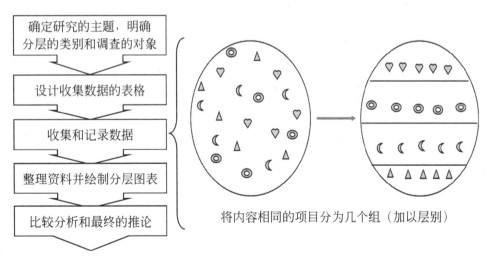

图 2-8　层别法的实施步骤和分类说明

③ 层别法的判别工具。通过收集和整理资料，绘制不良率推移图和不良项目缺点数推移图，以判别不同厂家不良率的高低和各不良项目中缺点数最大的项

目,具体如图 2-9 所示。

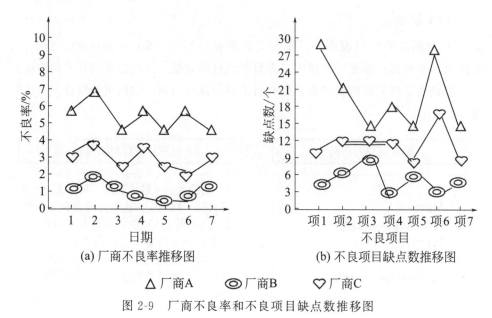

(a) 厂商不良率推移图　　(b) 不良项目缺点数推移图

△ 厂商A　　◎ 厂商B　　♡ 厂商C

图 2-9　厂商不良率和不良项目缺点数推移图

(2) 因果图法

① 因果图法的基本模式。因果图法又称特性要因图法或鱼骨图法,是运用系统的方式将问题产生的结果和可能发生的原因间的关联以箭头连接,并将要因细分,寻找引发结果的原因,整理而成的因果关系。

因果图法的基本模式如图 2-10 所示。

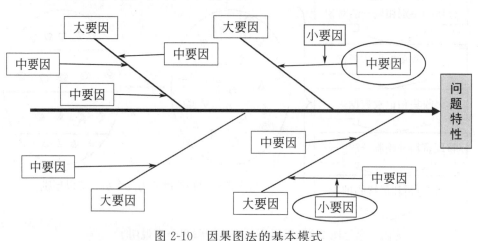

图 2-10　因果图法的基本模式

② 因果图法的主要应用。因果图法主要应用于 5 个方面,如图 2-11 所示。

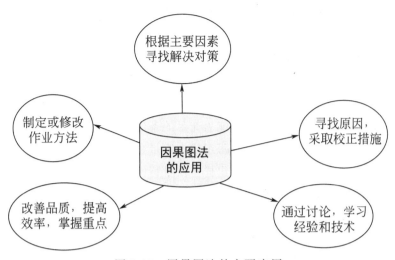

图 2-11　因果图法的主要应用

（3）控制图法

① 控制图法的基本模式。控制图法又称为管理图法，是在直角坐标内画有控制界限，描述生产过程中质量波动状态的图形，利用控制图区分质量波动原因，判别生产过程是否处于稳定状态的方法。控制图法的基本模式如图 2-12 所示。

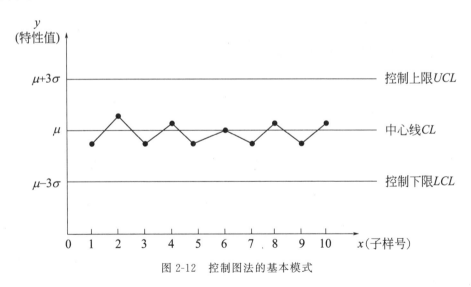

图 2-12　控制图法的基本模式

控制图法的 2 大注意要点分别为：过程分析和过程控制。

第一，过程分析。应随机连续收集数据，绘制控制图，观察数据点分布情况并判定生产过程状态。

第二，过程控制。定时抽样取得数据，将其变为点子描在点上，发现并及时消除生产过程中的失调现象，预防不合格品的产生。

② 控制图法的绘制步骤。控制图法的绘制有 5 个主要步骤。

第一，选定质量特性。选定影响产品质量的关键特性，这些特性要能够计量或计数；并且在技术上可以控制。

第二，收集近期数据。在工序能力充足的条件下，连续采集供给和需求的近期数据；数据按时间顺序分组，且每组样本容量相同，数据不少于 100。

第三，确定控制界限。计算每组样本质量特性值，并统计量的观测值；计算所有样本观测值的平均数，确定控制图的中心线、上限和下限。

第四，绘制控制图。绘制控制图，按一定时间间隔进行整群随机抽样；测定子样的质量特性值，然后将数据逐个描绘在图中。

第五，修正控制界限。把所得各样本统计量观测值标在控制图上，找出异常点，分析原因；剔除因系统原因造成的异常数据，对剩下的样本进行统计。

③ 控制图法的判断工具。控制图法有 4 种主要判异准则。

第一，有点子超出控制限或在控制限上，即视为异常。

第二，连续 7 点向上或向下视为异常。

第三，连续 7 点在 CL 以上或以下视为异常。

第四，正常情况下，大约有 2/3 的点位于上下控制限之间的中央 1/3 区域内，若不符合则视为异常。

2.6.3　供应链质量管理制度设计

以下是供应链质量管理制度。

制度名称	供应链质量管理制度	受控状态	
		编　　号	
执行部门		监督部门		编修部门	

第 1 章　总则

第 1 条　目的。

为了达成以下目的,特制定本制度。

1.建立供应链质量管理体系,推动质量管理体系顺利实施,保障产品或服务全过程质量可控。

2.提高企业供应链质量管理工作水平,降低供应链质量管理成本。

第 2 条　适用范围。

本制度适用于企业供应链质量管理工作的全过程和所涉人员。

第3条 管理职责。

1. 供应链管理部负责产品或服务质量管理工作的领导和审批。
2. 质量管理部负责供应链质量管理体系的运行和管理维护。
3. 生产部、采购部、仓储部、物流部等质量管理相关部门负责质量管理工作的具体执行内容。

第2章 供应链质量管理体系推行机构及职能

第4条 质量管理体系的实施应以供应链核心企业为中心,自上游供应商到下游终端客户进行全过程覆盖。

第5条 组建质量管理体系推行机构。

成立供应链质量管理体系工作领导小组,设立质量体系管理机构,协调统一质量管理工作。

第6条 转化标准、分解供应链各环节流程职能。

1. 实施质量体系,质量管理部必须把国家/国际标准与供应链的质量体系实施工作对照结合,把国家/国际标准相关的要求转化成供应链具体的业务和管理要求。
2. 通过供应链各环节职能分解,应使所有任务的质量活动都必须达到标准化、规范化、程序化的要求,自始至终处于受控状态。

第3章 供应链质量体系文件

第7条 编制供应链质量体系文件。

质量管理部负责编制企业供应链质量体系文件,包含采购、制造、仓储、物流、交付等各供应链环节。

在编写质量体系文件时,注意通过多种途径,验证质量体系文件的可操作性,例如分阶段、分层次、分专题召开质量体系文件评审会议。

第8条 质量体系文件的实施。

1. 供应链各环节责任部门组织员工对体系文件进行宣传,同时根据人员的不同层次进行质量体系文件培训。
2. 质量管理部协助各环节责任部门对体系文件进行宣贯和培训。
3. 体系文件的实施应体现出质量活动的五个"W"(做什么,由谁做,何时做,何地做,为什么做)和一个"H"(怎么做)的要求,使质量体系的先进性贯穿于供应链运行的全程。
4. 质量管理部督促各环节责任部门严格按质量体系文件操作及做好体系实施中各项记录,并负责进行记录检查。

第4章 供应链质量管理监督

第9条 供应商质量(SQA)管理。

1. 负责供应链产品量产后老供应商的零件质量管理。
2. 负责新供应商的体系审核以及新项目中新零件的认证。
3. 负责老供应商的品质问题解决和技术问题改进。

第10条 制造质量(MQA)管理。

制造过程的质量管理,通过对生产过程的控制,确保制造出满足顾客要求的产品,由生产部和质量管理部共同负责。

第11条 设计质量(DQA)管理。

1. 负责对生产现场异常部位的质量问题进行分析、判断和决策，并提出纠正和预防措施，确保生产在受控和稳定状态下进行。

2. 制定检验工作指导书，确保质量检验方法正确，检验结果可靠。

3. 负责来料和进货检验，确保来料符合要求，并监控供应商的质量。

4. 做好工艺检验工作、半成品和成品检验工作，确保不合格品不流入下一道工序和工厂，确保产品符合要求。

5. 制定质量指标，并进行统计和考核工作，确保完成供应链的质量目标。

第12条　客户质量（CQA）管理。

客户质量（CQA）管理包含3项内容：客户的质量窗口，负责与客户沟通质量标准，处理客户投诉。

第5章　供应链质量改进与提升

第13条　总结供应链质量管理成果。

质量管理部根据供应链质量管理工作成果编制质量管理报告，拟定质量改进与提升措施，报供应链管理部审批。

第14条　与主要供应商和顾客建立良好的合作伙伴关系，上下游协同研发和创新。

第15条　利用信息技术手段，建立质量管理监督的有效链接，实现质量信息的充分共享。

第16条　逐步推动"横向一体化"管理模式取代"纵向一体化"管理模式。

第6章　附则

第17条　编制单位。

本制度由供应链管理部和质量管理部联合制定，经会议决议后通过，修订、废止时亦同。

第18条　生效时间。

本制度自20××年××月××日起生效。

编制日期		审核日期		批准日期	
修改标记		修改处数		修改日期	

2.6.4　供应链质量管理体系设计

质量管理是对于产品或服务质量方面的指挥、控制和协调的一系列组织活动。

供应链质量管理是指在供应链各环节成员企业自身质量管理工作的基础上，由核心企业在整体层面上调整、优化和协同管理供应链上下游成员企业之间的质量控制活动。

通过供应链质量管理体系，实现对分布在企业供应链全过程中的产品或服务质量的生产、形成和实现过程进行控制。

（1）供应链质量管理体系设计基本问题

问题一：供应链质量管理关键问题

供应链质量管理面对的关键问题是如何能够在供应链全过程各环节企业的质量管理活动之间实现动态互联，从而实现供应链整体的质量控制。

问题二：供应链质量管理逻辑

处于供应链中心位置的核心企业，既是供应链的发起者和组建者，同时也是供应链质量管理的主体。

供应链各环节企业一般都具备自身的质量管理系统，同时又在产品或服务的供应链中承担相应的角色，完成对应的质量标准。

供应链质量管理首先是基于共赢的目的进行合作，以核心企业为首，供应链各成员企业为辅，通过签订质量合同的方式，完成供应链质量管理体系建设的基础。

问题三：供应链质量管理要求

IT和网络技术不断发展进步，供应链质量管理在成员间信息共享和质量控制协同上不断提出新的要求。

供应链本身是为应对市场竞争的产物，质量管理水平是供应链整体竞争力的重要体现。为了保证供应链竞争力水平，必须不断优化质量管理流程，提高产品或服务的质量水平。

（2）供应链质量管理体系模块设计

供应链质量管理体系是围绕产品或服务的质量开展的保证和控制活动，主要包含5大模块：客户质量（CQA）管理、设计质量（DQA）管理、供应商质量（SQA）管理、制造质量（MQA）管理、质量控制与改进管理。具体如图2-13所示。

（3）供应链质量管理体系策略设计

为了应对供应链质量管理问题，企业在设计供应链质量管理体系时要明确管理策略，常见的供应链质量管理策略可以总结为6种：强化对终端客户需求的研究、"横向一体化"管理模式、实现质量信息的充分共享、"零缺陷"质量管理技术、组织和人员素质能力的持续提高、上下游协同研发和创新。

① 强化对终端客户需求的研究。供应链质量管理最终要满足的对象就是客户，因此对终端客户需求的研究是供应链质量管理的重要活动之一。客户需求是供应链质量管理的重要输入信息，是质量管理新一轮改进的出发点。

为了使客户满意，不断提高供应链质量管理水平，必须持续不断地收集、获取终端客户的需求信息，缩小供应链与客户之间的"质量差距"。

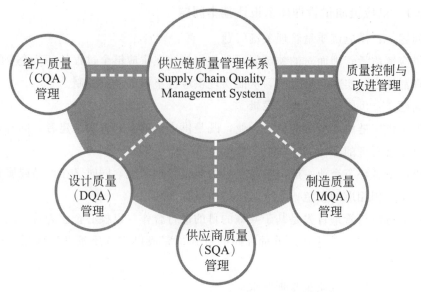

图 2-13　供应链质量管理体系模块设计

②"横向一体化"管理模式。供应链产品或服务从上游到下游的过程,从零部件、半成品到成品交付的过程都是质量管理的范围,每一个环节的问题都将影响最终产品或服务的质量。

在此基础上,"横向一体化"管理模式逐步有取代"纵向一体化"管理模式的趋势。

③ 实现质量信息的充分共享。产品或服务的质量信息是供应链质量管理的重要基础。越复杂庞大的供应链系统,质量信息的数量越多,且呈现出动态、多参数、多源头等特点。

质量信息不仅来源于核心企业内部的设计、检测、市场营销等部门,更是向产品或服务的整个生命周期和客户、市场延伸。

要实现供应链质量管理,各环节成员企业之间的质量协同必须建立在对质量信息的充分、有效共享的基础上。

④"零缺陷"质量管理技术。"零缺陷"质量管理是企业供应链管理追求的重要目标之一,"零缺陷"质量管理代表着更加科学的生产制造过程、更加先进的技术支撑。

不断地对质量问题进行分析,对质量管理进行调整、改进,在先进技术的支撑下逐步实现"零缺陷"供应链质量管理。

⑤ 组织和人员素质能力的持续提高。供应链质量管理不是一个封闭的环节,它是对整个供应链运行过程中的产品或服务的质量水平的管理。

随着互联网技术、信息化技术的不断发展,质量管理的手段不断进步,但归根究底需要供应链成员企业和人员素质能力的不断提高。严谨的工作态度、科学的工作程序、不断提高的素质能力等都是实现供应链质量管理提升的基础因素。

⑥ 上下游协同研发和创新。为了将供应链质量管理从"被动管理"提升到"主动管理"的水平,就要实现产品或服务研发和创新的协同。通过供应链上下游的协同,可以提高企业供应链的创新能力,形成较为一致的质量管理意见,从而使产品或服务的质量更优。

第3章

供应链需求、订单、计划、库存管理

3.1 需求预测处理

3.1.1 数据整理与可视化报告编制方法

（1）数据分析法

数据分析法是在数据整理过程中将市场调研数据缩小、放大、分类、编辑、分析、计算、加工成企业所需要求的数据形式。通常包括获取、加工、存储、检索和输出等步骤，具体步骤如图3-1所示。

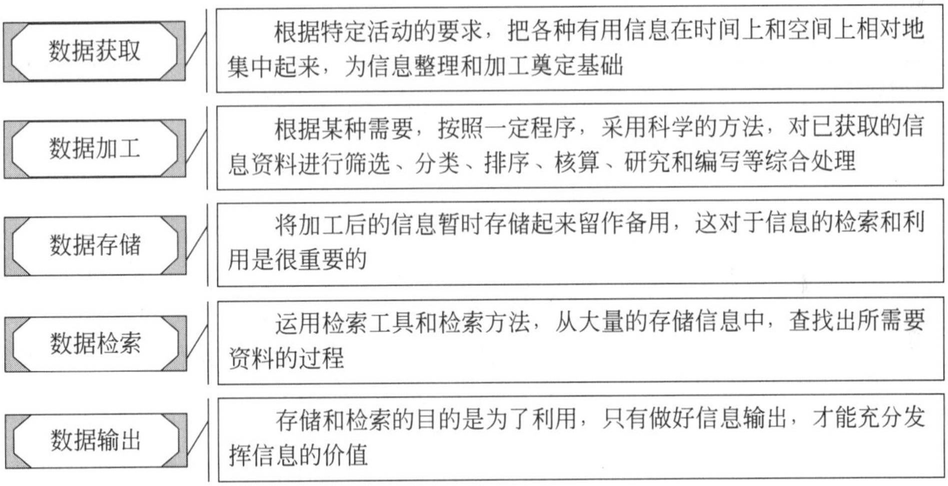

数据获取	根据特定活动的要求，把各种有用信息在时间上和空间上相对地集中起来，为信息整理和加工奠定基础
数据加工	根据某种需要，按照一定程序，采用科学的方法，对已获取的信息资料进行筛选、分类、排序、核算、研究和编写等综合处理
数据存储	将加工后的信息暂时存储起来留作备用，这对于信息的检索和利用是很重要的
数据检索	运用检索工具和检索方法，从大量的存储信息中，查找出所需要资料的过程
数据输出	存储和检索的目的是为了利用，只有做好信息输出，才能充分发挥信息的价值

图3-1 采购数据分析处理的步骤

（2）可视化报告编制方法

① 指标分解法。将市场调研指标进行分解，将混合数据分类整理成单个指标数据，并对单个指标进行分析。

② 数据图表展示法。数据可视化的目的就是准确而高效、精简而全面地传递企业数据调研信息和知识。用图表来展示数据比传统的统计分析法更加精确也更有启发性。运用可视化的图表可以用来寻找调研数据规律、分析推理和预测需求的未来趋势。

③ 工具运用法。企业进行数据可视化报告最常用的方法就是使用可视化工具。数据可视化工具可以完善数据信息、凸显数据价值，可以快速收集分析数

据,并实时更新数据信息。数据可视化工具操作方便,可满足企业与市场快速发展的特点,能够对数据信息的改变做出及时、准确的响应。

3.1.2 市场调研报告编制方法

（1）市场分析法

市场分析法是企业调研人员在进行报告撰写之前,对市场环境、市场需求、市场供给、市场行情、产品销售状况、销售渠道及终端信息、竞争信息、消费者信息等内容实施调研,对调研数据进行分析整理,然后进行报告撰写。

（2）参照法

企业市场调研人员在进行市场调研报告编制时,可参考以下结构进行编写,具体结构如表 3-1 所示。

表 3-1 市场调研报告结构

市场调研报告结构	内容	说明
前言	市场调研的背景、目的、报告的主要内容	
调研内容	宏观市场环境调查	地理环境、经济环境、人文环境
	同类产品消费调查	购买偏好、消费结构分析、价格支付能力、消费人群分析、消费频率分析、消费数量分析、消费总额分析、品牌消费分析
	竞争对手调查	竞争对手的历史背景、销售状况、经营管理方式、生产工艺、盈利状况、营销策略、销售渠道、广告策略
调研方法	根据不同内容确定不同调研方法	座谈法、调查问卷法、文献分析法、假设检验法、参数估计法
时间安排	调研时间和进度安排	
费用支出	市场调研费用支出情况	
总结和建议	市场调研报告的结论	

3.1.3 需求预测分析方法

需求预测分析方法主要分为定量预测和定性预测两种。具体方法如表3-2所示。

表3-2 需求预测分析方法

调研预测方法		说明
定性预测	集合意见法	由需求预测人员召集管理者和业务人员等,根据收集的信息资料和个人经验,对未来市场做出预测,最后把预测方案和意见集中起来,用平均数的方法进行数学处理,并根据实际工作情况进行修正,最终取得预测结果的方法
	专家意见法	依靠专家的知识、经验和分析判断能力,对市场未来的发展做出判断和预测的方法
	指标预测法	根据经济指标的变化与市场现象之间的关系,由经济指标的变化来分析、判断和预测市场未来变化的方法
	概率预测法	概率预测法分为主观概率预测和客观概率预测。主观概率是预测者根据自己的实践经验和判断分析能力,对某种事件在未来发生的可能性的估计数值。客观概率预测是指根据一个含有某种事件的试验被反复进行多次时该事件出现的相对次数推断下次试验时事件出现概率的方法
	德尔菲预测法	德尔菲预测法是采用征询意见表向一个专家小组进行调查,将专家小组的判断预测加以集中,利用集体智慧对市场现象的未来做出预测的方法
定量预测	时间序列预测法	时间序列预测法包括移动平均法、指数平滑法、趋势延伸法和季节变动预测法
	回归预测法	回归预测法包括一元线性回归预测法、多元线性回归预测法和非线性回归预测法

3.1.4 数据整理与可视化报告

以下是调研数据可视化报告。

报告名称	调研数据可视化报告	编　号	
		受控状态	

调研数据可视化报告

一、总体要求

调研人员通过市场调查，对数据进行整理，将整理后的数据进行可视化展示，可便于需求制定人员对数据的理解与使用。

二、数据调研方法

本次市场调研主要运用问卷调查法、访谈法与数据分析法这三种方法。首先通过问卷调查法与访谈法分别进行无差别大数据的调研与小范围针对性的访问。

三、数据整理

调研人员通过调研数据分类与数据筛选、数据挖掘等方式对数据进行整理。需要进行整理的数据主要包括用户画像、产品价格、功能需求、产品销量、竞品相关数据等。

四、数据可视化

1. 用户群体

通过对用户群体进行分析与分类，企业运营管理人员可以确定准确的受众群体，为制定营销策略提供新的思路。

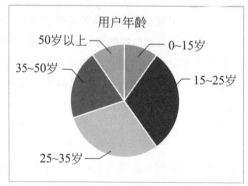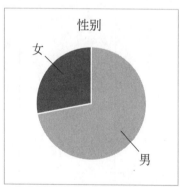

2. 产品基本信息

通过对产品的基本信息数据展示，可清晰了解产品的价格、销量、市场占有度等情况，还可以根据产品的市场满意度对产品进行调整。此项数据既基础又不可或缺。

产品名称	价格	销量	需求量	市场占有度	产品满意度
产品 A					
产品 B					
产品 C					

3. 产品性能需求分析

产品性能信息主要来源于问卷调查数据,通过目前消费者对产品性能的需求可以为新产品设计与产品采购提供数据支持。

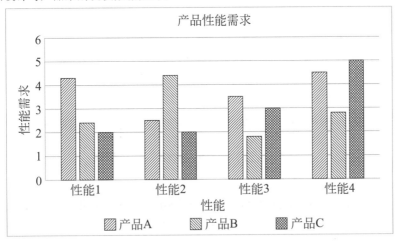

4. 产品销售量

产品销量可以最直观展示产品市场信息与市场需求,在企业需求管理人员制定需求预测方案时可以参考销售数据。销售量分析可按月度与季度分别作折线图。

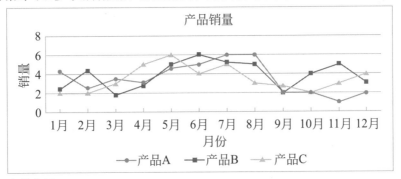

5. 竞品分析

与竞品进行对比分析,竞品的基本信息展示,可以让需求管理人员看到不同的产品设计思路。

产品名称	价格	销量	需求量	市场占有度	产品满意度
品牌 A					
品牌 B					
品牌 C					

6. 竞品销售量

根据不同竞品的销量展示可以确定企业产品的竞争策略,制订更加完善的需求计划。

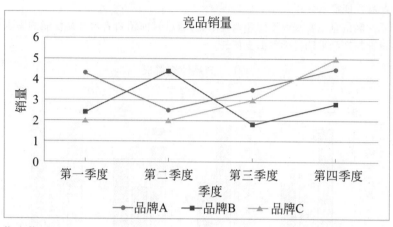

7. 优劣势对比

产品优劣势对比,可以为产品研发人员提供不同的产品设计策略,为营销人员提供更加广阔的销售计划,可以在对比中不断进行产品优化。

产品		优势	劣势
本企业产品	产品 A		
	产品 B		
	产品 C		
竞品	品牌 A		
	品牌 B		
	品牌 C		

五、总结分析

数据可视化展示可将调研数据直观、清晰地进行展示,需求人员可根据各项数据进行需求分析、需求预测、竞品功能分析等。

×××(报告人/部门)

二〇××年××月××日

编写人员		指导人员	
主送部门		抄送部门	
报告意见			

3.1.5 市场调研报告

以下是市场调研报告。

报告名称	市场调研报告	编　　号	
		受控状态	

市场调研报告

一、调研目的

企业做出供应链需求计划需要根据市场发展与企业规模进行预测,如何进行数量及成本规划等都需要根据调研结果来进行。

市场调研可以了解消费者对于企业的需求和看法、目标顾客群体的心理需要和购买行为、产品销售的现状、产品在市场中的地位、竞争对手以及其优势和劣势、产品销售模式与销售渠道。

二、调研的时间与方法

1. 本次调研的时间从＿＿年＿月＿日至＿＿年＿月＿日。
2. 本次调研采用调查问卷法、文献法、访谈法等多种调研方法相结合的方式开展。

三、调研的人员安排

企业为本次调研成立专门的调研组,具体负责人员和操作责任如下所示。

1. 市场营销部经理负责整个市场调研执行过程的统筹管理和实施安排,并对市场调研过程进行整体把控和执行协调。
2. 市场营销主管负责市场调研过程中的具体执行安排和管理协调,在市场调研执行的过程中对执行和具体操作进行督导,并负责与相关部门进行对接协调。
3. 市场营销专员负责具体执行调研过程中的各项细节工作和研究分析工作。

四、调研对象、范围、内容

(一)宏观投资环境调查

1. ××地区(市/县)宏观经济环境调查。

(1)国内生产总值(GDP)与人均国内生产总值。由于企业产品相关的发展与经济、金融、教育等因素息息相关,所以国内生产总值对企业产品和销售情况有影响。

(2)社会消费品零售总额与人均社会消费品零售总额。

2. ××地区(市/县)城市定位及发展方向调查。

(1)总体城市定位。

(2)阶段实施计划。

(3)发展方向预期。

(二)××地区(市/县)产品状况调查

1. 产品相关政策调查。

(1)市场准入政策。

(2)金融政策。

(3)交易规范政策。

2.产品市场状况调查。

(1)产品供求状况调查。此调查项目应包括近____年产品各项投资额、销售市场、销售量、销售额、销售变化等。

(2)消费行为调查。此项目需要调查当地居民产品存量与需求状况,具体包括居民尤其是项目周围居民的产品使用现状、人员构成、文化程度、收入情况、购买能力、需求动机及产品性能期望、预期价格等。

(三)重点区域调查(指项目所在区域)

1.区域周边环境调查。

调研人员对调研周边地区的商场、消费市场、治安情况等调查。

2.交通条件调查。

调研人员调查项目周边交通的便利程度,即主要调查项目周边的市政路网及公共交通起始线路的现状及其远景规划状况等。

3.对周边竞争产品的调查。

调研人员主要调查所在区域竞品的销售价格、销售手段、销售进度、产品性能、产品更新换代情况与消费者满意度等。

五、调查结果分析

(一)项目所在地产品市场现状分析

1.宏观经济运行状况分析。

(1)项目所在地产品市场概况分析。

(2)项目所在地的产品形态及其比重构成。

(3)政府对产品的开发、流通、市政规划等方面的政策法规分析。

2.项目所在地产品市场总体现状。

产品的市场价格、种类、功效、用途等基本信息。

(二)竞品分析

主要竞争对手的基本情况(销售数量、供应商、生产规模、销售方式)、竞品的销售渠道、竞品的价格、客户来源、宣传方式等。

(三)消费者行为分析

了解消费者偏好,以消费者为导向可以进一步确定需求预测的精准度与接下来的战略规划。主要了解消费者对产品的需求方面(质量、用途、价格)、接受程度、期望程度、批发商对于产品的价格及供应状况等。

1.客户结构分析。

(1)职业特征分析:分析消费者中个体经营者、企事业白领阶层、政府及事业单位职工、其他职业的比例结构。

(2)消费者年龄结构分析:分析消费者年龄在 20 岁以下、20~30 岁、31~45 岁、46~55 岁、55 岁以上的比例结构。

(3)客户家庭月收入状况分析:分析收入在 3000 元以下、3000~5000 元、5001~8000 元、8001~10000 元、10000 元以上的比例结构。

2.客户购买行为分析。

(1)产品购买用途,主要了解消费者购买产品后自己使用或赠予他人,用于工作、用于生活、用于娱乐等比例。

(2)价格偏好分析,主要分析消费者在 3000 元以下、3000~5000 元、5001~8000 元、8001~10000 元、10000 元以上等所占的指标比例及分析说明。

(3)性能偏好分析,主要分析消费者对产品 A 性能、B 性能、C 性能的需求比例。

(4)消费者满意度,主要对市场上不同生产商、不同类型的产品进行消费者满意度调查,分析其满意度百分比,对满意度高的产品进行具体分析。

(四)项目 SWOT 分析

1. 产品 SWOT 要素分析(略)。
2. 项目核心竞争力分析(略)。

六、对策建议

通过市场调研与分析,立足产品自身条件,详细分析产品的规划及产品定位、档次及价格定位、客户群定位以及产品入市时机建议等方面的系统定位。

1. 产品功能及主题定位,即通过对市场的调研、分析及预测,结合本产品的具体条件,明确产品的发展功能,同时进一步挖掘产品的特点,进行卖点的创新分析,突出特色,形成产品形象与主题。

2. 产品档次定位,即在明确产品的功能和主题后,结合市场供求特点,提出产品档次建议。

3. 规划及产品定位,即通过第一阶段对市场的调研、分析及预测,结合本产品的性能、价格、特色、客户构成等,对产品的开发定位提出建议,包括产品规划、产品形态等。

4. 价格定位,即根据对市场的研究和本产品的定位,结合目标客户的承受能力对产品销售价格提出建议。

5. 目标客户群定位,即通过对市场的总体研究,对目标客户群的特征分析,对本产品的目标客户群体进行细分,详细描述目标客户群的基本特征和需求特点。

6. 产品入市时机与规模建议,即基于产品的定位,结合市场变化趋势与需求预测结果,提出产品合理的入市时机与规模。

×××(报告人/部门)

二○××年××月××日

编写人员		指导人员	
主送部门		抄送部门	
报告意见			

3.2
客户订单分析与需求管理

3.2.1 客户订单数据分析报告编制方法

客户订单数据分析报告编制方法主要包括以下 7 种方法,具体说明如表 3-3 所示。

表 3-3　客户订单数据分析报告编制方法

方法	详细说明
对比分析法	同比分析（去年同期）、环比分析（上月同期）、基比分析（与报告期进行比较）、类比分析（同类商品进行对比分析）
结构分析法	分析商品大类销售结构、利润贡献主要构成情况、供应商主要构成情况等，常见的分析主要有饼图分析、帕雷托图（ABC）分析
相关分析法	主要分析商品的相关性，即商品之间的促进关系和竞争关系分析，常见于商品微观分析
统计分析法	对商品价格区间和销售区间等分析，主要对商品特征和消费群体的消费习惯进行分析
趋势分析及预测法	对商品的销售周期进行分析以及根据以往的销售数据预测未来的销售走势
进度分析法	主要分析计划完成进度情况
预警监控法	预警监控商品存货情况，对客户的成交率等数据进行监控

3.2.2　客户订单数据分析报告

以下是客户订单数据分析报告。

报告名称	客户订单数据分析报告	编　　号	
		受控状态	

客户订单数据分析报告

一、客户订单数据分析背景

企业对客户订单数据分析，根据复购率、回购率、高额消费用户等指标以及消费模型进行针对性的客户管理与维护，对分析结果做进一步产品需求预测，可以为企业需求、生产、库存等管理提供相关依据，根据其分析结果制订的产品运营计划也可为企业增加收益。

二、数据来源

客户订单数据主要来源于企业销售系统。

三、客户基本信息分析

主要确定客户群体主要构成、客户数量、客户运营情况与客户购买渠道，根据这些信息情况可以对客户进行基础筛选。

四、客户订单数据整理

进行客户订单数据分析，获取数据后需要对数据进行整理与基础性的分析。数据的基本分析包括平均数分析、众数分析、方差分析、偏度和峰度分析等。

整理后主要需要呈现以下内容:月度、季度、年度用户下单量;用户下单时间;产品销售总额;客户成交率、退货率;复购率。

五、订单触发方式

客户下单主要有以下4种方式,即自动下单、手动下单、补货下单、预期订货下单。

1. 自动下单。

自动下单是最常见的一种模式。通常在商品的销量平稳时,或随着季节平稳波动时,预测模型能够很好地跟踪并拟合这种商品的销售趋势,再根据商品的其他参数,如订货周期、安全库存、现有库存量等进行订货。

2. 手动下单。

手动下单是自动下单的一种补充形式,常常用于无法自动下单的商品。

3. 补货下单。

即这个商品除了完成自己本身周期内的下单,还要多加入这些补货需求,作为额外的对于生产商的订单。

4. 预期订货下单。

促销式订单,当商品要进行促销活动时,根据往年促销的活动力度和结果进行追加订单;周期性订单,根据季节性销售周期,而对季节性商品进行提前下单;客户需求性订单,根据销售部门及时的反馈,对于客户即将开始的订单进行整合下单。

六、订单数据分析

1. 产品销售总额与年度对比。

根据产品销售总额与年度对比可分析出当前年度的销售运营状况增长还是下降。进行销售总额分析,可在销售管理过程中及时发现问题,分析和查找原因,及时采取措施,解决问题。销售总额月度分析可以确定销售发展趋势。

2. 产品销售数量(月度、季度、年度)。

产品销售数量分析可分析单个产品的贡献度,确定企业需求策略。销售量高的产品提高采购率,销售量低的产品降低采购率,并分析产品销量异常原因。

3. 客户下单时间。

根据客户下单时间进行分析,可以帮助企业制定更加优化的生产与库存策略。

4. 客户渠道。

客户渠道多种多样,主要分为线上渠道与线下渠道。根据产品下单渠道分析,可以帮助企业制定更好的营销与广告策略。

5. 产品退货率。

分析产品退货率可以在一定程度上体现产品性能与产品质量。企业应根据此项问题分析退货原因并改善产品质量问题。

6. 复购率。

复购率继续拆解,可以分成会员复购率、新客户复购率。会员复购率低,是会员运营得不够好。新客户复购率低,是新客户运营的问题。通过这样的对比,可以实施有针对性的营销策略。影响复购率的因素主要是:商品质量、服务质量、物流体验(效率、服务)。

7. 确定客户类型。

根据客户类型分析可以更好地进行客户维护与开发工作。

(1)重要价值客户:最近消费时间近、消费频次和消费金额都很高。

(2)重要保持客户:最近消费时间较远,但消费频次和金额都很高,是一段时间未进行购买行为的忠诚客户。

　　(3)重要发展客户:最近消费时间近、消费金额高,频次不高、忠诚度不高,有潜力的客户。

　　(4)重要挽留客户:最近消费时间较远、消费频次不高,但消费金额高的客户,可能是将要流失或者已经流失。

七、总结

　　根据客户订单分析结果与数据展示,企业相关人员需要对产品性能、质量、营销计划进行进一步整改,然后根据原因调整战略或重新制定方案。

×××(报告人/部门)
二○××年××月××日

编写人员		指导人员	
主送部门		抄送部门	
报告意见			

3.2.3　客户分级建议方案

　　以下是客户分级建议方案。

方案名称	客户分级建议方案	编　号	
		受控状态	

一、目的

　　为提高企业的客户满意度与忠诚度,提高产品的成交概率,保证销售资源的稳定,需要对客户进行分级。

二、客户分级说明

　　客户分级,即根据客户对企业的贡献率等各指标进行多角度衡量,最终按一定比例进行加权评分、定级。

三、客户分级方法

　　客户分级可根据客户信用、客户性质、客户实力、发展前景、对企业利润贡献率和客户关系等指标进行分级。

四、客户分级的实施

　　企业根据实际情况,分析客户分级各项标准的重要性,并按一定比例进行加权得分,满分为100分。

　　客户数据主管对客户价值进行评估,根据评估结果对客户进行分级,具体分级办法如下表所示。

客户分级标准说明表

评估指标	评估标准	得分	说明
客户信用 （25分）	良好	25分	客户信用指该客户近3年的负债偿还情况、合作信用度及业内评价情况等
	一般	15分	
	差	5分	
客户性质 （10分）	股份企业	9~10分	政府包括政府部门或带有政府性质的企业 国有企业包括国有全资或控股企业 民营企业包括民营全资或控股企业
	政府或国有企业	5~8分	
	民营、私营企业	5分以下	
客户实力 （15分）	强	11~15分	客户的财务能力、近3年的平均销售额、市场地位、是否上市等
	一般	5~10分	
	较弱	5分以下	
发展前景 （10分）	成长性高	9~10分	成长性体现在近3年该客户平均销售增长率、利润率等
	成长性一般	5~8分	
	成长性低	5分以下	
对企业利润贡献率 （15分）	大	11~15分	利润贡献率体现在近3年与该客户交易所得的利润占企业总利润的比重
	一般	5~10分	
	较小	5分以下	
客户关系 （10分）	默契	9~10分	客户关系主要指企业与客户高层或最高层间的默契关系，以及是否出现纠纷
	良好	5~8分	
	不佳	5分以下	
重要性 （15分）	非常重要	11~15分	主要指与企业战略发展方向的吻合度或对企业长远利益的重要性
	短期合作	5~10分	
	不重要	5分以下	
合计得分			

备注	1.根据评分结果,确定客户级别,并对不同级别的客户实行相应的服务策略 2.90分以上为A级客户;76~90分为B级客户;51~75分为C级客户;25~50分为D级客户;25以下为E级客户 3.上述分数包含下限,但不包含上限

五、客户分级评估工作

1.客户分级评分具有很强主观判断性,并不能真实地反映客户的实际价值,相关业务部门领导应以评分结果为依据,共同对客户分级工作进行评估,以确定分级结果是否与客户实际状态相适应。

2.对客户进行分级时,应保证客户分级与企业在产品服务、价格、销售、流程、客户沟通等方面相匹配,具体内容如下所示。

(1)客户的获利性。

对客户进行分级时,应分析客户销售或维系双方关系的成本,测算营销组合对销售利润的影响。

(2)客户数据质量评估。

在对客户进行分级时,应判断企业所拥有的客户数据是否是完备、有效。

(3)评分过程评估。

在对客户进行分级时,应评判客户分级评分人员是否按照给定的标准进行严格评分,是否在评分过程中夹杂个人情绪。

六、分级完成

1.完成客户分级评估后,应将各级客户的变动情况报请总经理审批。

2.待审批通过后,由客服部对数据库中的相应资料进行更新并通知相关业务部门。

七、客户资料的管理

1.在做好客户的分类、分级工作后,客服部应指定专人做好相关资料的管理,并对其实施进展和结果进行监控、指导。

2.客服部应定期对客户进行分类、分级,及时调整相关数据,确保数据的完整性和有效性。

执行部门		监督部门		编修部门	
执行责任人		监督责任人		编修责任人	

3.2.4 客户需求预测流程

客户需求预测流程如图3-2所示。

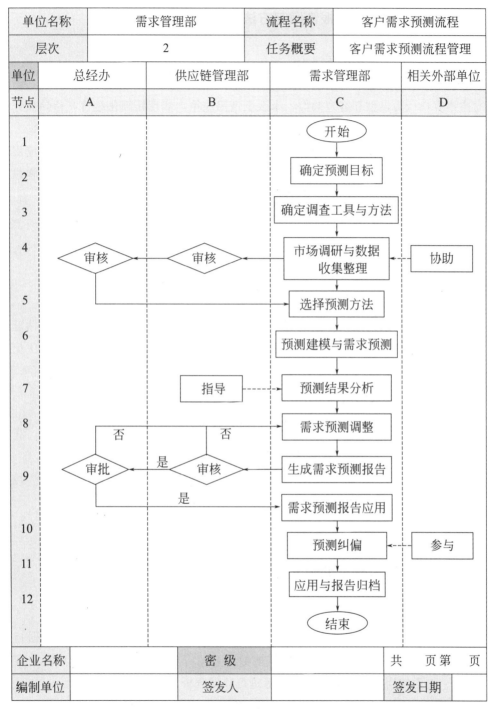

图 3-2 客户需求预测流程图

3.2.5 客户需求分析报告编制方法

（1）客户行为分析法

客户行为分析是对客户在产品上产生的行为及行为背后的数据进行分析，通过构建客户行为模型和客户画像，来改变产品决策，实现精细化运营，指导业务增长。

在产品运营过程中，对客户行为的数据进行收集、存储、跟踪、分析与应用等，可以找到实现客户自增长的因素、群体特征与目标客户，从而深度还原客户使用场景、操作规律、访问路径及行为特点等。

（2）A/B 测试法

企业可做 2 个或多个产品模型向客户进行展示，且产品只有单一功能不同，并让客户做出选择，确定客户需求与企业产品计划。

（3）可用性测试法

是指企业在测试过程中通过观察客户行为，从即时的反馈中更容易获得贴近真实的定性数据，用对话沟通的方式深度挖掘客户遇到的问题，从而锁定并优化重点。

（4）客户需求痛点分析法

① 反向判断法：如果客户需求不能得到满足，会导致不使用甚至放弃产品。

② 付费法：如果可以满足客户某个需求，客户愿意为之付费。

③ 环境法：受国家法规、文化、习俗、重大事件影响的需求。

④ 动态法：需求场景的转变，可导致非痛点需求转化为痛点需求。

⑤ 马斯洛需求（生理、安全、社交、尊重、信息获取、审美、自我实现）判断法：越底层的需求越可能是痛点需求。

3.2.6 客户需求计划编制方法

（1）活动数据分析法

在做营销活动时，通过数据埋点，后台数据收集，规划产品的核心数据指标，如日活跃量、月活跃量、每日新增数量、留存、访问量（PV）、独立访客（UV）、人均使用时长、页面热点图等进行数据分析。

也可根据企业产品的独有指标进行分析，如电商产品的订单转化率，资讯类产品的浏览量、评论数等。从数据中分析客户行为，思考产品问题，为下一步迭代优化提供方向。

（2）滚动计划法

由于市场需求的不断变化，在客户需求计划的执行过程会有一定改变，这就需要定期地对计划做出必要的修正。

滚动计划法是一种定期修正未来计划的方法。它的基本思想是：根据计划执行的情况和环境变化的情况定期调整未来的计划，并不断逐期向前推移，使短期计划和中期计划有机地结合起来。

（3）问卷调查，客户访谈

① 线上问卷调查：设置有效、聚焦的问题，通过调查软件发布调研信息。调查时受访的客户数量越大，调查的可靠性就越高，信息量也越丰富。调查问卷一定要覆盖更多客户，至少能得到几百份或者几千份回复才有参考价值。

② 线下访谈：联系产品的重点客户，去实地拜访，观察客户的使用行为，对其关键动作提出问题，了解客户对产品的真实想法和建议。

（4）产品添加意见反馈功能

可在产品上添加反馈功能，客户在使用产品过程中可及时反馈问题。前台对应在后端也设计一个反馈模块，接收客户反馈信息，了解客户想法，关注自身产品问题，思考自己产品待改进的点。

3.2.7 客户需求分析报告

以下是客户需求分析报告。

报告名称	客户需求分析报告	编　号	
		受控状态	
<td colspan="4">**客户需求分析报告** **一、客户需求分析的目的** 　　通过运用科学的理论、方法和手段，对收集到的零散的原始数据进行识别、鉴定、筛选、加工及分析研究，得到有针对性、时效性、预测性、科学性、综合性及可用性的结论，从而为新的生产运行机制提供决策方案。 **二、报告数据来源** 　　企业相关人员市场调研数据、平台客户反馈信息、企业内部销售数据等。 **三、客户信息收集与整理** 　　1.市场调研数据 　　用定性与定量等分析方法进行分析，并通过数据挖掘，对大量数据进行深入研究，揭示出数据中很多隐含的数据。数据挖掘的工作包括关联分析、聚类分析、群组分析和演变分析等。</td>			

2. 平台反馈信息

对反馈信息进行整理与分类，对于大量客户反馈问题进行重点标注，并进行问题分析。

3. 企业内部销售信息

对于企业内部信息，进行数据导出，用数据可视化工具进行数据处理，并进行数据展示。

四、客户需求场景

1. 客户画像

需求分析人员在确定客户信息、客户购买偏好后，根据目标人群进行精准的广告投放，根据客户偏好进行营销策略运营，基于预估模型进行个性化推荐。

2. 需求分析方法

应用客户行为分析法、数据发掘、A/B测试法、可用性测试法、客户需求痛点分析法等方法进行客户需求分析。

五、客户需求分析

1. 产品分析

产品分析主要是对产品价格、包装、性能、质量、使用难易程度、可获得性、产品生命周期与满意度进行分析，也可以根据以下5个层面进行分析。

(1)战略层——分析的是产品的客户目标和产品目标，需要对客户进行分析，这个类似上面说的客户需求分析，包括客户画像、客户需求、产品的定位、产品的特色等。

(2)范围层——从产品提供的功能或者服务层面来分析，包括产品有哪些主要功能，逐个分析这些主要功能，并且说明这些功能之间的关系。

(3)结构层——画一个产品的结构图或者架构图，分析产品各个功能所在的层级、功能的深浅、功能的入口、功能之间的关系、功能的分类，并且逐一分析其中的优缺点。

(4)框架层——对产品的界面设计、导航设计以及数据设计进行分析，并得出优缺点。

(5)表现层——分析产品界面设计，即配色、整体风格、页面布局等方面的优缺点。

2. 市场分析

关于市场状况的分析，根据之前的调研数据进行分析，主要分析行业现状与行业数据。

(1)行业分析。

当下的市场状况、行业现状如何，市场容量、客户需求量、发展空间等。

(2)市场数据(产品数据)。

产品所占据的市场份额如何，与主要竞争对手的比较。

3. 竞品分析

对于竞品分析，可以从以下两个角度去进行。

(1)宏观层面。

了解产品竞争对手、当下市场格局、竞品需求解决方案、竞品优缺点等。

(2)具体层面。

竞品特色功能、产品差异、竞品价格等。

4.消费者满意度

消费者满意度可以在一定程度上展现产品性能优劣与客户复购率等问题,客户满意度高的产品需求量大于满意度低的产品,企业可对满意度高的产品增大产量,并对满意度低的产品进行整改。

六、问题与改善方式

根据上述需求分析结果,进行客户需求优先级排序,客户需求强烈且产品改善难度小优先进行改善、客户需求量大产品优先进行生产。

×××(报告人/部门)
二○××年××月××日

编写人员		指导人员	
主送部门		抄送部门	
报告意见			

3.2.8 客户需求计划

客户需求计划,是指根据客户历年、季度、月度订购需求与数量关系,以单个客户为计划对象,以需求时间基准倒排计划,按提前期长短区别各个物品下达计划时间的一种计划。

(1)基本数据

制订客户需求计划的关键数据要素有3个,利用这3项数据就能了解还缺什么、何时生产、何时订购,从而制订物料需求计划。3项数据的具体内容如图3-3所示。

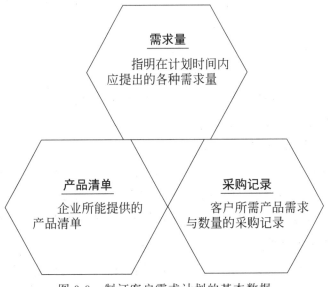

图3-3 制订客户需求计划的基本数据

（2）客户需求计划制订过程

① 确定收集需求数据的基本方针和需求。
② 确定具体的业务分工和职责分担。
③ 选择最佳的收集和调查方法。
④ 制作详细的数据报告。
⑤ 根据需求数据，确定扩大客户订货的基本方针。
⑥ 进行数据报告的分类归档。
⑦ 企业内外实行数据提供奖励机制。

3.3 供应链协同计划制订

3.3.1 供应链协同策略制定方法

（1）信息共享法

供应链各节点之间一般存在着既独立又融合的关系，这种关系基于供应链各个节点的信息共享。供应链各节点之间只有存在高质量的信息共享与信息传递，才能提高供应链运营效益。信息共享还能有效解决"牛鞭效应"中委托、欺骗等问题，有助于建立长期、优质的合作伙伴关系。

常见的信息共享方法有零售商向其库存的供应商提供销售时点数据，生产商向供应商提供生产需求信息以支持零库存计划与共同预测、计划和补货（CPFR）方法。

（2）倒排法

即根据销售数据制订生产计划。销售数据因季节、市场趋势、政策、广告、促销、定价及产品变更计划，可能会产生周期性或随机性变化。根据销售信息制定供应链协同策略可在一定程度上提高预测准确度。

（3）供应链博弈分析

通过对供应链上下游节点企业之间博弈行为的分析研究，在战略、战术、操作层面建立供应链各节点企业协同的博弈模型，能够较好地进行数据显示和传递，也能够较好地实现激励相容，为供应链各节点企业的协同决策提供支持。

（4）信息管理系统

运用供应链信息管理系统可以为供应链各节点企业之间的数据沟通、业务协同提供先进的技术支持。企业内部通过数据处理实现各项业务之间的协同，企业之间通过电子商务实现供应链业务流程的协同。

3.3.2 供应链产供销协同方案

以下是供应链产供销协同方案。

方案名称	供应链产供销协同方案	编　　号	
		受控状态	

一、背景

随着近年来企业的迅速发展与供应链行业的快速进步,供应链管理水平将成为衡量企业核心竞争力的重要指标。企业需要根据自身现状、所处阶段与环境,制定适合自身需要的供应链及产供销一体化策略,以便来取得竞争优势。

二、目的

产供销协同就是把产品开发(设计、研发)、供应链(采购、生产、物流、交付)和销售部门交融集成,让产供销三个模块变成一个整体,从原本一个单独的供应环节,变成产品、供应、销售相互交融集成的供应体系。

三、协同策略

1. 效率型供应链

针对产品标准化、生产规模化的企业,为实现流水线顺利、高效运转,可通过以下3种方式确保供应链协同。

(1)编码数量调整

在营销与生产之间进行协调,确定 SKU 数量。

(2)产品变更管理

根据市场与产业信息确定产品性能需求,进行计划性产品变更。

(3)确保物料齐套率

做好物料分类与备货策略,通过供需平衡、需求预测、订单数据分析进行物料齐套率检查。

2. 响应型供应链

针对更新迭代迅速的快消品行业,需要快速反应以应对市场变化。主要从以下4个方面入手。

(1)产品研发快

快速、持续性收集市场信息、阶段性流行元素,不断进行新产品研发。

(2)营销策略快

可以根据库存状态、滞销品分析等制定相应销售策略。

(3)采购生产快

针对季节性产品、周期性产品进行优先采购、计划统筹。

(4)物流配送快

采用高效物流管理系统、快速配货补货,提高产品周转率。

3. 敏捷型供应链

针对先接收订单再选择交付的企业,可能会遇到需求差异大、产品多批次、小批量问题。可以应用以下方式进行处理:销售需求预测、产品通用化、关键物料多级备货。

4. 以客户为中心

以销量、客户订单为销售预测源头,驱动供应资源合理配置和精细化运作,可以提升需求预测准确率,提升企业运营效率。

5. 销售与运营计划流程

销售与运营计划(S&OP)流程通过对市场、研发、采购、生产和财务等部门的沟通和协调,做出对市场变化具有快速响应的决策,以适应市场需求的变化和供需平衡,实现一个可执行的出货计划,保持企业需求与供应的平衡。

执行部门		监督部门		编修部门	
执行责任人		监督责任人		编修责任人	

3.4
销售与运营计划实施与流程管理战略库存管理

3.4.1 销售与运营计划会议实施流程

(1)第一步:会议准备

识别团队成员,分配任务进行收集资料与衡量业绩。需求预测小组以及运作团队均需参与会议。会议参与人员需要对预测方案进行更新,确定目前产生的问题并讨论初步解决方案。

需求管理人员需要对资料进行整理与分析,分析发展趋势并与上期数据进行对比。做出需求与销售报告,了解目前运营情况与目标差异。

(2)第二步: S&OP 会议

所有与销售与运营计划有关的功能部门均需参加会议并进行上期销售与运营数据回顾,营销经理报告销售与运营的业绩,并集中了解预测以及客户服务的问题。

会议还需对上期未完成计划进行说明与分析,分析约束条件与财务报告,对比供需计划并调整效果评估。

(3)第三步:需求与供应计划的修订与传达

销售与运作计划通过后,需要进行内容修订。销售部门需要根据 S&OP 会议上的决策修订销售预测、营销计划、销售计划以及促销活动。相关部门须根据修订结果修改生产计划、分销策略及运输安排。

会议计划制订后需要对S&OP报告进行更新并传达相关运营部门,编写会议纪要。

（4）第四步： S&OP执行会议

S&OP小组识别出需要高层参与的决策,供应链管理部门将评估工作表现及计划,包括小组对目标及预算的完成情况进行考核,并讨论预期销售、生产及库存情况,包括前景预测（上升及下降趋势）。

3.4.2 销售与运营计划数据采集与处理方法

（1）数据采集的方法

数据采集的方法主要包括统计资料法、观察法、会议现场收集法、多向沟通法、网络收集法与数据库收集法,具体内容如表3-4所示。

表3-4 数据采集方法

方法	具体内容
统计资料法	◆ 统计资料法是收集客户信息的主要方法,它通过企业的各种统计资料、原始记录、订货合同、客户来函等,了解企业在营销过程中各种需求变化情况和意见反映 ◆ 这些资料大多是靠人工收集和整理的,而且分散在企业的各个职能部门当中,需要及时整理和汇总
观察法	◆ 观察法即通过跟单员在跟单活动的第一线进行实地观察收集客户信息 ◆ 此种方法由于信息来源直接,可以减少传递者的主观偏见,所得资料较为准确,但主要是看到事实的发生,难以说明内在原因
会议现场收集法	该方法主要通过各种业务会议、经验交流会、学术报告会、专业研讨会、技术鉴定会、信息发布会等,进行现场收集
多向沟通法	◆ 多向沟通法指与企业外部有关单位建立信息联络网,互通情报,交流信息,其主要分为纵向沟通与横向沟通两大类 ◆ 纵向沟通是加强企业上下级之间的信息交流,建立自上而下的信息联络网 ◆ 横向沟通是指行业内企业之间、地区之间建立各种信息交换渠道,定期或不定期交换信息、情报
网络收集法	◆ 网络收集法是现代信息收集的主要方法,企业可以自设网站收集客户信息,也可从别的网站下载自己需要的信息 ◆ 这种方法具有快捷、直观、丰富等特点

续表

方法	具体内容
数据库收集法	◆ 数据库收集法即一种在大型数据组中寻找所需客户资料的方法 ◆ 营销企业以及其他需存储客户大量信息数据的企业,存储的数据不仅包括客户的地址,还包括他们的经营状况、员工人数、营业额等信息 ◆ 通过仔细研究这些信息,企业能有效地识别企业的潜在客户,并能制定出有针对性的客户开发和管理策略

（2）数据处理的方法

常用的S&OP数据分析处理方式如表3-5所示。

表3-5 数据处理的方法

数据处理方法	说明
对比分析法	同比分析(去年同期)、环比分析(上月同期)、基比分析(与报告期进行比较)、类比分析(同类商品进行对比分析)
回归分析法	◆ 回归分析法是根据企业多年的历史数据,通过建立销售及其影响因素之间的函数关系,来预测企业在未来一定时期内可能产生的销售数量 ◆ 回归分析中,依据自变量个数的不同,可分为一元回归分析法和多元回归分析法,前者只有一个自变量,后者则有两个以上的自变量
趋势预测法	通过对销售数据指标的各期对基期的变化趋势的分析,从中发现运营策略问题,为下一期制定销售策略提供支持
多因素方差分析法	利用方差比较的方法,通过假设检验的过程来判断多个因素是否对因变量产生显著性影响。在多因素方差分析中,由于影响因变量的因素有多个,其中某些因素除了自身对因变量产生影响,它们之间也有可能会共同对因变量产生影响
大数据分析法	数据处理人员可以借助大数据软件的功能对原始数据进行整理分析,提取出有价值的数据。利用基础软件的功能根据销售与运营业务的需求对原始数据进行加工处理,为企业的计划编制提供依据

3.4.3 销售与运营计划流程设计方法

（1）评估法

首先,在进行S&OP流程设计之初要进行企业运营状态评估,确定S&OP运行的必要性,企业是否需要进行S&OP流程。

其次,要对企业人力资源与信息资源进行评估,确保企业具有胜任这项工作的人才与可以支撑其进行的数据与工具。

（2）分工协作法

进行 S&OP 流程设计需要团队支撑，团队事务职责要划分明确，每项事务划分直接责任人，人员之间分工协作，以减轻流程设计与推动时的沟通成本与管理成本。

（3）中断返回法

在 S&OP 流程设计过程中，可能因为数据信息不完善、需求预测不准确，导致下一步流程无法进行，则进行流程中断返回，对上一步骤重新执行，流程执行无误后推动下一步。

3.4.4 销售与运营计划绩效评估的工具及方法

（1）绩效评估工具

SCOR 模型，即供应链运作参考模型（Supply-chain Operations Reference-model），是由国际供应链协会（Supply-chain Council）于 1996 年年底发布的供应链运作参考模型，适合于不同工业领域的供应链运作参考。

它是一个标准的供应链流程参考模型，是供应链的诊断工具，能够使企业间能够准确地交流供应链问题，客观地评测其性能，确定性能改进的目标，并影响今后供应链管理软件的开发。

SCOR 模型把业务流程再造、标杆比较和流程评测等著名的概念集成到一个跨功能的框架之中，它能够帮助企业了解业务流程的现状、推导出未来的预期，量化相似企业的运营绩效，并且分析得出最佳绩效的管理实践和软件解决方案。

① SCOR 模型。SCOR 是一个为供应链伙伴之间有效沟通而设计的流程参考模型，它描述了企业五大基本流程：计划、采购、生产、配送和退货。

它定义了供应链运作参考模型的范围和内容，并确定了企业竞争绩效目标的基础。企业可通过对 5 个管理流程，以及供应链运作性能指标的分析，做出基本的战略决策。SCOR 模型如图 3-4 所示。

② SCOR 模型分层。SCOR 模型可以分为三层，每一个层次都能够用于分析企业供应链的运作。具体各层的内容和功能如下。

第一层：衡量绩效指标。

这一层次反映了供应链的性能特征，衡量供应链的表现。衡量工作必须结合企业的目标，适用于所评测的流程活动，并具备可重复性。

第二层：配置层。

这一层由 26 种核心流程类型组成。企业可选用该层中定义的标准流程单元

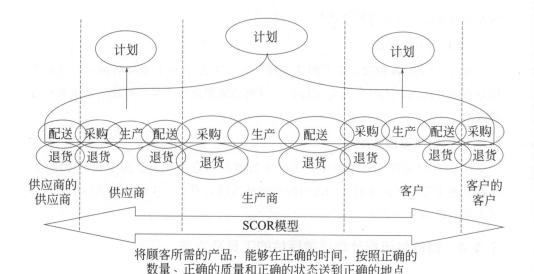

图 3-4　供应链运作参考模型示意图

构建自身的供应链。

第三层：流程元素层。

本层包括流程元素定义、流程绩效尺度、流程元素信息输入和输出、最佳运作方式及适用情况、系统能支持的最佳运作方式等。

（2）绩效考核方法

平衡计分卡法（BSC）以企业的战略为基础，并将各种衡量方法整合为一个有机的整体，它既包含了传统绩效考核的财务指标，又通过增加顾客满意度、内部流程、学习和成长等业务指标来补充说明财务指标，使整个绩效考核体系更趋完善。

平衡计分卡法（BSC）的四个评价角度：客户角度、内部流程运作角度、改进学习角度、财务角度。

3.5
库存计划与战略库存管理

3.5.1　库存计划数据采集与处理方法

（1）库存数据采集方法

库存数据采集的常用方法如表 3-6 所示。

表 3-6　库存数据采集方法

方法	方法说明
库存盘点法	对库存数量进行整体盘点与复盘,确定准确库存
库存管理系统数据调取法	运用企业库存管理系统进行数据调取,确定库存出入库数量、库存周转量、库存期末金额与订货时间等信息
库存管理人员调研法	即采用访谈法、问卷法等方式对仓库管理人员进行调查,确定库存在库情况,确保系统信息准确性
网络收集法	网络收集法是通过信息网络(主要是 Internet)收集采购信息。利用网络收集信息,可以直接访问与本企业采购工作有密切联系的供应商网站、竞争对手网站、采购专业网站和各类电子商务网站收集采购信息

（2）库存数据处理方法

库存数据处理方法如表 3-7 所示。

表 3-7　库存数据处理方法

方法	内容	特点
列表法	制作一份表格把测量数据按照对应关系一一排列在表中即列表法	◆ 能够简单反映出相量之间的对应关系 ◆ 清楚明了地显示出测量数值的变化情况 ◆ 较容易从排列数据中发现有错误的数据 ◆ 为用其他方法处理数据创造了有利条件
作图法	把一系列相互对应的数据及变化的情况用曲线表示出来即作图法	◆ 能够形象、直观、简便地显示出变量的相互关系以及函数的极值、拐点、突变或周期性等特征 ◆ 有助于发现测量中的个别错误数据 ◆ 在报告质量数据处理结果时用曲线描述较为直观
逐差法	当两质量数据呈线性关系时,常用逐差法来计算因变量变化的平均值;当函数关系为多项式形式时,也可用逐差法来求多项式的系数	◆ 充分利用测量数据 ◆ 绕过某些定值未知量 ◆ 可验证表达式或求多项式的系数
一元线性回归和最小二乘法	从测量数据中寻求经验方程或提取参数,称为回归问题,用作图法获得直线的斜率和截距就是回归问题的一种处理方法	◆ 回归分析方法用来处理变量之间的相关关系,应用广泛 ◆ 使用回归分析需要判断相关关系是否密切,即对回归方程进行显著性检验

3.5.2 库存计划可视化报告编制的工具

(1) Excel 表格

Excel 可以说是典型的入门级数据可视化工具，可用 Excel 做一些简单的数据分析。Excel 在颜色、线条和样式上可选择的范围有限，这也意味着用 Excel 很难制作出能符合专业出版物和网站需要的数据图。但是作为一个高效的内部沟通工具，Excel 还是基础又简便的工具之一。

(2) BI（Business Intelligence）工具

目前市场上有多种多样的 BI 工具，以配合不同需求企业进行数据分析与可视化展示。

BI 工具不仅能够帮助企业对经营数据进行系统的整合，帮助用户找出数据中需要警惕的部分，还可以为用户整合相关的经营数据，同时还会根据内置的智能报表生成系统，将用户的所有经营数据进行统计并生成相关的报表。

3.5.3 库存可视化报告

以下是库存可视化报告。

报告名称	库存可视化报告	编号	
		受控状态	

库存可视化报告

一、报告目的

为了综合分析企业库存数据，为库存战略制定、库存计划编制与仓储管理工作提供相关信息与决策依据。

二、数据获取方式

1. 库存盘点

将仓库内物资实有数和账簿上显示的数量及金额进行核对，实地查点物资数量，核对账、卡、物是否保持一致，并提取盘点与账面信息。

2. 库存软件数据导出

现代企业为方便库存管理，一般都会使用库存管理系统，在制作数据可视化报告前数据分析人员需要将库存管理系统数据导出，与库存登记表格和盘点数据进行核对，确保数据准确性。

三、数据整理与分析

获取库存数据后则需进行数据整理与分析，为库存数据可视化准备。主要按照以下六个方面进行分析。

1. 存货数量/金额分析

（1）存货数量/金额结构分析：按企业、仓库、物料不同维度的存货结构分析。

(2)存货数量/金额比较分析:同比分析,指与上年同期比较。环比分析,指与相邻上月比较。

(3)存货数量/金额排名分析:按企业、仓库、物料不同维度的存货排名分析。

2.安全库存分析

(1)分析库存量的上下限警戒线,为库存安全随时预警。

(2)提供各仓库各物料低于再订货点及安全库存的明细表,提供合理的补货建议。

3.积压呆滞料分析

(1)存货积压呆滞料结构分析:按企业、仓库、物料分析。

(2)积压呆滞料库龄分析。

4.超短缺物料分析

库存健康状况合理性分析。

5.存货收发存分析

(1)存货收发存汇总分析。

(2)针对企业、仓库的任意时间段内的出入库情况。

6.库龄分析

(1)分析各物料在库天数。

(2)各物料库龄在各工厂/仓库之间的对比分析。

四、库存数据可视化

1.库存现状

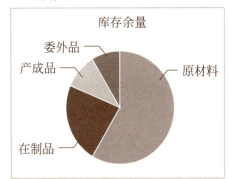
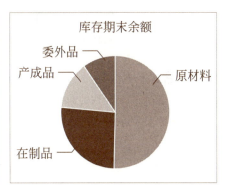

2.库存收发结存趋势

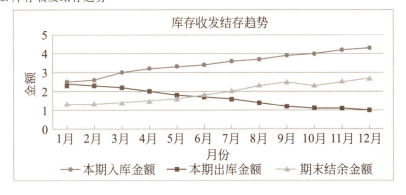

3.库存基础信息

物料名称	库存天数	库存周转率	库存量	入库金额	出库金额
物料 A					
物料 B					
物料 C					
物料 D					

4.每日消耗物料占比

根据物资消耗量可以确定物料的采购需求。

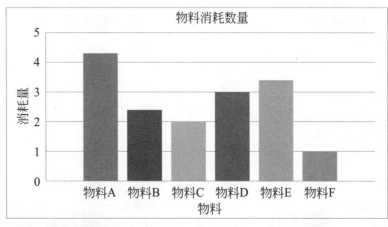

五、总结与建议

对库存过小、周转较快的商品及时补货,并根据历史销售额确定补货量,实现精准补货。对库存过大、周转较慢的商品暂停补货,并根据库存动态情况,适当做促销活动。

×××(报告人/部门)

二〇××年××月××日

编写人员		指导人员	
主送部门		抄送部门	
报告意见			

3.5.4 供应链库存管理方法

(1)供应商管理库存

供应商管理库存(Vendor Managed Inventory,VMI)是指由供应商为客户管理库存,供应商管理库存的目的是使用户和供应商双方都获得最低成本,在一个共同的协议下由供应商管理库存，监督协议执行情况和修正协议内容，根据客户数据和库存情况制定库存策略和补货计划的一种库存管理策略。

实施供应商管理库存，需建立适合其运营的组织结构、管理模式和数据系统，供应商管理库存的策略，具体的实施步骤如表 3-8 所示。

表 3-8 供应商管理库存实施步骤

步骤	实施办法
建立库存数据系统	供应商管理企业库存首先需要及时掌握企业的需求变化，所以供应商要建立库存数据库，把企业的需求预测及分析功能集成到供应商的数据系统中
建立网络管理系统	◆ 供应商管理库存只有保证产品物流数据及需求数据的畅通，才能做好库存管理工作 ◆ 企业可以使用 MRP 或 ERP 系统，来建立完善的数据管理系统
建立合作双方的框架协议	合作双方共同确定订单处理的具体业务流程、库存控制的相关参数及库存数据的传递方式等，以此来制定框架协议
组织机构变革	实施供应商管理库存会改变供应商的组织模式，部门专门负责人员负责客户库存的控制、库存补给和服务水平等

（2）联合管理库存

联合管理库存（Joint Managed Inventory，JMI）是指由供应商和企业联合管理库存，是一种风险分担的库存管理模式。联合管理库存不仅可以减少分销商与企业库存，还可以将责任与风险分担给供应商。

联合管理库存的实施步骤如表 3-9 所示。

表 3-9 联合管理库存步骤

步骤	实施办法
建立供需协调管理机制	供应商为企业提供必要的资源与担保，协调其下游客户的工作，建立共同的合作目标和利益分配、激励机制，在各个下游客户之间创造风险共担和资源共享的机会
建立数据沟通渠道	建立一种数据沟通的渠道或系统，以保证需求数据在供应链中的畅通和准确性，增加供应链各方对需求数据获得的及时性和透明性，提高供应链各方的协作效率，降低成本，提高质量
建立快速响应系统	快速响应系统可以减少供应链中从原材料到用户过程的时间和库存，最大限度地提高供应链的运作效率
发挥第三方物流系统的作用	企业将库存管理的部分功能代理给第三方物流企业，使企业更加集中于自己的核心业务，降低了库存的管理成本，增加了供应链的敏捷性和协调性，提高了服务水平和运作效率

（3）协同规划、预测和补给

协同规划、预测和补给（Collaborative Planning, Forecasting and Replenishment，CPFR）是一种协同式的供应链库存管理技术，它能在降低销售商的存货量的同时增加供应商的销售额，从全局观点出发，实现双赢。CPFR是面向客户需求的合作框架，也是基于销售预测报告的生产计划。

CPFR供应链的实施步骤分为：制定框架协议、协同制定商务方案、销售预测、鉴别销售预测异常、协商解决异常、订单预测、鉴别订单预测异常、生产计划生成。

3.5.5 库存计划编制方法

（1）经验估计法

经验估计法是企业根据库存管理工作的实际经验，参考有关文件以及企业库存管理条件变化等因素确定物资消耗定额的方法。为提高其准确度，可采用平均概率的方法进行计算，其经验算式如下：

$$M = \frac{\partial + 4c + b}{6}$$

式中，M为平均概率求出的物资消耗定额；∂为先进的消耗量，即最小消耗量；b为落后的消耗量，即最多消耗量；c为一般消耗量。

根据上述公式确定某一物资消耗定额后，即可结合企业产品库存量来计算该物资的总需求量，在查得已有库存量并予以扣除后，即可得出该种物资的采购需求量。

该方法简便易懂，一般适用于单件小批量的物资采购，或者在技术资料和统计资料不全的情况下采用。

（2）物资需求计划法

物资需求计划（MPS）是利用主生产计划、物资清单、已订购但未交货量、库存量、采购提前期等资料，计算出采购物资数量的一种方法。

具体计算公式如下：

$$物资需求量 = 物资毛需求量 + 已分配物资量$$

$$物资净需求量 = 物资毛需求量 + 已分配物资量 - 现有库存物资量 - 计划采购物资量$$

$$物资可用存货量 = 现有库存物资量 + 预计到货的物资量$$

MRP可以通过主生产计划明确企业要生产什么，并通过物料清单（BOM）明确企业的物料需求状况，其逻辑关系如图3-5所示。

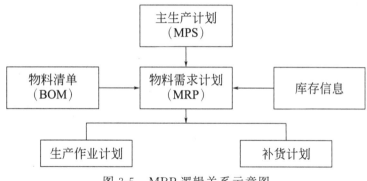

图 3-5　MRP 逻辑关系示意图

3.5.6　库存控制方法

（1）ABC 管理法

ABC 管理法，又称巴雷托分析法，是指将企业的库存物资按其重要性大小划分为 A、B、C 三类，然后根据重要性分别进行管理的方法。

一般情况下 ABC 管理法的分类依据如表 3-10 所示。

表 3-10　ABC 管理法库存划分标准及控制要点一览表

类别	划分标准		控制方法	适用范围
	占存储成本比重	实物量比重		
A 类	70% 左右	不超过 20%	重点控制	品种少、占用资金多的存货
B 类	20% 左右	不超过 30%	一般控制	介于 A、C 类两者之间的存货
C 类	10% 左右	不低于 50%	简单控制	品种多、占用资金少的存货

ABC 管理法的管理措施如下所示。

① A 类：计算每个项目的经济订货量和订货点，尽可能适当增加订购次数，以减少存货积压，也就是减少昂贵的存储费用和大量的资金占用。同时，还可以为该类存货分别设置永续盘存卡片，以加强日常控制。

② B 类：为每个项目计算经济订货量和订货点，同时也可以分别设置永续盘存卡片来反映库存动态，但要求不必像 A 类那样严格，只要定期进行概括性的检查就可以了，以节省存储和管理成本。

③ C 类：适当增加每次订货数量，减少全年的订货次数。可采用双箱法，当库存低于正常存量时，就立刻订货。

（2）定量订货法

定量订货法，是通过预先确定一个订货点和订货批量（一般以经济订货批量

EOQ 为标准），之后加强库存变化的监督检查，当库存量下降到规定的订货点时立即提出订货。定量订货法原理如图 3-6 所示。

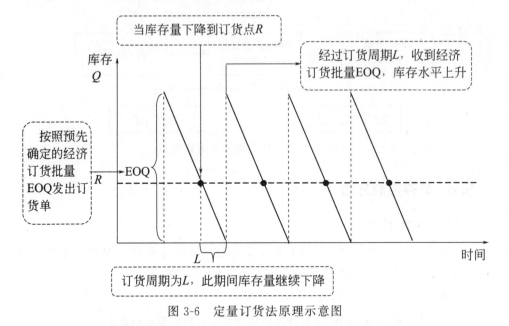

图 3-6 定量订货法原理示意图

企业运用该方法能够使物资订货总成本最小。在该方法的简化运用模型中，可不设安全库存，无论时间如何变化，年需求量（D）、提前期（L）、价格（C）、每次订货成本（S）、单位商品年保管成本（H）都是常数，订货量（Q）设定为经济订货批量（EOQ），具体计算方法如下。

① 年库存总成本（TC）。

年库存总成本＝年购置成本＋年订货成本＋年保管成本

即：

$$TC = DC + \frac{DS}{Q} + \frac{QH}{2}$$

② 经济订货批量（EOQ）。Q 的最小值 Q_{opt} 可称为经济订货批量（EOQ），是使订货成本与保管成本相等的值，运用微积分，可计算得如下值：

$$Q_{opt} = EOQ = \sqrt{\frac{2DS}{H}}$$

③ 订货点。订货点的确定主要取决于年需求量和提前期两个因素，不设安全库存情况下，订货点计算如下：

$$R = L \times \frac{D}{365}$$

3.5.7 供应链战略库存策略制定方法

(1) 会议研讨法

库存管理人员与供应链管理者、企业决策者进行会议讨论,根据企业库存运营情况、库存量、库存周转率等数据以及历年库存战略进行库存策略制定。

(2) 市场调研法

库存策略制定人员进行市场调研,对供应商、分销商及零售商数据调研,确定市场需求情况,根据市场需求及企业库存状况进行库存策略制定。

(3) 外包法

企业可将供应链战略库存策略制定外包给专业供应链管理企业,外包方根据企业需求与专业测量方式进行库存策略制定。策略制定后要与企业管理人员进行可行性测试,确保策略的专业性与企业适应性。

3.5.8 供应链战略库存实施方案

以下是供应链战略库存实施方案。

方案名称	供应链战略库存实施方案	编　号	
		受控状态	

一、战略库存实施背景

目前市场需求趋于多样化,但企业流动资金有限,且可能有大量资产闲置,无法使得企业效益最大化。为提高企业运营管理、做好现金流衔接、减少库存占用资金、减少库存呆滞品、加速资金周转、做到企业利益最大化,需要对企业供应链进行战略库存管理。

二、库存管理方法

为做到企业战略库存管理,可将企业物资进行分类,使用不同方法进行管理。

1. 对战略性物资,建立自有库存或与战略供应商建立联合管理库存

企业具有核心竞争能力和安全稳定生产的战略性物资,应当建立自有库存或与战略供应商建立联合管理库存,并根据企业发展战略和不同时期经营策略的变化,适时调整库存策略和库存水平。

2. 对重要物资,建立联合管理库存

对影响企业安全稳定生产的重要物资,设置一定规模的库存以防控风险是非常必要的。但由于这类重要物资品种繁多、价值往往高昂,如果都由用户企业独立设置库存,将占用大量流动资金且难以变现。因此,可与长期合作的主力供应商合作建立联合管理库存。

3. 对一般物资，实施供应商寄售库存或零库存策略

一般物资通常市场供应充足，或即使缺货，短时间内也不会对生产建设造成损失。因此，对于这类物资，用户一般无须设置供应库存，而是利用供应商库存或寄售库存，实行零库存策略，随用随购。

三、战略库存实施方式

1. 缩短采购提前期

(1) 建立供应链环境下的客户关系管理

① 调整企业经营理念，树立供应链管理理念，形成适合的企业文化体系。

② 调整组织构架，标准企业内部流程。

③ 建立完善的数据库。

④ 进行客户分析。

⑤ 实施不同的客户管理策略。

⑥ 利用网络和信息技术实现企业间资源共享。

(2) 企业流程再造（Business Process Reengineering，BPR）

企业流程再造是对组织的作业流程进行根本的再思考和彻底的再设计，以求在投入、质量、效率和效能等各项重要的绩效标准上取得卓越改善。

(3) 有效消费者反响

有效消费者反响是通过制造商、批发商、零售商各自经济活动的整合，以最低的投入，最快、最好地实现消费者需求的流通模式。

(4) 平衡线（Line of Balance，LOB）供应商监视

在供给提前期较长，存在推迟交货风险的情况下，可采用 LOB 减小安全库存的数量。

2. 改进生产方式

(1) 精益生产

① 生产设备的布置。设备不是按设备类型来布置，而是根据零件的加工顺序来布置，形成相互衔接的生产线。

② 小批量生产。加快产品周转，减少库存，缩短产品生命周期，多品种混流均衡生产。

③ 缩短作业更换时间。缩短作业时间，增加生产效率。

④ 全面质量管理。通过消除质量问题的生产环节来消除一切次品所带来的浪费。

(2) 准时化生产

在需要的时候，按需要的量生产所需的产品。核心是追求一种无库存的生产系统，或使库存到达最小的生产系统。

① 生产流程化。按生产所需的工序从最后一个工序开始往前推，确定前面一个工序的类别，并依次地恰当安排生产流程，根据流程与每个环节所需库存数量和时间先后来安排库存和组织物流。

② 生产均衡化。在向前工序领取零部件时均衡地使用各种零部件，生产各种产品。通过专用设备通用化和制定标准作业来实现。

③ 资源配置合理化。指在生产线内外，所有的设备、人员和零部件都得到最合理的调配和分派，在最需要的时候以最及时的方式到位。

四、实施库存控制

1. 需求预测

物资需求单位和物流管理部门加强生产、设备管理，提高管理水平和技术能力，根据准确的主生产计划、物料需求计划、能力需求计划在车间控制（物资需求单位）和制造标准配合下做出准确的需求预测，减少不必要的库存。

2. 各节点需求申报

从流程的各个节点上控制物资的需求申报，尽量减少不必要的节点，整合各个节点，缩短物资申报的时间，及时将数据流传递出去。保证各部门各节点间的顺畅和高效率。

3. 实行虚拟库存

在强大数据系统和互联网的协助下，了解产品、原材料、备品备件的市场数据，通过在期货市场上买入一定数量的远期合约代替部分现货市场上的实际采购和库存，而不存放在实物仓库中保存。将库存放在供应商处，降低库存储存与管理风险。

4. 通过 ERP 系统功能共享资源

利用各种渠道消耗现有库存，充分发挥库存的作用，避免出现积压。如果出现积压，要通过各种手段尽快处理积压，解放占用资金。可以根据 ERP 系统的共享数据，使库存可以在同一企业不同部门、同行业不同企业之间调配使用。

执行部门		监督部门		编修部门	
执行责任人		监督责任人		编修责任人	

第4章

供应链采购、供应商、采购合规管理

4.1 采购订单管理

4.1.1 采购订单数据分析报告编写的工具及方法

不规则的采购导致呆废料产生,采购价格过高导致预算超标,供应商供货拖延导致企业生产进度落后,因此需要企业定期对采购订单进行数据分析。

通过采购订单分析企业采购频率、采购数量、采购方式、采购价格、供应商,寻找采购过程中存在的问题。从采购订单数据中,分析采购的规律和特点,从而提升采购效率、提高企业的采购水平。

(1)采购订单数据分析报告编写工具

① Excel。Excel 是数据分析中广泛应用的办公软件,它具备数据操作与处理、图表与图形、公式与函数、数据分析、宏与 VBA 等功能,具体使用步骤如表 4-1 所示。

表 4-1 Excel 工具使用步骤表

使用步骤	具体描述
数据采集	数据分析主要应用到的数据有:采购总额、采购频次、采购物料、运输方式、运输周期、库存件数、供应商数量、供应商规模等
数据录入	采购信息、供应商信息、库存信息的采集,依赖于采购订单信息及时录入,供应商信息及时录入,数据库信息的及时提取,数据分析需要原始真实数据做支撑
数据导入	Excel 数据分析可导入文本数据、Word 表格、Access 数据库数据、Internet 网页数据,要有选择地导入数据
数据加工	运用 Excel 的数据操作与处理、公式与函数等功能对数据进行加工,使数据具有可视化与可读性。整理完毕后,将数据转换为图表或表格形式,对数据进行整体分析
数据分析	采购订单数据分析不仅要掌握采购物料、采购价格、采购数量,还要理解采购流程、供应商、市场行业情况、采购频次、采购喜好等方面

② SPSS。SPSS 是 Statistics Package for Social Sciences(社会科学统计软件包)的缩写,SPSS 有利于处理数据量比较大、字段含有特殊字符的数据。SPSS 具备数据准备、数据整理、统计图形、统计分析方法和模型等功能,具体

使用步骤如表4-2所示。

表4-2　SPSS工具使用步骤表

使用步骤	具体描述
数据采集	采购订单数据分析的数据为××月采购订单统计表，其中共包含九个变量，分别是：采购物料名称、采购单价、采购数量、采购总额、采购频次、供应商名称、交货时间、交货地点、库存剩余量
数据导入	SPSS数据分析需要建立数据文件，将数据导入到SPSS，运用数据排序、变量计算、重新编码、数据分组、数据选取等手段对数据进行整理
数据加工	运用SPSS对采购订单进行分析，主要运用频数分析、方差分析、统计建模等功能来分析企业采购订单的综合状况，分析各个变量的分布特点和相互之间的关系。分析结果可直接导出为Word和Excel格式
数据分析	通过分析了解采购订单当中各变量的取值情况，掌握数据的分布特点。主要是利用采购订单数据表，对不同状况下的采购单价、采购数量、采购总额、采购频次进行频数分析，从而了解采购订单的分布情况

（2）采购订单数据分析报告编写方法

ABC分析法能够分清影响采购订单的主次因素，识别对采购订单起决定性作用的关键因素和次要因素，具体使用步骤如表4-3所示。

表4-3　ABC分析法使用步骤表

使用步骤	具体描述
选择基础数据	分析数据的时间段为20××年××月至20××年××月，主要分析的数据字段包括：采购物料名称、采购单价、采购数量、采购总额、采购频次、供应商名称、交货时间、交货地点、库存剩余量
选择ABC分类	1. 统计出所有采购订单在该时间段的采购量、单价和采购总额，并对每种采购物资制作一张ABC分析卡，填上物资名、采购数量和采购金额 2. 将采购率高的物资划作A类，实行优先管理；将采购率低的物资划为C类，实行一般管理；剩余的一部分物资划为B类，根据实际情况可以进行优先管理或者一般管理
进行优先级排序	将ABC分析卡，根据采购物资品种的不同，按照采购金额的大小依次排列，并根据排列的顺序将各种物资填上物料编号
填写ABC分析表	将ABC分析卡，按照编号填写到ABC分析表中，根据ABC分析表进行统计。根据ABC分析表也可得出ABC分类图

4.1.2 采购订单数据分析报告

以下是采购订单数据分析报告。

报告名称	采购订单数据分析报告	编　号	
		受控状态	

采购订单数据分析报告

一、报告详情

为分析采购方向,减少呆废料的产生,降低采购成本,对20××年××月采购订单的详情进行数据的分析。采购订单数据分析能发挥数据统计的作用,能把分散的数据整合起来进行系统分析,能直观地对某一阶段采购数据进行查看。

20××年××月共签订采购合同____份,订单具体情况如下:

序号	物料名称	供应商	签订时间	付款方式	数量	价格	总额/元	完成率
1	A1	供应商A	××月××日	电子支付	××	××	××	1.00
2	A2	供应商B	××月××日	电子支付	××	××	××	1.00
3	A3	供应商C	××月××日	电子支付	××	××	××	0.00
4	A1	供应商A	××月××日	电子支付	××	××	××	1.00
5	A2	供应商D	××月××日	电子支付	××	××	××	0.00
6	A1	供应商A	××月××日	电子支付	××	××	××	1.00

二、数据分析

1.采购金额分析

物料名称	本月金额/元	上月金额/元	差额/元	百分比/%
A1	××	××	××	××
A2	××	××	××	××
A3	××	××	××	××

20××年××月物料A1的采购总额为____,与上个月的____相比,上升了____%;物料A2的采购总额为____,与上个月的____相比,上升了____%;物料A3的采购总额为____,与上个月的____相比,下降了____%。

20××年××月采购总额为____,其中物料A1占____%,其中物料A2占____%,其中物料A3占____%。

2.采购数量分析

物料名称	本月数额	上月数额	差额	百分比/%
A1	××	××	××	××
A2	××	××	××	××
A3	××	××	××	××

20××年××月物料 A1 的采购数量为____,与上个月的____相比,上升了____%;物料 A2 的采购数量为____,与上个月的____相比,上升了____%;物料 A3 的采购数量为____,与上个月的____相比,下降了____%。

20××年××月采购数量为____,其中物料 A1 占____%,其中物料 A2 占____%,其中物料 A3 占____%。

3. 供应商分析

供应商名称	本月金额/元	供应商百分比/%
供应商 A	××	××
供应商 B	××	××
供应商 C	××	××
供应商 D	××	××
供应商 E	××	××
总计	××	100

20××年××月共计____家的供应商,其中,排行前 5 位的分别是:供应商 A 占____%,供应商 B 占____%,供应商 C 占____%,供应商 D 占____%,供应商 E 占____%。

4. 订单退货分析

物料名称	供应商	退货时间	退货原因	退货处理
A1	供应商 A	××月××日	质量不符合标准	退回供应商处,重新发货
A2	供应商 B	××月××日	数量不对	与供应商协商,补发产品
A3	供应商 C	××月××日	产品损坏	与供应商协商,补发产品
A4	供应商 D	××月××日	包装破损	商品损坏严重的由供应商重新补发

20××年××月共退货____批次,其中供应商 A 退货率占比____%,供应商 B 退货率占比____%,供应商 C 退货率占比____%,供应商 D 退货率占比____%。

三、存在问题

1. 采购方面

企业采购的物料具有很高的相似度,并且同种型号的物料重复购买,不仅浪费了大量的采购时间和资源,而且还降低了采购效率,不利于降低采购成本和降低采购价格。

部分采购员的专业素质较低,对市场形势、企业生产、消费需求缺乏判断力,不能熟练地掌握成本、利润计算的原理,直接影响整体的采购效率。

2. 供应商方面

缺少对供应商的绩效考核,考察内容比较少,只局限于价格、质量等方面,导致供应商的水平参差不齐,在产品交付过程中发生损失。

没有与供应商建立亲密的合作伙伴关系,不能及时地进行信息共享,在合作中导致相互不信任,造成竞争多于合作,供应不能顺利地进行。

供应商应急能力差,对于突发问题或者需求变更,不能及时做出反馈,对质量把控不严,导致退换货频繁发生。

四、改善建议

1. 采购方面

对不同的采购需求进行梳理和归类,针对不同的物资需求情况,制定不同的采购策略。如运输成本较高、生产需求较高、市场需求量大的物资可制定集中采购策略;对于运输成本较低、市场价格变动较大的物资可采取分散采购策略。

明确采购员的权利和义务,按照采购活动明确各部门的分工,加强对采购员的培训,提高采购员的专业知识和能力。

采购不仅追求价格、成本上的优惠,还要综合考虑技术、质量、服务、管理等多方面的因素,短期追求采购低价不仅会降低物料质量,还会导致恶性竞争,不利于企业长远发展。

2. 供应商方面

完善供应商绩效考核制度,全面地评估供应商,筛选合格供应商。对于供应商数量较多的企业,可使供应商之间保持合理竞争,筛选出最合适的供应商。对于供应商数量较少,物资重要性比较高的情况,要与供应商达成战略合作伙伴关系,维持长久的合作关系。

五、总结

以上是企业20××年××月的采购订单数据分析情况。采购策略是一个长期、复杂的工作,需要在今后的工作中不断地优化、改善和提升。我部争取在今后的采购过程中不断加强与各部门之间的联系,提高自身采购水平,提高现有的工作效率。

编写人员		指导人员	
主送部门		抄送部门	
报告意见			

4.1.3 供应商绩效分析方法

供应商绩效分析的目的在于运用科学的方法来分析供应商在供货上的工作行为和工作效果。进行供应商绩效分析可使用直接指标法。

直接指标法是指可使用质量、价格、交付、服务、管理能力、财务能力等指标来衡量供应商的绩效,评估结果可作为对供应商进行评估的主要依据,具体内容如表4-4所示。

表4-4 供应商绩效评价表

指标类型	具体指标	内容说明
质量指标	物资合格率	物资合格率=(合格件数/抽样件数)×100%
	退货率	退货率=(退货数/交货数)×100%

续表

指标类型	具体指标	内容说明
交货指标	交货准时率	交货准时率是企业考核供应商交货情况的指标,其公式如下。 交货准时率=(按时按量交货的实际批次/订单确认的交货总批次)×100%
交货指标	订单变化接受率	订单变化接受率是衡量供应商对订单变化的灵活性反应,其公式如下。 订单变化接受率=(订单增加或减少交货数量/订单原定交货数量)×100%
价格指标	平均价格比率	平均价格比率=(供应商的供货价格/市场平均价格)×100%
价格指标	最低价格比率	最低价格比率=(供应商的供货价格/市场最低价格)×100%
价格指标	付款	供应商是否积极配合响应企业提出的付款条件,开出的票据是否准确、及时,符合有关国家及企业的财税要求
服务指标	配合态度	对订单、交货、质量投诉等反应是否迅速,对退货、换货等是否及时处理
服务指标	沟通情况	是否有合适的人员与企业沟通,沟通的办法、技巧等是否符合企业的要求
服务指标	售前售后服务	是否主动征询企业的意见、主动解决或预防问题
服务指标	参与开发	是否参与企业的开发项目、参与企业的产品或业务开发过程
服务指标	失信程度	失信率=(期内失信次数/期内合作总次数)×100%
管理指标		供应商的管理水平、生产工艺等方面的考核

直接指标法的优点在于通过若干指标直接对供应商进行评估,节省了人力物力成本。缺点在于运用直接指标法,不能对供应商进行全面的评估,还需要加强对供应商资料的收集和管理。

4.1.4 供应商绩效分析报告

以下是供应商绩效分析报告。

报告名称	供应商绩效分析报告	编 号	
		受控状态	

供应商绩效分析报告

一、概述

1. 供应商情况

为明确各供应商的供货绩效,评估出优秀的供应商,调动供应商提高供货质量和提供更好的服务,采购部于20××年××月展开第____季度的供应商绩效评估,本次参与绩效评估的供应商共____家。

采购部对供应商进行绩效分析,企业目前共有供应商____家,合格供应商共有____家。采购部于20××年××月至20××年××月根据供应商的供货情况和供货服务,对企业所有供应商进行绩效评估。

绩效评估的主要内容包括:供货质量、供货价格、供货时间、供货方式、供货服务、供应商财务情况和供应商的管理能力等,对各项内容按照绩效指标分别进行打分。

根据绩效分析结果,其中评为A级供应商、评分在90~100分之间的供应商共有____家;其中评为B级供应商、评分在80~89分之间的供应商共有____家;其中评为C级供应商、评分在70~79分之间的供应商共有____家;其中评为D级供应商、评分在70分以下的供应商共有____家。

2. 采购订单情况

采购部于20××年××月至20××年××月共产生____张采购订单,采购订单由采购部门进行保管。对供应商的每批来料进行了检验,并根据检验情况填写了"进货检验记录",对于不合格的来料,由采购部根据不合格的严重性评审后,决定是否退回供应商,并采取相应的整改措施。

由生产部对每批到货时间、质量情况进行了记录,填写"供应商到货情况表",以便每年对供应商业绩进行打分,选定合格供方。

3. 到货情况

20××年××月至20××年××月,共计到货____批,按时到货____批,合格____批,不合格____批。对于不合格的物料已向相应供应商发出"退换货物料清单",要求其立即采取纠正、整改措施,改进质量,确保以后供货物料不会再出现类似情况。

二、存在问题

1. 20××年××月至20××年××月的供应商绩效分析中发现,____批次的物料不合格率和退货率比较高,不合格率高达____%以上,退货率高达____%以上。

2. ____批次的物料价格高于市场平均水平,超出采购预算____万元;____批次的物料价格低于市场平均水平,但质量合格率在____%以下。

3. ____批次的物料供应商没有及时送达,延误了企业生产计划;____批次的产品包装破损,与供应商协商换货。

4. ____家供应商经营状况不善,资金周转失灵,____批次的物料无法送达,在重新挑选供应商、运输物料中浪费了大量时间。

5. ____家供应商为节省成本,更换物料的原材料,没有及时通知到企业,企业生产的产品出现无法使用的状况,产品退换货率提高。

6.____家供应商的生产能力低下,不能满足生产,只能取消订单;____家供应商资质不够,很多物料无法提供。

7.____家供应商的售后服务不到位,对于需求的变动和突发问题不能及时做出反应;售后服务态度差,不能提供良好的售后服务。

三、原因分析

1.供应商选择不当。只在有需求的时候才会去选择相应的供应商,没有对供应商进行充分的调查和详细的了解,导致供应商良莠不齐。

2.缺乏完善的绩效评估体系。供应商的评估标准不准确,导致评估结果错误,不能筛选出合格的供应商,供货质量问题层出不穷。

3.思想观念错误。把供应商当成外部的供货者甚至是竞争者,没有考虑到供应商与自身的关系,没有与其建立起良好的战略合作伙伴关系,只注重短期的利润,忽视企业长远发展。

4.缺乏有效监督。对于供应商的运营状况、资金运转情况不了解,无法保证供应商的生产能力和物资质量。

5.供应商售后服务不周到、不全面。供应商没有制定配套的应急措施,对于突发问题无法及时做出应对,导致服务体验感差。

四、改善建议

1.建立完善的供应商绩效考核评价体系,对供应商进行分级管理

对于 A 级供应商,加大采购量或给予一定的奖励,经采购管理小组认定为特别优秀的供应商可享受优先采购的待遇。

对于 B 级供应商,正常采购,要求其对不足进行改进。

对于 C 级供应商,要求其对不足部分进行整改,并将整改结果以书面形式提交,采购管理小组对其提交的措施进行确认,决定是否减少采购量。

对于 D 级供应商,需从"合格供应商"名单中删除,并停止采购,终止合作。

2.与供应商建立良好的合作伙伴关系

加强与供应商的沟通,明确合作的目标,制订为达成目标的合作计划,提高采购工作效率。

通过对供应商月度、季度、年度的考核,及时向供应商反馈其整改措施,并尽可能参与到供应商的生产整改过程中,与供应商共享最新技术成果,缩短产品研发的周期,与供应商共享管理经验,提升双方的管理水平。

3.建立完善的供应商选择体系

建立完善的供应商选择体系,完善供应商选择制度,规范供应商选择工作,确定科学的选择标准,确保选到合适的供应商。

建立供应商选择评审小组,完善供应商初审和复审体系,确保选择的供应商能满足企业的要求。

在供应商选择过程中,控制供应商评审工作,避免企业在选择供应商的过程中出现舞弊等违规行为。严格控制供应商的质量认证工作,确保选择的供应商具有较强的履约能力,保证从供应商处获得一流的质量、优惠的价格和优质的服务。

五、报告总结

1. 本次考核了____家的供应商,合格率达到____%,剔除了____家的供应商,通过本次绩效考核的推行,大大提高了企业供应商的水平。

2. 寻找合适的供应商是一个长期、复杂的过程,需要在之后的采购过程中不断完善供应商的绩效考核体系,进一步提高采购效率,加强采购管理。

3. 采购部工作人员在之后的采购工作中要按照制定的供应商绩效考核体系去评估供应商,让绩效考核成为每月的常规工作。

以上是20××年××月至20××年××月供应商绩效考核管理的工作详情,请各级领导审阅并做出下一步的指示。

编写人员		指导人员	
主送部门		抄送部门	
报告意见			

4.2 供应商管理

4.2.1 供应商信息采集与处理方法

(1) 供应商信息采集方法

供应商信息采集是指通过各种方法采集供应商的相关信息。常用的供应商信息采集方法包括以下三种。

① 网络采集法。通过直接访问供应商专业网站、竞争对手网站、各类电子商务网站采集供应商信息。网络采集法能采集到多种供应商信息,但需要对供应商进行信息的甄别和判断。

② 媒体采集法。通过发布会、展览会、新闻媒体等渠道采集供应商信息。媒体采集法能采集到各种供应商的信息,但需要识别符合条件的供应商。

③ 调查采集法。通过走访、问询等方式采集供应商信息。调查采集法能摸清供应商的基本情况,筛选合适的供应商,但需要花费大量的时间成本来采集。

(2) 供应商信息处理方法

供应商信息收集完毕之后,要对收集到的信息进行处理,常用的供应商信息处理方法包括以下3种。

① 信息分类法。根据供应商信息资料的特点按一定的原则和方法把供应商信息分门别类地组织起来,特点相同的供应商信息归为一类。

② 信息筛选法。从众多供应商信息中剔除重复的供应商信息，选择有用的供应商信息，并对供应商信息进行取舍，选择时间最近的供应商信息，对同类供应商信息进行比较，侧重选择供应商信息量大的信息。

③ 信息分析法。对筛选出来的供应商信息进行提炼。按不同的领域如政治、经济、社会等对供应商信息进行分析，运用定量分析和定性分析的方法对供应商信息进行分析。

4.2.2 供应商选择工具及方法

（1）供应商选择工具

企业在选择供应商的过程中，可使用不同的工具，常用的选择工具有供应商评估选择表。

① 评估选择步骤。供应商评估选择表的评估选择步骤如表4-5所示。

表 4-5 供应商评估选择步骤表

实施步骤	具体实施
成立评估和选择小组	组织成立供应商评估和选择小组，小组成员主要包括采购部、物流部、仓储部、研发部等部门的工作人员
确定供应商名单	将各种渠道收集到的供应商信息整合起来，存入到供应商信息库中，从数据库将供应商信息筛选出来，确定备选供应商名单
确定评估指标和权重	1.建立供应商的各项评估指标，并设定相应的权重，根据各指标的权重计算供应商的供货能力和供货服务 2.评估指标主要包括供货质量、供货价格、技术水平、供货交付、管理能力、财务状况
评估供应商的综合实力	分析比较供应商的评估结果，综合考虑各方面的因素，考察供应商的生产能力，确保供应商的生产能满足企业的生产需求；考察供应商的经营状况和信用，评估供应商的稳定性和长远发展能力
确定合格供应商名单	综合多方面的考核和评估，选择合格的供应商

② 评估选择要素。供应商评估选择表的评估选择要素如表4-6所示。

表 4-6 供应商评估选择要素表

评估指标	评估内容
供货质量	1.供应商提供的物资质量是否符合采购合同规定的质量标准 2.供应商提供的物资是否能够满足企业的生产需求

续表

评估指标	评估内容
供货价格	1. 供应商提供的价格是否符合市场同类型产品的平均价格标准 2. 供应商是否及时告知因市场变化而调整后的物资价格 3. 供应商的价格是否有下降的空间
供货交付	1. 供应商是否按照采购合同规定的时间内将物资送达企业 2. 供应商是否按照合同规定的数目交付物资 3. 供应商物资的破损率是否在合同规定范围之内
供货服务	1. 采购前,供应商是否对产品进行详细的说明和提供周到的服务 2. 采购过程中,能否对需求的变动快速反应,提供预案 3. 采购后,出现问题是否能够及时解决,服务态度是否满意
管理能力	1. 供应商的管理能力和管理水平是否符合招标采购要求 2. 供应商的企业文化和团队是否契合企业的发展
财务状况	1. 供应商的供货和资金周转是否正常运行 2. 供应商的资信是否通过审查

③ 评估与选择计算方法。供应商评估与选择计算的基本思路如下。

第一,列出评估与选择需要的指标并确定每个指标的权重。

第二,对供应商的各项指标进行打分。

第三,所得分数与各项指标权重相乘,得出一个最终分数。

第四,根据供应商的得分情况进行排序,然后进行供应商选择。

④ 评估与选择案例。供应商的评估与选择案例如表 4-7 所示。

表 4-7 供应商评估与选择案例表

评估指标 A	指标权重 B	评估数值 C			
		供应商 E	供应商 F	供应商 M	供应商 N
供货质量	9	5	6	7	8
供货价格	8	8	7	6	5
供货交付	7	6	7	5	6
供货服务	7	7	6	8	8
管理能力	5	4	6	8	7
财务状况	5	4	7	8	7
综合得分 B×C 后累加		240	266	282	280

（2）供应商选择方法

由采购部门对各类物资供应商进行选择，选择的方法多种多样，具体的选择方法如表 4-8 所示。

表 4-8 供应商选择方法表

选择方法	具体描述
直观判断法	实施：根据调查到的供应商信息，采购部门结合采购主管和采购人员的分析判断，对供应商来进行分析、评价
	优点：采纳具有多年采购经验的人员的意见直接做出判断，节省大量的选择时间
	缺点：基于人的主观判断做出的决定，具有很强的主观性，用于选择次要物料的供应商
招标法	实施：当采购数量较大，可选择的供应商数量较多时，可选择招标法来选择供应商。由企业发布招标通知和招标条件，符合条件的供应商提交招标书，企业根据各供应商的招标书进行判断，综合选择最有利条件的供应商
	优点：广泛地吸引更多的供应商参与招标活动，强调竞争性和公正性，最终获取更有利、更适合的供应商
	缺点：招标、选标、中标的时间长、手续复杂，不适合紧急物资的采购
协商选择法	实施：当合适的供应商较多时，企业可选择有利条件的供应商，同供应商进行协商，然后再确定最合适的供应商
	优点：协商选择法可以让双方进行充分的协商，保证物资的质量、交期和服务
	缺点：供应商选择限定在一定范围内，不一定是最有利的供应来源
采购成本比较法	实施：对质量、服务、交付等条件同等的供应商，选择供应商的时候可通过计算采购成本来选择合适的供应商，采购成本主要包括物料、运输、包装、人工等费用
	优点：采购成本比较法能节省企业采购成本，提高采购效率
	缺点：需要较长的时间筛选同等条件的供应商

4.2.3 供应商选择流程

选择合适的供应商并对其进行评估，确保为企业提供合格的产品与服务。具体流程如图 4-1 所示。

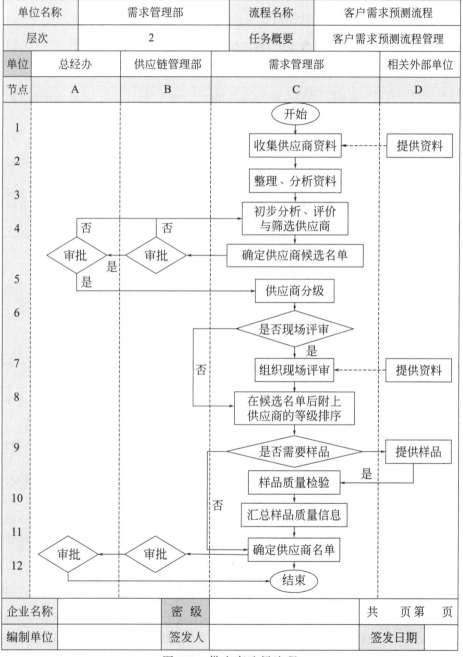

图 4-1 供应商选择流程

4.2.4 供应商合同管理方法

(1) 供应商合同起草法

供应商合同起草法是采购部在起草合同的时候,要注意合同所包含的内容。主要包含以下三个方面,具体如表 4-9 所示。

表 4-9 供应商合同起草内容表

合同	内容构成
首部	合同名称、合同编号、商品号别、签订地点、签订日期、买卖双方的名称和地址、合同序言
正文	商品的名称、规格、型号、等级、单位、数量、单价、总价;货物质量要求;包装运输要求;交货时间、地点、方式;验收标准及验收方法;付款方式;产品的售后服务;违约责任及赔偿;解决争议的办法
尾部	合同的份数、附件与合同的关系、合同的生效日期和终止日期、双方的签字盖章、合同的签订时间

(2) 供应商合同审核法

供应商合同审核法是为了规范合同签订管理工作,维护企业的合法权益。内容具体如表 4-10 所示。

表 4-10 供应商合同审核内容表

合同	内容构成
合同审核要点	合同主体是否适合;合同目的是否正当;合同内容、合同形式及程序是否合法
合同审核要求	1. 合同的受理。采购部门应及时将拟定的合同送交行政部进行审核。送交拟签合同文本时,应附送相关材料 2. 审核意见审批。法务部负责合同审核工作并提出审核初步意见,经行政部经理复核后,报企业主管负责人审批 3. 审核意见反馈。经企业领导批准后,合同审核部门应及时将审核意见书面反馈至采购部门,并将送审合同文本原件、相关材料退回业务部门 4. 审核重大经济合同应召开合同审核专题会议,实行集体审核
合同审核时限	合同的审核在合同初稿及相关有效材料齐全的情况下,标的在____万元以内的合同,一般不超过____个工作日;标的在____万元至____万元以上的合同,一般不超过____个工作日;对____万元以上特别重大的合同,一般不超过____个工作日

4.2.5 供应商开发方法及工具

（1）供应商开发方法

常用的供应商开发方法是雷达图分析法。雷达图分析法可以帮助企业分析供应商的整体情况，使企业掌握供应商的各项基本情况，然后判断供应商不足之处，以便更好地开发供应商。

雷达图分析法使用雷达图来进行分析，雷达图由中心点引出的若干等距离放射线及其之间的联系组成，其中每个放射线代表一个指标，线上的点代表该项指标的得分，具体如图4-2所示。

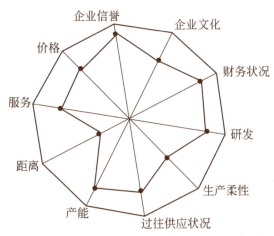

图4-2 供应商开发雷达分析图

① 雷达图开发供应商的基本步骤。雷达图开发供应商的基本步骤如图4-3所示。

第一步	第二步	第三步	第四步	第五步
确定需要分析的对象和分析的目的，确定要进行评价的指标，这些指标应当易于定义分值，并且和供应商的质量密切相关	根据所选择的指标数量，从中心点出发，在图上画出同等数量的等距放射线，并使放射线之间的角度相等，在每根放射线的尽头标注各指标的名称	在每根放射线上标注出等距离的刻度，研究每一个指标可能的水平等级，以明确的数字区分水平等级	对不同的供应商的各类指标进行打分，并且在雷达图上描绘出来，连接各点，作出各个供应商的评价雷达图	运用雷达图分析结果，并选择雷达图分布最均衡、连线面积最大的供应商

图4-3 雷达分析步骤图

② 雷达图开发供应商的标准。雷达图开发供应商的标准如图 4-4 所示。

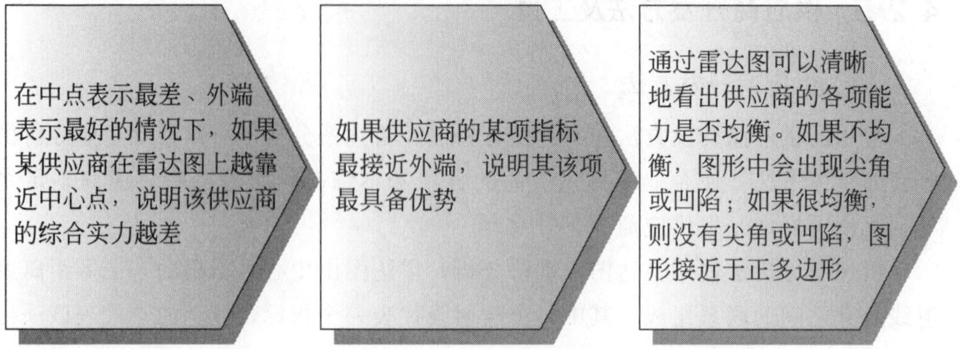

在中点表示最差、外端表示最好的情况下，如果某供应商在雷达图上越靠近中心点，说明该供应商的综合实力越差

如果供应商的某项指标最接近外端，说明其该项最具备优势

通过雷达图可以清晰地看出供应商的各项能力是否均衡。如果不均衡，图形中会出现尖角或凹陷；如果很均衡，则没有尖角或凹陷，图形接近于正多边形

图 4-4　雷达分析标准图

（2）供应商开发工具

使用供应商开发表来开发潜在和已有的供应商，具体参照表 4-11 所示。

表 4-11　供应商开发表

供应商基本信息	企业名称		厂址			
	成立日期		占地面积		企业性质	
	负责人		联系人			
	电话		传真		E-mail	
	企业网址					
生产技术设备信息	主要产品及用途					
	检测仪器校对情况					
	主要生产线					
	设计开发能力					
	正常生产能力					
	最大生产能力					
	正常交货周期					
	最短交货期及说明					
产品信息	主要产品及原材料					
	产品介绍					
	产品遵守标准	□国际标准		□国家标准	□行业标准	□企业标准
	产品认证情况					
	产品销售区域					

续表

人员信息	企业总体职工数	
	管理人员数	
	技术人员数	
	质量管理部人数	
财务信息	固定资产净值	
	营运资金	
	资产负债率	
	短期负债	
	银行信用等级	
调查时间	____年____月____日	调查人
部门主管签字		

4.2.6 供应商进行认证与分级方法

（1）供应商认证方法

① 测试认证法。采购员需要通过现场认证的供应商提供样品，并对该样品的质量和技术情况进行检验，测试认证的程序如图4-5所示。

步骤1 签订试制合同	步骤2 准备样品	步骤3 评估样品	步骤4 确定样品供应商
采购部应与供应商签订试制合同，合同必须阐明供应商需无条件遵守保密规定，确保技术和设计资料的安全	采购部应要求供应商在规定时间内提供符合要求的样品，并对认证项目进行协调监控，以便在遇到突发事件时能够及时提出解决对策	采购部组织技术、设计、工艺、质量管理等相关部门成员组成评估小组，对样品的性能、质量、外观等进行综合评估	根据采购物资的不同要求，选择适宜数量的供应商，以满足采购活动中降低采购成本或保护企业的技术机密的要求

图4-5 测试认证法程序图

② 中试认证法。采购员需对通过试制认证的供应商进行中试认证，评价供应商的产品质量和成本状况，中试认证的程序如图4-6所示。

③ 批试认证法。批试认证的目的是使系统设计方案具有大规模生产的可能

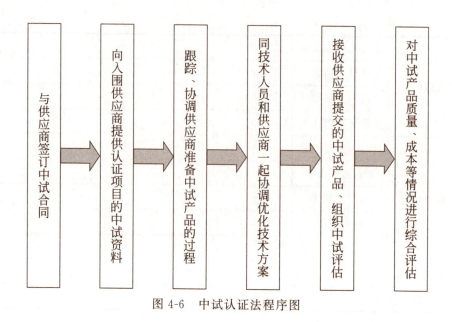

图 4-6 中试认证法程序图

性,同时寻求产品质量稳定性和可靠性的解决方案,具体步骤如图 4-7 所示。

图 4-7 批试认证法步骤图

（2）供应商分级方法

运用 ABC 分级法对供应商进行分级管理,供应商的分级需要评估出各项指标的评分，然后根据各项评分计算总分。供应商的分级评估标准参照表 4-12 所示。

表 4-12　供应商分级评估标准表

评分标准	权重	评分
批次合格	40 分	每让步接受 1 次扣 5 分，退货 1 批扣 8 分；出现退货三次或让步五次的直接列入不合格供应商，进入供应商替换环节
来料质量投诉	20 分	生产线对来料质量投诉每次扣 2～5 分，市场对来料质量投诉每次扣 5～10 分，扣完为止；当月生产线、市场对来料质量投诉计入当月来料质量考评
交货及时率	20 分	交货准时配合度良好 20 分，每延期一次扣 2 分，扣完为止；交货及时率确认方式：依据采购部交货及时率汇总表
服务态度	5 分	返工、退货配合度不好，处理不彻底每次扣 2 分，扣完为止
品质改善及时性和效果	15 分	同一不良现象处理不及时或效果不佳每次扣 2 分，文件未按指定时间回复每次扣 1 分，回复不具体、不确实每次扣 2 分，扣完为止

根据供应商分级评估标准，划分供应商级别，制定不同的应对办法。

① A 级。

得分：90～100 分。

应对措施：新订单优先选择，增加采购订单，优先付款，连续 3 个月被评为 A 级，减少抽检数量或免检。

② B 级。

得分：80～89 分。

应对措施：维持正常采购，对供应商发出品质、交期警告，要求 1 周内提出改善计划，确认改善行动的有效性。

③ C 级。

得分：70～79 分。

应对措施：减少订单量或停止采购，要求 1 周内提出改善计划，1 个月内解决主要品质、交期问题，如供应商不配合，经评审仍无改善者，取消供应商资格。

4.3 采购管理体系制定

4.3.1 企业采购制度设计

采购制度体系能规范采购员的采购行为,使企业的采购行为更加规范化、制度化。根据企业采购管理需求,循序渐进地设计出符合实际情况、利于执行的采购制度体系,有效地推行制度化管理。

采购制度体系内容包括采购计划与预算制度、供应商的管理制度、采购招标制度、采购价格与成本制度、采购谈判与合同制度、采购质量与交期制度、采购绩效与稽核制度。采购制度体系构建如图 4-8 所示。

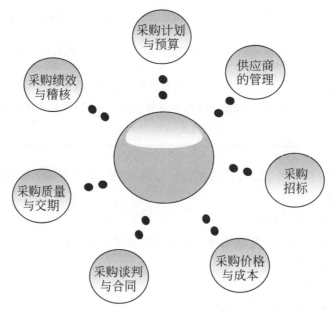

图 4-8 采购制度体系构建图

(1) 采购流程体系构建说明

① 采购计划与预算制度。采购计划与预算制度的建立能够帮助企业管理人员了解市场供求情况,了解企业生产经营活动过程,在掌握物料消耗规律的基础上,对计划期内的物料进行采购活动管理和采购预算管理,以提高资金利用率,降低采购成本。

② 供应商管理制度。供应商管理制度的建立能够帮助企业通过评估筛选出最佳供应商,保证供应商提供的产品能够满足企业的要求,促使企业产品质量的

稳定和提高，确保选择的供应商在保证质量的基础上提出合理的价格，以降低企业的采购成本。

③ 采购招标制度。采购招标制度的建立能够加强和规范企业招标工作，保护企业和招标活动当事人的合法权益，保证采购物资价格的合理性，符合规定的质量和交期要求。

④ 采购价格与成本制度。采购价格与成本制度的建立能够规范采购价格，控制采购浪费，确保物资保持较高品质和合理价格，降低采购成本，提高企业经济效益。

加强采购成本管理，可降低采购成本消耗，提高企业的市场竞争力。

⑤ 采购谈判与合同制度。采购谈判与合同制度的建立可规范采购谈判的过程及具体事项，节约采购费用，降低采购成本。加强采购合同管理工作，能防范合同采购风险，维护企业利益。

⑥ 采购质量与交期制度。采购质量与交期制度的建立能有效控制采购物资质量，确保采购物资符合本企业生产经营要求，减少因资源供应不足导致的项目延期，使项目团队能够及时获得项目过程活动必需的物资或服务，确保项目进程的连续性。

⑦ 采购绩效与稽核制度。采购绩效与稽核制度的建立能保证企业所需的物资能够得到保质、保量、及时的供应，提高采购员的工作积极性和绩效，规范采购人员行为，提高采购活动的规范性。

（2）采购制度体系构建重点

① 立足实际。分析企业所处的特定阶段、经济社会政策环境、人员现状与管理水平等因素，掌握企业现行的采购管理环境。

② 学习先进思路。分析成功经验和先进理论，学习先进采购管理制度体系构建思路，结合企业实际情况，设计适合企业特点的采购制度。

③ 协调发挥整体性能。整个采购管理制度体系各模块相互协调，共享采购管理信息库，有效发挥采购制度整体效能，为战略目标实现提供保障。

④ 构建采购制度体系。从单一制度模块转向制度体系创建，按采购管理各职能模块，贯彻采购战略，构建适合企业发展的采购管理制度体系。

（3）采购制度体系构建步骤

采购制度体系构建步骤如图4-9所示。

4.3.2 采购流程设计

为规范采购各环节操作流程，加强采购管理、提高工作效率，保障企业正常

步骤	说明
明确问题	制定制度的目的在于预警性的规避问题的出现，或将问题及危害控制在一定范围内，保证企业经营正常
角度定位	制度设计人员在设计或修订制度时站对立足点，如战略角度、管理角度、业务角度、人员规范角度
调研访谈	制度设计人员应进行调研访谈，了解企业实际存在的、业务运作过程中出现的、需要解决的问题等
统一规范	一套体系完整、内容合理、行之有效的企业管理制度应达到"三符合""三规范"及其他要求
制度起草	明确制度类别，确定制度风格，明确制度目的，在调研的基础上进行制度内容规划，拟定草案，并进行制度格式标准化
制度定稿	制度草案制定完成后，需通过意见征询、试行等方式获得相关建议，发现不足和纰漏，并进行修改完
制度公示	制度要为企业运营和发展服务，企业应以适当方式向全体员工公示，以示制度生效，便于员工遵守执行

图 4-9 采购制度体系构建步骤图

运转与成本节约等，企业需设计采购流程体系。

采购流程体系包括采购计划和预算、采购谈判和验收、采购结算与成本控制、供应商的管理等关键内容。

（1）采购流程体系构建说明

① 采购计划和预算流程。主要是根据市场预测，科学评估生产及销售量，进而确定采购计划，结合企业整体预算平衡采购预算。

② 采购谈判和验收流程。主要是确定合理的采购价格，严格把控采购与优化采购自谈判至验收过程的中间作业环节。

③ 采购结算与成本控制流程。主要是按实际验收情况结算，按合同付款。围绕采购预算设计采购成本控制相关程序。

④ 供应商的管理流程。主要是建立统一的供应商选择评估标准和考核评级标准。

（2）采购流程体系设计重点

企业在设计采购流程体系时，要注意以下五个方面。

① 流程体系的合理性。整体流程结构设计若不合理，企业会因缺乏整体规划忽略对采购成本控制和供应商的管理模块的流程设计，导致采购流程系统性、完整性缺失。

② 流程体系的相关性。采购业务与企业生产、销售等工作息息相关，采购流程在设计时容易忽略与其他业务的衔接，导致采购流程执行困难、协作不畅，影响工作效率。

③ 流程体系的针对性。采购流程针对性不强，企业决策者容易脱离实际业务操作，从采购实操入手进行设计可有效解决实际问题、优化流程步骤、提高工作效率。

④ 流程体系的明确性。流程执行主体不明确或职责划分不明晰，导致流程无法执行、管理混乱等问题。

⑤ 流程体系的关键性。流程关键决策节点、阶段的决策、审核、考核等配套设计缺失或设计不当，导致采购流程的控制力度不足。

4.4 战略寻源策略制定

4.4.1 供应商战略寻源主要内容与流程

（1）供应商战略寻源主要内容

供应商战略寻源是指采购部综合外部市场环境、企业内部环境及供应商所处的环境，为实现企业的采购战略目标，确定供应商的管理目标，制定供应商战略规划，组织实施的一个动态管理过程。

随着定制生产、灵活生产、敏捷生产，传统的供应商的管理模式已不适合企业的发展，大多数企业从追求简单的购买行为，走向建立战略合作伙伴关系的道路。

供应商战略寻源主要包括以下 7 个方面的内容，具体如表 4-13 所示。

表 4-13 供应商战略寻源表

内容	详细说明
建立采购类别	按照不同的标准对采购物资进行分类,明确采购物资类别,常见的分类标准有:供应商、制造过程、规格、制造技术、用途
建立支出分析	1. 分析采购支出:分析直接物资和间接物资的采购支出情况,分析物资清单 2. 分析供应商:对所有供应商按金额进行分类排序。通过供应商的采购额排序,识别供应商采购支出水平
建立需求分析	1. 掌握客户真正的需求,整理需求的特征,根据库存情况制定需求预测 2. 确定企业的采购需求,包括对产品和供应商的需求
建立供应市场需求	了解供应商的能力和发展前景,了解供应商的优劣势,了解供应商的竞争对手信息,了解供应商市场,制订有利的谈判计划
制定采购策略	与供应商发展长期、稳定的关系来获取技术支持和较大的价格折扣,扩大产品竞争优势和销量
选择供应商或议价	1. 评估所有潜在的供应商,根据评估结果,确定合格供应商名单 2. 与供应商进行沟通谈判,双方谈判顺利结束后,签订采购合同
管理供应商绩效	管理供应商绩效,评估供应商的供货服务和供货水平,评估供应商的总体产品知识、功能系统、研发及生产过程等,实现运营优化

（2）供应商战略寻源流程

供应商战略寻源流程可指导企业根据采购服务和供应商的不同,选择合适有效的采购降本方法,实现企业赋予的节约采购成本的使命。供应商战略寻源流程如图 4-10 所示。

4.4.2 供应商战略寻源方案编制方法

（1）市场调研法

① 调查供应商情报。对供应商的基本情况进行调查,主要包括供应商的名称、联系方式、供货能力、地址、产品类型、产能、供货价格、产品质量等。

通过供应商基本情况的调查,分析供应商的管理水平和财务能力,分析供货

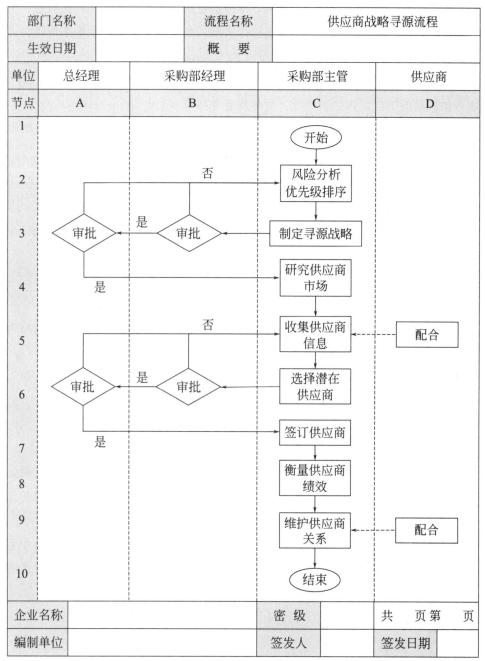

图 4-10 供应商战略寻源流程

产品的价格、质量、规格,分析供应商的地理位置和物流情况。

② 调查市场情报。调查市场的规模、饱和度、市场需求,调查市场行情以及发展前景,调查市场环境、市场中供应商的情况。

通过市场调查，对市场进行分析，帮助企业制定采购策略以及产品策略、生产策略。确定市场的类型，确定市场总体水平，并根据整个市场水平来选择合适的供应商。

③ 调查产品情报。调查产品生产设备、生产工艺、生产技术、生产成本，调查供应商的生产流程、生产线、质量规范等环节。

通过对产品的调查，企业可以知道产品的销售潜力，判断产品在市场上的排名，制定精准的采购战略和采购计划。

（2）战略制定法

① 统计采购支出。采购支出是指采购实际付出的金额及总的拥有成本。企业采购支出的数据统计，很多时候会出现数据遗漏、数据不全及数据不准确等问题，不能为采购策略制定提供科学的依据。

② 采购需求分析。对某一种类物料的需求进行分析，识别需求改善、需求整合与集中的机会。

③ 供应市场分析。分析物料的竞争状况及未来的竞争趋势，为采购策略的制定提供依据。

④ 供应商评估与选择。对潜在的供应商经过初步筛选、第二次筛选、第三次筛选、供应商审核与认证等过程后将其纳入合格供应商体系。

⑤ 供应商转换。供应商转换是否顺利，直接影响到采购策略的实施，同时还会影响企业生产运营、产品质量及供应商管理。

⑥ 供应商的管理策略。针对供应商，从战略、职能及操作层面上分别制定差异化的供应商的管理策略。对战略协作型供应商，应主动建立、发展和维护与供应商的战略协作型关系，订立协作的策略与规程。

⑦ 供应商管理。对供应商应订立正式的供应商的管理流程与制度，其中包括供应商的绩效评估指标与机制。供应商绩效评估的指标体系应涵盖影响总的拥有成本的各个环节，同时还要体现各环节的相对重要性。

4.5 采购合规体系制定

4.5.1 供应商行为准则

以下是供应商行为准则。

准则名称	供应商行为准则		受控状态	
			编　号	
执行部门		监督部门	编修部门	

第1章　总则

第1条　为了规范供应商的行为,规范供应商市场,提高供应商的供应水平和供货服务,保证企业的生产,特制定本准则。

第2条　本准则适用于企业所有供应商工作的管理。

第2章　禁止聚会

供应商为达到供货目的,私下邀请采购招标人员或采购负责人参与聚会、签订采购合同或者获取竞争者信息的行为,不仅造成不正当竞争,而且严重影响企业形象。作为合格的供应商,要严格约束自身行为,做到以下四点。

第3条　供应商要按照正常的工作流程参与企业招标活动,不得私下联络企业采购人员,不得举办私人聚会邀请采购人员参加以便获取商业机密。

第4条　供应商不得使用金钱或者其他经济手段贿赂企业采购或招标人员,不得委托采购相关负责人利用职权或者影响力影响供应商的选择,不得使用金钱获取交易机会或者竞争优势。

第5条　供应商绩效考核期间,不得以合作名义邀请考核人员参加聚会,提前获取考核成绩或者考核结果。

第6条　剔除出"合格供应商"名单的供应商,不得私自联络采购负责人,不得使用贿赂等手段要求重新恢复供应关系。

第3章　禁止欺骗

第7条　供货产品。

供应商不得擅自使用与他人相同的包装、名称、标志;不得提供残次、质量不达标、过期的产品;不得对产品的质量、性能、使用情况、客户评价等进行虚假宣传,误导企业进行采购。

第8条　供货主体。

供应商不得擅自使用他人的企业名称、宣传介绍、网站等,不得利用有影响力的供应商的名义进行招标活动。

第9条　供货行为。

供应商不得传播、捏造虚假信息,影响企业形象,损害企业信誉;不得隐瞒过往处罚;不得通过虚假交易行为,进行招标活动。

第4章　禁止以次充好

产品的质量是供货的关键,合格的供应商应做到以下六点。

第10条　供应商的供货不得出现以次充好、滥竽充数等现象,如若发现此类行为,立即要求退换并把供应商纳入黑名单。

第11条　供应商应取得质量管理体系证书,并保证提供的物资质量符合企业采购合同规定的质量标准。

第12条　供应商要建立完善的质量管理制度,提供满足企业生产需求物资,确保提供稳定、合格的产品。

第13条　供应商不得随意变更供货产品的原材料,如需变更,需要在变更前通知企业,经过企业同意后方可变更。擅自变更原材料造成企业损失的,由供应商承担全部责任,并解除与供应商的合作关系。

第14条　供应商每次供货前,必须要对产品进行自检,检验合格后方可交付产品,产品交付时必须提供产品的出厂检验报告单和合格证,没有合格检验报告的产品,企业有权拒绝接受,并追究供应商的延迟责任。

第15条　供应商提供的产品,质量不合格率必须控制在____%以内。不合格率在____%以上的产品,企业可以无条件退货,并且将追究供应商的责任。

第5章　禁止违规操作

供应商在经营活动、日常管理、招标活动、供货送货、处理问题过程中,都不能违背企业的相关制度和规定,具体内容如下。

第16条　供应商不得未经企业允许,随意更改供货产品的原材料,给企业带来一定的经济损失和影响企业信誉。

第17条　供应商不得利用经济手段或者技术手段,影响企业的供应商评估和选择,不得向企业提供虚假材料。

第18条　不得通过不正当的手段阻碍、破坏竞争者的合法经营;不得通过打压、威胁等手段妨碍竞争者参与投标竞争;不得侵犯竞争者的商业机密。

第19条　供应商不得隐瞒自身存在的风险,包括处罚情况、经营状况、重大违约、大量投诉、资金周转失灵等影响企业的事项。

第20条　供应商不得在售后服务中对出现问题的情况敷衍了事,要按照服务规范及时处理问题,提供良好的售后服务。

第21条　不得超过规定的交付时间,要按照采购合同约定按时将产品送到指定的地点,不影响企业的生产计划。

第6章　禁止违法操作

供应商在各项活动中,都要遵循国家的法律法规和各行业的相关规范,遵纪守法,不触碰法律底线,具体内容如下。

第22条　供应商不得违反法律法规,不得扰乱市场秩序,不得在经营或者竞争过程中打压对手,扰乱市场秩序。

第23条　供应商的生产经营不得损害消费者的合法权益,不得在销售过程中弄虚作假,进行虚假宣传。

第24条　供应商不得侵犯他人的专利权,未经授权人许可,不得生产、制造、销售、出口相关产品,未经授权人许可,不得利用相关专利获取商业利润。

第25条　供应商未经企业许可,不得向外公布或者泄露企业的相关资料,包括:交易数据、交易额、企业信息、支付信息等。

第26条　供应商应及时为企业开具合规的采购发票,并按照国家规定承担相应的税费,避免因开错发票、未开具发票引起纠纷。

第7章　附则

第27条　编制单位。

本制度由采购部负责编制、解释与修订。

第28条　生效时间。

本制度自20××年××月××日起生效。

编制日期		审核日期		批准日期	
修改标记		修改处数		修改日期	

4.5.2　供应商合规性评价方法

（1）抽检评价法

通过抽检评价法来评价供应商的供货质量是否合规。抽检评价法主要从以下六个方面对物料质量进行合规性的评价，具体抽检内容如表4-14所示。

表4-14　物料抽检项目说明表

项目	说明
外观检验	用肉眼检查物料外观有无锈蚀、发霉、变色、擦伤、裂纹和污染等质量问题
尺寸检验	用卡尺、千分尺和塞规等量具检验，检验物料质量是否在公差范围之内
外形检验	通过目视检验物料是否有变形的现象，肉眼看不出的话则需要使用模具检验
结构检验	检验结构是否完整，通常可用拉力器或扭力器检验
凭证检验	检查物料名称、规格、型号、供货数量、交付日期、产品合格证或其他质量合格证明

① 抽检评价程序。供应商的物料抽检评价程序如表4-15所示。

表4-15　物料抽检评价程序表

项目	说明
规定物料质量标准	明确区分物料合格或不合格，划分来料不合格品的类型
确定检验水平	检验人员可通过过去记录的技术资料、质量资料以及生产使用要求确定检验水平
确定抽样类型	检验人员根据生产需要来确定抽样类型，常用抽样类型有一次抽样和两次抽样
实施抽样检验	1.质量检验人员按照检验规程进行来料抽样，并对来料样品进行检验 2.质量检验人员将检验报告单作为来料处理的依据，根据抽检结果处理方法进行处置

② 抽检结果处理。供应商的物料抽检结果处理如表 4-16 所示。

表 4-16　物料抽检结果处理表

项目	说明
检验合格	检验结果高于检验合格的标准时,即该批来料判定为允收,检验专员盖上"检验合格"印章,通知仓储部收货
检验不合格	检验结果低于检验合格的标准时,则将该送检批次判为拒收,盖上"检验不合格"印章,通知仓储部、采购部办理退货事宜

（2）投诉评价法

通过记录企业或者其他消费者的投诉意见,对供应商的合规性进行综合的判断,通过投诉可以改善、提高供应商的服务水平,保证企业的供货水平和供货质量。投诉评价法包含以下 5 个方面的投诉评价,具体如表 4-17 所示。

表 4-17　供应商的投诉评价表

投诉分类	指标说明及考核标准
供货质量	1.供应商未按照采购合同规定提供质量合格的产品 2.供应商没有质量管理体系证书,销售假冒伪劣产品 3.供应商提供的产品不合格率达到＿＿％以上,退换货率高 4.供应商提供的产品不符合国际、国家、行业的安全标准,存在有害、有毒物质,对消费者造成损伤
供货价格	1.供应商通过哄抬物价、恶意降价等不正常竞争手段扰乱市场秩序,影响企业的采购预算和采购计划的制订 2.供应商根据市场变动价格没有及时通知企业 3.供应商利用虚假价格、虚假优惠条件诱导采购合同的签订
供货服务	1.采购前,供应商没有对产品进行详细的说明和提供周到的服务 2.采购中,供应商不能对需求的变动快速反应,提供预案 3.采购后,供应商不能对出现问题及时解决,延误企业生产计划安排 4.对供应商的服务态度不满意,回复不及时,态度恶劣
供货交付	1.供应商不能按照采购合同规定时间内将物资送达企业 2.供应商不能按照合同规定的数目交付物资 3.供应商供货产品的破损率在合同规定范围之外
供货商务	1.供应商的管理能力和管理水平低下 2.供应商的企业文化和团队不能契合企业的发展 3.供应商的供货和资金周转没有正常运行 4.供应商的资信没有通过审查

4.5.3 供应商合规性评价规范

以下是供应商合规性评价规范。

规范名称	供应商合规性评价规范	受控状态	
		编　　号	
执行部门		监督部门		编修部门	

第1章　总则

第1条　目的。

为规范供应商的供货行为和提高供应商的供货能力,使产品能够满足企业的需要,特制定本规范。

第2条　适用范围。

本规范适用于评价供应商合规性工作的管理。

第2章　质量合规

第3条　评价供应商是否建立健全了质量合规管理体系,产品生产能力、产品质量、质量管理能力是否符合要求。

第4条　评价供应商的质量监督是否符合相关规定,有无对质量、产品设计、生产、改善、提升的工作方面的监管。

第5条　评价供应商有无奖惩机制,对以次充好、以假乱真、缺斤少两等现象的发生,是否实行责任追究制度,抓好产品质量情况。

第6条　评价供应商有无进行虚假宣传,有无夸大、虚构产品的功能,有无利用广告、互联网等媒体进行虚假信息传播。

第7条　评价供应商处工作人员有无质量意识,对工作人员是否培训,能否落实质量管理责任,遵循质量管理体系,提升产品质量。

第8条　评价供应商是否做好产品回收和退换货处理,对产品质量出现问题的原因,有无快速反应机制来改善和提升产品质量,防范供应商的质量风险。

第3章　商务合规

第9条　评价供应商开展的所有商务活动是否符合国家、行业的规章制度,有无严格遵守商务合规管理要求。

第10条　评价供应商有无时刻关注市场动态和行业情况、识别商务存在的风险、评估风险大小、制定相应的风险防范措施。

第11条　评价供应商处工作人员有无商务合规意识、树立商务合规理念、落实商务合规管理制度的各项要求、严格遵守商务合规制度规范。

第4章　法务合规

第12条　评价供应商制定的规章制度是否严格按照国家的法律法规和规章制度制定,有无违背法律规定进行生产经营性活动。

第13条　评价供应商起草和拟定的合同以及各类协议的制定是否遵守法务合规的要求,有无设置合同陷阱、霸王条款、隐藏条款等。

第14条　评价供应商的产品是否侵权,是否掌握知识产权的相关知识,包括专利权、商标权、著作权、设计权等,有无加强自身知识产权的保护,不侵害其他企业的知识产权。

第15条　评价供应商是否为员工提供法务合规培训,营造良好的法务合规氛围。

第16条　评价供应商有无加强产业、产品的法务合规管理,重视法律合规风险管理,完善法务合规审批程序,规范合规审核流程。

第17条　评价供应商有无建立健全法务合规管理体系、做好战略合作伙伴关系合规管理、加强对工作人员的法务合规性评估、建立配套的奖惩机制、完善企业的法务合规管理。

第5章　产品合规

第18条　评价供应商是否建立完善的产品合规管理体系、加强产品生产过程把控、加强对产品质量的管理、生产合格的产品和服务、保证消费者的合法权益、增加市场份额。

第19条　评价供应商是否遵守产品税收的相关规定,是否按时缴纳税款,有无拒缴、漏缴、错缴、违反产品税法的相关规定等行为。

第20条　评价供应商在产品生产过程中,所使用到的原材料是否符合产品适用标准,原材料的使用是否符合法律、法规、产品标准,有无定期对原材料进行审核。

第21条　评价供应商有无做好产品认证工作,产品是否符合国家的法规要求。

第6章　交付合规

第22条　评价供应商在进行产品交付时,有无按照合同约定,在规定的时间将产品送达到指定的地点,有无按照合同约定或者双方协议的规定要求,安排交付方式。

第23条　评价供应商的交付方式。

产品交付主要分为三种形式:供应商物流送达、委托物流企业送达、客户自提。

1.评价供应商物流送达方式,是否根据产品的实际情况选择合适的物流方式和运输线路、合理安排运输工具和运输人员。产品交付前有无确认产品数量、产品规格、交付时间、交付地点等。

2.评价委托物流企业送达方式,仓储部门是否提前向物流企业说明运输产品材质,安排合适的运输工具进行交付处理,对运输的产品进行代收处理。

3.评价客户自提方式,是否与客户在现场按照合同的约定清点产品的规格、数量、包装情况,清点完毕后有无客户签署确认收货单,是否协助客户进行产品的装货和运输工作、配合客户处理售后等相关问题。

第24条　评价供应商在产品交付过程中,发生丢失或损坏的,并且属于供应商方面责任的,有无进行相关赔偿。

第25条　评价供应商在产品交付时,有无打印产品清单,清单是否包括供应商名称、供应商的联系方式、采购者名称、采购的产品名称、产品数量、产品价格等信息。

第7章　服务合规

第26条　评价供应商有无完善的服务合规管理体系,在向客户提供产品或服务时,是否符合法律法规的相关要求,保证消费者的合法权益。

第27条　评价供应商对于产品或服务的安装、调试、使用,是否向消费者提供了产品或服务指导手册和注意事项。

第28条 评价供应商的售后服务，对于客户的退换货和保修产品的要求，是否能够积极地处理产品的各种售后问题。

第29条 评价供应商对收集到的客户信息，是否未经客户允许，泄露、出售、篡改客户的个人信息；是否符合客户声明使用的途径和使用目的；是否另作他用。

第30条 评价供应商是否尊重客户的民风民俗，有无侵犯消费者的合法权益，是否对个别地区、企业设置不平等的销售条件。

第31条 评价供应商是否利用虚假宣传向消费者提供产品或服务，有无真实地告知产品的功能、质量、使用期限等相关信息。

第8章 附则

第32条 编制单位。

本规范由×××部负责编制、解释与修订。

第33条 生效时间。

本规范自××××年××月××日起生效。

编制日期		审核日期		批准日期	
修改标记		修改处数		修改日期	

4.5.4 采购合规管理体系制定方法

（1）维度法

为在组织内建立、开发、实施、评估、维护和改进有效的采购合规管理体系，要从不同的维度、不同的方面进行采购合规管理体系的制定。采购合规管理体系按照以下四个维度进行制定。

① 合规人员。定期对采购部工作人员进行采购知识方面的培训工作，掌握采购政策、采购制度规定、采购流程及程序，尽快熟悉采购的相关工作。

采购部工作人员应遵守国家法律法规或者行业规定，应该按照采购合规管理体系及制度实施采购行为。

培养采购部工作人员在工作和培训中逐步提高采购合规意识，依法进行采购活动，积极履行采购职责，完成采购任务。

② 合规风险。企业要识别采购过程中存在的风险，通过采购活动、产品和服务等相关方面来识别、评估潜在的合规风险。

企业要评估采购合规风险的大小，按照优先级对合规风险进行排序，按照风险排序情况提出解决措施，防范合规风险的再次发生。

③ 合规产品。完善采购产品质量体系建设，严格把控采购产品的质量监管和验收工作，严格按照企业的规章制度对采购的产品加强过程控制。

严格遵守国家产品生产、存放、环境保护等规章制度，定期对产品进行评估检查，及时发现问题进行整改。

④ 合规供应商。建立健全供应商合规管理体系，定期对供应商展开合规性评估工作，通过评估筛选合格供应商，剔除不合格的供应商，督促一般的供应商去改善供货中的不足之处，逐步提高自身的供货能力和供货水平。

对供应商定期开展基本信息的调查和收集工作，建立供应商信息资源库，完善供应商的基本情况，为进一步开发合规供应商做好准备工作。

（2）流程法

第一步，建立健全合规管理制度。

制定符合企业发展情况的采购合规管理制度，并随着法律法规变化而完善，采购合规管理制度重点在于规范企业的采购行为，筛选合格的供应商，识别采购过程中存在的合规风险，提高采购效率。

第二步，建立合规风险识别机制。

在采购的经营活动中，要建立预警机制，识别采购过程潜在的合规风险，并分析风险发生的概率、影响范围，根据风险的程度制定不同的预警机制。

第三步，加强合规风险应对。

针对识别出来的风险，制定应对措施，最大限度地解决合规风险，降低采购支出成本，提高采购的工作效率。

第四步，建立合规问责制度。

建立健全合规问责制度，明确合规问责的范围和问责事项，根据责任的大小程度，及时开展调查工作，落实相关人员的责任，并对相关人员按照规章制度进行处罚，追究违规人员的责任。

第五步，开展合规管理评估。

定期对采购合规管理体系进行评估，主要评估采购过程中存在的风险和问题，查找并分析风险或问题出现的原因，通过评估改善合规风险，提升采购效率，降低采购支出成本。

第六步，建立合规考核。

对采购部工作人员进行定期的考核评估，对采购员的履职情况和工作完成情况进行整体的分析和评价，并将考核结果作为采购员升值涨薪、评优选优的重要依据。

第七步，深化合规培训。

深化对采购员的合规培训教育，使采购合规理念深入人心，使采购员深刻理解采购合规的要求和方法。

第八步，培育合规文化。

企业通过培训、宣传教育等手段，强调采购合规意识，树立采购和产品合规、质量合规、服务合规等理念，营造良好的采购合规管理氛围。

4.5.5 采购合规管理体系设计

建立采购合规管理体系的主要目的是使企业的采购行为符合法律法规、行业准则、商业管理、道德规范以及企业内部的规章制度。

采购合规管理体系主要包括质量合规、价格合规、服务合规、交付合规、产品合规等关键内容。采购合规管理体系构建如图4-11所示。

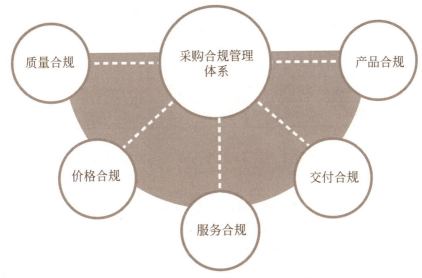

图4-11 采购合规管理体系构建图

采购合规管理体系构建说明如下。

① 质量合规。主要是采购产品的质量是否符合企业规定的质量标准，是否有以次充好、滥竽充数等行为发生。

② 价格合规。主要是采购产品的价格是否在企业编制的预算范围内，产品价格是否高于或低于市场上价格。

③ 服务合规。主要是供应商是否为采购提供良好的售后服务，对于退换货和保修请求是否能够及时处理，售后服务态度是否良好。

④ 交付合规。主要是采购的产品是否能够在规定的时间送达到指定的地点。

⑤ 产品合规。主要是采购产品的质量、数量、规格型号是否按照合同约定，采购合格的产品。

4.5.6 采购合规评价体系设计方法

为了打造高质量的采购模式，强调采购合规评价的重要性，要求供应商提供高品质的交货业绩、卓越的客户满意度和持续的改进。为了达到这些要求，企业应建立完善的采购合规评价体系，常使用的方法是 ABC 风险分类法。

采购合规评价体系主要通过 ABC 风险分类法来识别评价采购合规风险，通过合规风险来评价采购过程中的各项采购事项是否合规。

ABC 风险分类法将潜在采购风险划分为三个级别，通过三个级别的风险，分析风险发生的原因，再分析这三个级别的采购风险对企业经济、生产、信誉等方面的影响。具体风险划分如表 4-18 所示。

表 4-18 采购合规风险分类表

风险分类	风险影响
A 级别风险	如果这种风险发生，可能会给企业造成 70%～80% 的损失
B 级别风险	如果这种风险发生，可能会给企业造成 10%～20% 的损失
C 级别风险	如果这种风险发生，可能会给企业造成 0%～10% 的损失

评价采购过程中潜在的合规风险，并为合规风险划分等级，具体内容如表 4-19 所示。

表 4-19 采购合规风险认定表

采购事项	内容说明	风险等级
质量合规风险	产品质量不达标，产品外部破损，无法使用采购物资进行生产	＿＿级别风险
价格合规风险	采购物资产品超出采购预算，采购价格高于市场平均水平	＿＿级别风险
服务合规风险	售后服务问题得不到及时解决，问题产品堆积，库存成本增加	＿＿级别风险
交付合规风险	交付时间延迟，交付地点错误，交付过程中产品丢失或损坏	＿＿级别风险
产品合规风险	产品原材料变更，不符合采购合同约定	＿＿级别风险
供应商合规风险	企业合作的供应商生产经营过程中违背法律法规，为企业带来巨大的风险，损害企业形象	＿＿级别风险

4.5.7 采购合规评价体系设计

建立采购合规评价体系的主要目的是通过对采购各事项的评价来判断采购是否合规，是否存在采购风险，通过评价来提高企业的采购能力和提升采购水平。

采购合规评价体系主要包括采购质量合规评价、采购价格合规评价、采购服务合规评价、采购交付合规评价、采购产品合规评价、供应商合规评价等内容。

（1）采购合规评价体系构建说明

① 采购质量合规评价。主要是评价采购产品的质量是否符合企业标准，是否有假冒伪劣或者以次充好等现象。

② 采购价格合规评价。主要是评价采购价格是否合理，总价是否超出采购预算，采购单价是否高于或低于市场平均价格水平。

③ 采购服务合规评价。主要是评价供应商的服务水平是否能够满足企业的售后要求，是否能够及时地解决所有问题和要求。

④ 采购交付合规评价。主要是评价供应商是否按时将约定的产品送达到指定地点。

⑤ 采购产品合规评价。主要是评价采购产品的数量、规格型号是否符合采购合同的约定。

⑥ 供应商合规评价。主要是评价供应商的供货水平和供货质量能否达到企业规定的标准，是否为合格的供应商，绩效评估结果怎么样。

（2）采购合规评价体系设计重点

① 评价标准统一。按照统一标准评估不同供应商提供的产品和服务，要保证评价的公开、公平、公正，保证评价结果的真实性和可靠性。

② 评价结果实用。能够根据评价结果了解采购的情况，对采购的合规性进行指导，改善和提升采购方式和手段，不断提高采购能力和采购水平。

第5章
供应链生产计划、产能、物料管理

5.1
生产计划执行

5.1.1 产能数据采集与处理方法

（1）产能数据采集方法

① RFID法。RFID是指射频识别（Radio Frequency Identification）技术，是一种自动识别技术，可通过无线电讯号识别特定目标并读写相关数据，并存入相关数据库系统，而无须识别系统与特定目标之间建立机械或光学接触。

RFID是当代企业生产单位最常用的技术手段之一，它高效、便捷、准确，非常适合用来做产能数据采集。

② 条形码法。条形码技术是在计算机的应用实践中产生和发展起来的一种自动识别技术。它能够实现对信息的自动扫描，是实现快速、准确而可靠地采集数据的有效手段，被广泛地应用于生产、物流及销售等各个领域。

条形码法的特点是适应性强，只要做好前期准备，几乎能应用于任何情况。同时，条形码法还可向二维码法、验证码法方向发展升级。

③ 人机结合法。人机结合法是指在智能程度不高的生产工艺下，数据采集人员通过手工填表、条码扫描、手持终端等手段，实现对数据的采集。这种方法具有灵活方便的优势，弥补了自动采集在丰富性、适应性上的缺陷，但也存在实时性和准确性的缺点。

人机结合法适用于企业生产工艺、人员结构、生产资料等比较复杂的情况，当数据采集无法完全依赖于机械或科技时，就需要人工来补充。

（2）产能数据处理

① 整理。产能数据采集完毕后，第一个处理步骤应该是整理。产能数据分析人员要将产能数据按时间、类型等进行分类整理。

对产能数据的整理，由专人进行，可借助现代办公软件，快速对产能数据进行整理。

② 计算。产能数据处理的第二个步骤是计算，即计算产能。

根据行业不同，产能的计算方法有所差异，但基本都遵循一个通用公式，即：标准产能＝单位产量×标准生产时间。在这一大前提下，计算产能变成了计算单位产量与标准生产时间。

对于设备来说，其单位产能在理想情况下是趋近恒定的，对于人工来说，其单位产能是测算得来的。而标准工作时间是由生产计划、企业制度等决定的。

③ 分析。对产能进行分析，主要是进行产能负荷分析，即分析制造产能与生产负荷之间是否平衡，这是在后续生产工作中计划人力、设备的依据。通过分析使产能与负荷匹配，可以让生产计划更合理、可靠。

产能负荷分析主要包括产能分析和负荷分析，进行分析后，要根据生产要求与生产能力的比较结果，评估企业产能现状，并采取相应的措施。

进行产能负荷分析，首先分析目前企业所拥有的技术、材料、设备、人员等能否满足生产的要求，然后制定产能与负荷分析管制表，将产能和负荷换算成相同的可比单位，比较制造能力和生产任务是否平衡，接着对产能与负荷进行预估分析，最后选择产能大于负荷、小于负荷时的应对措施。

5.1.2 生产计划变更处理方法

（1）预案变更法

预案是在对往期经验的总结与现有条件的分析的基础上，对被认为可能发生的事件视其重要程度事先制定的应急处置方案。生产计划的预案变更法，就是事先设置变更预案，通过预案规定生产计划变更的时间、情形、程序等条件，当生产情况触发这些条件时，生产计划变更工作自动开始。

预案变更法是很常用的变更方法，具备提前预判、及时响应的特点。但这种变更方法对预案的科学性、准确性要求很高，若是预案设置得不符合实际情况，那么预案的调整能力就会明显下降。

（2）专家意见法

专家意见法是指在变更生产意见时请相关专家进行辅助，这些专家通过其专业知识与能力，对生产计划的变更内容、变更时间、变更程序等内容做出判断。

专家意见法里的"专家"既包括企业内部专家，也包括外部专家。内外部专家在对生产计划变更发生作用时各有其优势与不足。

内部专家了解企业内部生产情况，但很难从第三方视角看待问题，且相关知识储备可能不全面；外部专家知识全面，看待问题的方式不同，可以发现企业内部无法发现的问题，但由于对企业实际生产经营情况了解不充分，可能会判断失误。企业应该结合内外部专家的优势与不足，建设结构合理的专家组。

（3）外包变更法

外包变更法，是指取外包服务的含义，学习外包服务的逻辑与形式，将生产计划的变更处理方法交由第三方进行。这里的第三方，可以是常规意义上的企业外部机构或团队，此时的外包就是常规意义上的外包。第三方也可以是企业内部第三方，即非当前生产计划的制定与实施者。

与专家意见法类似，将变更工作"外包"给企业内部或外部都各有优劣，企业还是要根据实际生产经营情况确定选择外包形式。

5.2 产能规划与调控

5.2.1 产能计算和规划的工具及方法

（1）产能计算

企业对产能的计算方式由其行业性质与生产内容决定，但无论哪种行业，企业对产能的计算通常都会借助产能计算表或产能计算器等工具。

① 产能计算表。产能计算表是企业内部或外部专家结合企业实际情况为企业量身定做的表格，该表格通过详细具体的项目设置与公式预设，使得产能计算更为简单，同时也便于调整与修改计算方式。常见的产能计算表如表 5-1 所示。

表 5-1　通用产能计算表

目标效率		人均产能			平均工时				
目标良率		最小工时			瓶颈工时				
工序	作业内容	实测作业时间			平均工时	宽放率	评定系数	标准工时	人力配置	最大产能
		实测1	实测2	实测3						
1										
2										
3										
...										
直接人力		间接人力			工作时间			标准时间		标准产能

产能计算表的形式不固定，但每个企业都会设计这种表格，来快速计算与记录产能数据。

② 产能计算器。产能计算器是指一种数字化程序，一般基于某种操作平台

运作，实际上是一种自动计算程序，但其操作界面是可视化的，工作人员只需要在 UI 界面输入特定数值，便可得到产能结果，仿佛使用常见的科学计算器一般。

类似于 ERP 系统，产能计算器一般都是企业在外部机构定制的，可能是独立定制产能计算器，也可能包含在整个企业数字化生产系统之中。

（2）产能规划

产能规划简单来说就是通过一系列决策确定企业生产能力大小，从而为企业的长期运营战略提供有力支持。产能规划一般有从时间维度规划与从层次维度规划两种方法。

① 时间维度。时间维度是指在产能规划中，不同时间长度的规划，有不同的重点，也有不同的意义。

第一，长期规划。长期规划一般是指一年以上的规划。在长期规划中，涉及的各类资源需要比较长的时间才能准备到位，也需要较长的时间才会消耗完毕，如生产场地、设备、原料等。对于企业来说，一个长期规划往往需要企业的高层管理者亲自参与和设计，因为长期规划是着眼于企业的长远利益，具有战略性质。

第二，中期规划。中期规划的时间一般在半年以上。在做中期规划时，企业人力资源的调整、生产工具的变化、生产合同的变化等因素要特别考虑。

第三，短期规划。短期规划的时间一般小于一个季度。短期规划涉及企业每月、每周甚至每天的生产调度情况。为了消除生产计划与生产实际之间出现的矛盾，短期规划需要具备灵活性，对工作时间、工作人员、工作程序等内容要做详细设计。

② 层次维度。层次维度是指对于企业的不同层次，产能规划的意义与内容会有所差距，这也是企业做产能规划的另一种方式。

第一，公司层次。公司层次是以企业董事层面或总经理层面为中心来设计产能规划，因为这个层面的规划者要考虑企业的发展方向，且要考虑为实现产能规划需要投入的人、财、物等资源。公司层次制定的规划，多是宏观的、方向性的。

第二，部门层次。部门层次是指以生产部门为中心设计产能规划。在部门层面，规划者更关心生产的实际运行情况，部门层次的规划需要考虑如何以最高效的方式对生产资料加以利用以满足预期的计划生产量。

第三，车间层次。当前，生产型企业依旧以车间为基本生产单位，在车间层次，相关的生产主管主要考虑如何配置人员、时间、具体物流等内容。车间层次的产能规划，往往要精确到准确的日期、产量和生产人员。

5.2.2 产能调控方案

以下是企业产能调控方案。

方案名称	企业产能调控方案	编 号	
		受控状态	

一、调控目的
1. 明确企业产能调整工作的方法和步骤,提高企业产能调整工作的效率。
2. 加强企业生产能力的应变能力,使其能快速响应市场需求。

二、适用范围
本方案适用于在市场和企业经营环境发生变化时对生产能力的调整工作。

三、调控时间
1. 产能调整确认每月进行一次,是否调整视具体情况而定。
2. 根据调整幅度大小,调控持续时间有不同要求。一般来说,小幅产能调控要在____至____个工作日之内完成,大幅产能调控要在____至____个工作日之内完成。

四、参与人员及其职责
1. 生产部负责产能调整规划和具体行动。
2. 采购、市场营销等部门为产能调整提供外部信息。
3. 设备管理、仓储等部门为产能调整提供内部信息。
4. 人力资源、财务等部门视需要进行协助。
5. 分管生产的副总经理要宏观把控与随时监督。

五、调控要求
1. 及时调控。产能调控要及时,否则会造成产品紧缺或库存冗余。
2. 紧跟市场。产能调控要依市场情况而定,不能盲目调整。
3. 量力而行。产能调控要依企业自身条件和能力进行,不能脱离现实。

六、调控条件
产能调控在企业生产出现以下情况时进行。
1. 产能不足,即企业生产能力无法满足市场需求或无法完成生产计划。
2. 产能过剩,即企业生产能力大幅超出市场需求或生产计划。

七、调控思路
1. 产能不足。此时的产能调控方向为增加产能,确保企业产能与需求匹配。
2. 产能过剩。此时的产能调控方向为缩减产能,以避免库存冗余。
3. 产能正常。此时要注意保持现有生产能力,同时根据已有订单与存货规划未来生产情况。

八、调控过程
(一)调查产能现状
企业生产部应每时每刻关注生产,并将生产情况与生产计划及市场需求进行对比,了解企业产能现状。常见的产能情况有产能不足、产能过剩与产能正常三种。

(二)分析原因
针对不同的产能情况(主要是产能不足与产能过剩),分析产能不正常的原因,寻找解决办法。

(三)选择调整策略

根据产能现状,产能调整策略主要有产能收缩与产能扩张,分别对应产能过剩与产能不足的情况。

(四)选择调整办法

企业对产能进行调整有很多切实可用的方法,企业可根据实际情况选择合适的方法。

1. 合理控制库存

对于有很强季节性的产品,用库存来平衡能力与需求量之间的缺口是比较常用的方法。在旺季时,企业要加快生产节奏,来保证供应;在淡季时,要适度使生产大于需求,以获得一定程度的库存,来应对旺季生产能力的不足。

2. 调整劳动时间

企业的生产能力与其生产设备的开动时间以及生产人员的工作时间是成正比的,当产能不足时,首选方法是调整生产线与生产班组,从而调整设备与人员。

3. 利用外部资源

当企业产能短期无法内部调整时,采取临时性外协的方法,甚至外购的方法也可以解决供需矛盾。具体措施是产能不足时,通过外协解决大量零部件问题;当需求不足时,又收回外协任务,改为自制。

4. 沟通交货日期

当企业一时无法解决产能问题,可在与客户友好协商的前提下,通过推迟或提前交货来缓解供需矛盾。

5. 对员工予以鼓励

当生产设备、生产环境、生产资料等短期内无法改变时,企业只能通过调整员工工作效率来调控生产,在一定条件下对员工予以常规薪酬外的鼓励,可以提高员工积极性,提高其工作效率。

(五)进行产能调整

企业选择了合适的产能调整策略与方法后,便可开始调整企业产能。

九、过程控制与跟踪

1. 本方案执行过程中,分管生产副总经理将持续跟踪与监督,以保证方案正常运行。
2. 本方案执行过程中可能遇到各类问题,相关人员发现问题后要第一时间向其负责人反映,确保问题及时解决。

十、其他

此方案由生产部牵头,由采购、设备管理、仓储等部门联合制定,由生产部具体执行,其他相关部门配合执行。

执行部门		监督部门		编修部门	
执行责任人		监督责任人		编修责任人	

5.3 产品与服务生产流程管理

5.3.1 产品生产流程

企业产品生产流程如图 5-1 所示。

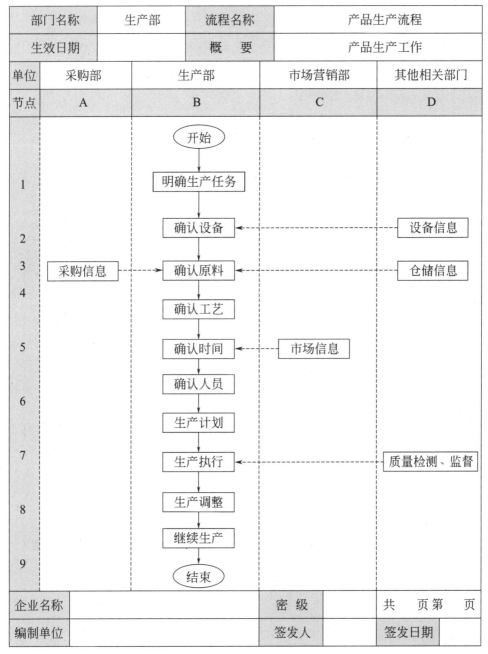

图 5-1 产品生产流程

5.3.2 服务生产流程

企业服务生产流程如图 5-2 所示。

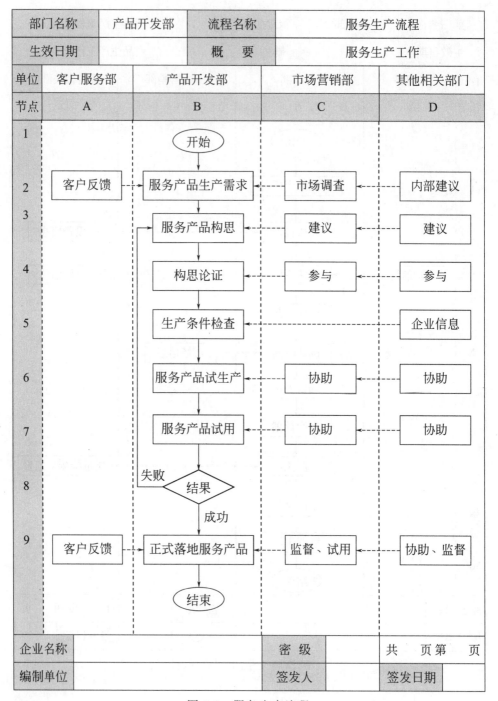

图 5-2 服务生产流程

5.3.3 产品生产流程优化方案

以下是产品生产流程优化方案。

方案名称	产品生产流程优化方案	编　号	
		受控状态	

一、实施目的

1. 提高企业产品生产流程的科学性和规范性,使得企业生产流程更加高效、顺畅。
2. 加强企业对生产能力的控制能力,提高企业生产方面的竞争力。

二、适用范围

本方案仅适用于企业生产流程优化工作,但也可为企业其他业务提供参考。

三、实施时间

生产流程优化方案在生产流程出现问题时执行,对生产流程的检查每____天进行一次。

四、参与人员及其职责

1. 企业分管生产的副总经理,宏观把控。
2. 企业生产部,具体负责生产流程检查和调整优化工作。
3. 其他仓储、采购等部门相关人员负责协助与支持。

五、优化要求

1. 及时优化。对生产流程的问题要及时发现、及时调整、及时优化。
2. 保证生产。对生产流程进行优化生产时,不能耽误当前生产计划与进度。

六、优化前提

对生产流程进行优化,是在以下前提下进行的。

1. 当前生产流程出现严重问题,已经耽误企业生产进度,导致生产任务不能按时完成。
2. 企业根据市场情况与生产现状,认为需要对已有常规生产流程进行调整。
3. 企业因新产品、新工艺的需要调整生产流程。
4. 企业财务、经营情况出现重大变动,需要对生产流程进行调整。
5. 企业出现严重产能过剩或产能不足。

七、优化思路

企业对生产流程优化,可从以下角度进行。

（一）提高生产质量与减少二次加工现象

企业要加强对生产环节的过程控制,保证每项生产工序都按规定完成,从而提高生产质量。

1. 企业要树立"错误规避"思维,保证每一种产品只能严格地按照正确的方式加工和安装,从而避免生产流程中可能发生的错误。
2. 减少二次加工现象主要是要减少不合格品产生,严密注视产生不合格品的各种现象(比如设备、工作人员、物料和操作方法等),找出问题发生的原因,然后彻底解决。

(二)减少生产设备与物料的不必要移动

如果生产单位的设备或物料等来回搬动,会使得生产线路与生产周期变长,从而增加生产成本与生产时间。企业要通过改变不合理的布局,把生产所需要的设备、物流等按规定摆放,规划最快速、便捷的运输路线,从而减少生产设备与物料等的不必要移动,以节约生产时间。

(三)减少不必要库存

在一个有精益生产思维的生产单位里,库存将是最大的浪费,因为库存会掩盖许多生产中的问题,还会滋长工人的惰性,更糟糕的是要占用大量的资金。

企业为减少不必要库存,要求"批量生产、排队供应"思维转变为"单件生产流程"思维,因为在单件生产流程中,基本上只有一个生产件在各道工序之间流动,整个生产过程随单件生产流程的进行而永远保持流动。

(四)合理安排生产计划

从生产管理的角度讲,科学、合理的生产计划最能发挥生产系统的效能,要合理安排工作计划和工作人员,确保生产有条不紊运行。

(五)减少生产准备时间

减少生产准备时间要求企业生产人员认真细致地做好生产正式开始前的一切准备活动,消除生产过程可能发生的各种隐患,主要重点如下。

1. 辨别哪些因素是内在的,哪些因素是外在的。
2. 尽可能变内在因素为外在因素。
3. 利用工业工程方法来改进技术,精简所有影响生产准备的内在的、外在的因素,使效率提高。

(六)减少不必要的停机时间

减少停机时间对维持连续生产意义重大,因为在连续生产流程中,两道生产工序之间是不存在库存的,若此时生产设备发生故障,就会导致整个生产线瘫痪。减少不必要的停机时间要求企业在生产开始前进行全面的生产设备维修与检查,包括例行维修、预测性维修、预防性维修和立即维修四种基本形式。

(七)提高员工劳动利用率

提高员工劳动利用率主要包括两个方面,一是提高直接劳动利用率,二是提高间接劳动利用率。

1. 提高直接劳动利用率的关键在于对操作工进行交叉培训,使一人能够负责多台机器的操作,使生产线上的操作工可以适应生产线上的任何工种。交叉培训赋予了工人极大的灵活性,便于协调处理生产过程中的异常问题。

2. 提高间接劳动利用率的关键在于优化员工配置,保障生产环境,提高员工工作积极性,减少因安全、伤病、怠惰等因素导致的生产效率低下。

八、优化步骤

(一)发现生产问题

1. 企业生产部负责人与监督人员要定时检查生产现状,发现生产问题。
2. 相关人员发现生产问题后要及时上报。

(二)寻找问题原因

1. 企业生产部发现生产流程的问题后,要迅速分析,寻找问题出现的原因。

2.分析原因后,生产部要思考这些原因的组成因素。

(三)确定优化方向

1.明确问题出现的原因后,生产部要思考对生产流程优化的方向。

2.明确方向后,生产部思考具体的流程优化措施。

(四)确定优化措施

1.生产部通过调查、咨询、会议等方式将具体的优化措施确定下来。

2.生产部下发生产流程优化的通知。

(五)实施生产优化

1.生产部实施优化措施,调整和完善生产流程。

2.优化措施实施过程中,生产部相关人员实时跟进与监督。

九、过程控制与跟踪

本方案执行过程中,分管生产工作的副总经理将持续跟踪与监督,以保证方案正常运行。

十、其他

此方案由生产部制订、解释、修订与具体执行。

执行部门		监督部门		编修部门	
执行责任人		监督责任人		编修责任人	

5.3.4 服务生产流程优化方案

以下是服务生产流程优化方案。

方案名称	服务生产流程优化方案	编　号	
		受控状态	

一、实施目的

1.提高企业服务生产流程的科学性和规范性,使得企业服务产品生产流程更加高效、顺畅。

2.加强企业对服务产品生产的控制能力,提高企业的竞争力。

二、适用范围

本方案仅适用于企业服务产品生产流程优化工作,但也可为企业其他业务提供参考。

三、实施时间

服务生产流程优化方案在服务生产流程出现问题时执行,对生产流程的检查每____天进行一次。

四、参与人员及其职责

1.企业分管服务生产的副总经理,宏观把控。

2.企业产品开发部,具体负责服务生产流程检查和调整优化工作。

3.其他市场营销、客户服务等部门相关人员负责协助与支持。

五、优化要求

1. 以市场为基础。对服务生产流程的调整优化要以市场为基础,不能盲目调整。

2. 以客户为中心。服务产品会直接面向客户,因此其生产流程的调整要以客户为中心。

六、优化前提

对服务生产流程进行优化,是在以下前提下进行的。

1. 当前服务生产流程出现严重问题,导致企业服务生产工作无法顺利进行。

2. 企业根据市场情况与服务生产现状,认为需要对已有常规生产流程进行调整。

3. 企业服务产品收到大量客户投诉或客户满意度明显降低。

4. 企业财务、经营情况出现重大变动,需要对服务生产流程进行调整。

5. 其他。

七、优化思路

(一)审查服务生产环节

1. 优化服务生产流程前,应根据已有生产流程,重新审查服务生产环节,对于无用赘余的环节,要丢弃或合并,对于缺失的环节,应将其补充完整。

2. 除了审查流程完整性,还要审查流程的前后关系,流程的前后步骤应该是环环相扣、循序渐进的。

(二)重塑服务生产使命

对于生产服务的企业来说,服务就是其产品,因此整个企业要有服务使命,当服务生产流程出现问题时,企业要首先考虑在企业愿景与社会主义核心价值观上是否出现问题。

(三)提高全员服务精神

企业要加强宣传与培训,提高全体员工的服务精神,这关乎职业道德,也关乎企业的企业文化。

八、优化步骤

(一)发现服务生产问题

1. 企业产品开发部负责人与监督人员要定时检查服务生产现状,发现问题。

2. 相关人员发现生产问题后要及时上报给负责人。

(二)寻找问题原因

1. 企业产品开发部发现服务生产流程的问题后,要迅速分析,寻找问题出现的原因。

2. 分析原因后,产品开发部要思考这些原因的组成因素。

(三)确定优化方向

1. 明确问题出现的原因后,产品开发部要思考对生产流程优化的方向。

2. 明确方向后,产品开发部思考具体的流程优化措施。

(四)确定优化措施

1. 产品开发部通过调查、咨询、会议等方式将具体的优化措施确定下来。

2. 产品开发部下发生产流程优化的通知。

(五)实施生产优化

1. 产品开发部实施优化措施,调整和完善生产流程。

2. 优化措施实施过程中,产品开发部相关人员实时跟进与监督。

九、过程控制与跟踪

本方案执行过程中,分管服务生产工作的副总经理将持续跟踪与监督,以保证方案正常运行。

十、其他

此方案由产品开发部制订、解释、修订与具体执行。

执行部门		监督部门		编修部门	
执行责任人		监督责任人		编修责任人	

5.4 生产策略制定

5.4.1 生产模式确定方法

企业的生产模式是由其企业规模大小、生产能力、产品特性等因素决定的,在具体确定企业生产模式时,可参照以下方法。

(1)工序数目法

所谓工序数目法,就是指以实际工作所需要的工序数目多少来确定各项工作的生产类型,然后再计算各种生产类型的工作在整体生产中所占的比重,最后根据这个比重来确定整体的生产模式的方法。

工序数目法是比较通用的生产模式确定方法,它几乎适用于任何类型与行业,正是这种通用性决定了它被广泛使用。

(2)大量系数法

大量系数法是根据实际生产工序的大量系数值来确定相应工作地的生产模式的方法。这里的大量系数实际是指在保证正常产出的条件下,为完成每道工序所需要的生产设备的数量。而这个大量系数的倒数即为固定一个工作地上的工序数目。

运用大量系数法,可帮助生产企业快速确定相应产品的生产类型,从而确定生产模式。

(3)产品特征法

产品特征法是指根据相关产品往年产量的大小和产品某些特征把产品细分成大类来确定生产类型,根据这些特征,一般可以将产品生产分为单件生产、成批生产、大量生产等生产模式。

产品特征法也是比较通用的生产模式确定方法，其优点是可以根据产品特性来确定生产模式，但这对企业生产能力和生产工艺的调整与创新能力要求较高。

5.4.2 生产流程优化方法

优化生产流程，是提高企业生产效率和能力的关键步骤。企业在进行生产流程优化时，可参照以下方法。

（1）双向梳理法

双向梳理法经过了国内外诸多企业的检验。这一逆流而上、敢于挑战的思维方式，已经起到了为某些企业改头换面的巨大作用。双向梳理法分为正向梳理与逆向发现。

① 正向梳理。正向梳理是指梳理者从操作人员的角度对已完成的流程进行正向检查，并评估实现过程中各个环节衔接的流畅度，或选择合适的思维工具分析各环节之间的联系，并预测可能产生的收益。

② 逆向发现。逆向发现借用了逆向思维法的优势，是最利于发挥创造力的流程优化方法。

进行逆向发现时，主导人员在每条产品线上组建两支队伍：A 和 B。A 在对某个流程进行梳理时，B 就要想尽办法来"捣乱""吹毛求疵"，找出 A 在流程梳理中存在的缺陷，反之亦然。

这种逆向优化方式使流程规划者更简单明了地看到流程的可待改进之处，而改进后的流程将使作业完成期限更易于掌握。

（2）去冗法

许多企业都会设置很多的流程控制点，这是为了保障质量。但是过多的、冗余的环节会阻碍上传下达的流畅性，降低了工作效率的同时，也磨灭了员工的热情。

去除流程中的冗余环节，让工作流程的各个环节得到精简，是优化工作程序、提高工作效率的重要手段。

（3）合并同类项法

合并同类项法其实也是去除冗余的方法之一，在生产流程优化领域十分常见。合并的作用不仅在于化零为整，更在于能叠加优势，消除劣势。

试想一下，如果当前的工作环节皆不能被取消，那么，管理者换个思路，将各个环节适当加以合并怎么样？合并是指将两个或两个以上的事务或环节合为一个。

例如，工序或工作任务的合并、工具的合并等。很多情况下，各个环节之间的生产能力不平衡，有的人手短缺，有的则人浮于事，忙闲不均，将这些环节加以调整和合并，往往能去除流程中存在的缺陷，取得不俗的优化效果。

（4） 3W法

具体是指通过"时间（When）、地点（Where）、人物（Who）"3个问题，来确认流程中各个环节的安排是否合理，一经发现不合理之处，立即推倒重来，以使各个环节保持最佳的顺序，保证工作环节的有序性。

① 时间。在时间问题上，对生产流程的优化帮助是企业通过思考以下问题，来发现生产流程优化思路与方向。这些问题是指：从第一个环节开始至最后一个环节结束的时间是多少？各个环节之间的衔接时间是多少？由于机器故障、零部件不齐等问题引起的延迟时间是多少？时间安排是否过于紧凑，使员工紧张、疲劳？或过于宽松，难以在交期前完成任务？这些时间上的问题如果得到解决，能为企业生产流程优化提供巨大价值。

② 地点。在地点问题上，对生产流程的优化帮助是企业通过思考以下问题，来发现生产流程优化思路与方向。这些问题是指：生产过程中各生产环节的操作场所之间距离远近如何？是否便于工作交接？如果将某环节的操作场所加以调换，是否可以使工作交接时间更短？调整设备仪器的摆放位置后，操作者使用起来是否更方便、时间更短？

③ 人物。在人物问题上，对生产流程的优化帮助是企业通过思考以下问题，来发现生产流程优化思路与方向。这些问题是指：某项生产环节由谁操作？该人员操作技能是否娴熟？该环节是否为该人员最擅长的？是否存在岗位与人员能力不匹配的现象？如果让熟悉第一环节工作的员工从第二环节调回，可以节省多少时间？

5.4.3 生产计划优化方案

以下是生产计划优化方案。

方案名称	生产计划优化方案	编　　号	
		受控状态	
一、实施目的 1.提高企业生产应变能力,及时调整与优化生产计划,促使企业生产功能更加高效、灵活。 2.为企业生产计划优化工作提供规范和指导,提高该工作的工作效率,从而提高企业生产能力,增强企业核心竞争力。 二、适用范围 本方案仅适用于企业生产计划优化工作,但也可为企业其他业务提供参考。			

三、实施时间

本方案为长效性方案,当企业生产计划出现偏差时即可启动此方案。

四、参与人员及其职责

1. 企业总经理,宏观把控,提供各方面的支持。
2. 企业分管生产工作的副总经理,负责总体指挥和推进。
3. 生产部主要领导及员工,负责具体制定方案与执行。

五、实施要求

1. 总体要求。生产计划的优化以调整为主,一般情况下不进行根本性的变化,以免影响企业整体生产进度。具体情形见后文。
2. 基本原则。生产计划的优化要坚持"宏观把控、局部调整、持续优化"的原则。

六、优化策略

生产计划出现不同程度的偏差时,要采取不同的优化即调整策略。

1. 生产计划出现较小偏差,无法准确为当前实际生产工作提供指导。此时需对生产计划进行小幅、局部调整。
2. 生产计划出现较大偏差,已经严重影响当前生产工作。此时需对生产计划进行大幅调整,甚至改变生产方式与生产目标。
3. 企业生产环境、资源等发生重大变化。此时对生产计划的优化调整以变化后的实际情况进行。

七、优化方法

对企业生产计划的优化,一般可灵活使用双向梳理法、工作流程分析法、合并同类项法、多维度规划法等。

八、优化思路

一般情况下,对生产计划的优化首先从以下方向出发寻找优化思路,当以下思路不适用时,则根据实际情况灵活选择优化思路与方向。

1. 生产管理制度。生产管理制度会直接影响企业的生产方式,包括人、财、物等资源的配置等,当生产计划出现问题时,可首先考虑生产制度是否合理与恰当。
2. 生产基础建设。生产基础建设会影响企业的生产效率与生产能力,当生产计划出现偏差,可考虑企业生产基础建设是否满足生产实际需要。
3. 生产模式。生产模式也会影响企业的生产能力,生产计划优化人员可调查研究当前生产模式是否适应计划的生产内容。
4. 生产管控。对生产管控会影响生产的效率与进度,当生产计划出现问题时,可考虑是否是对生产的管控出现问题导致实际生产与计划出现偏差。
5. 生产信息管理。生产信息的产生、收集与处理不规范会影响相关人员对实际生产的判断,从而导致生产时间与计划偏离,因此优化生产计划时先考虑生产信息管理工作是否出现问题。

九、基本优化流程

(一)发现生产计划问题

1. 对生产计划的优化从发现计划的问题开始。
2. 生产计划实际执行人员要时刻关注生产进度,与生产计划对应,及时发现问题。

(二)分析生产计划偏差原因

1. 发现生产计划的问题后,生产部相关人员要展开调查与评估,分析问题出现的原因。
2. 相关人员可向仓储、采购、销售等部门寻求帮助,不要把原因局限于生产部内部。

(三)提出生产计划优化的对策

1. 查明原因后,生产部要从原因入手寻找解决办法。
2. 对生产计划的优化调整,要视其调整幅度与企业高层沟通。当调整幅度较小,不影响企业根本生产任务时,生产部可内部进行调整;当调整幅度较大,已经影响到企业的生产任务时,就需要与分管生产的副总经理甚至企业总经理对接,请其定夺调整方向。

(四)实施优化调整

1. 查明原因并找到解决办法后,生产部负责对生产计划进行优化调整。
2. 生产部从发现生产计划的问题到生产计划优化执行,其小幅调整时间间隔不能超过3个工作日;大幅调整时间间隔不能超过7个工作日。

十、过程控制与跟踪

本方案执行过程中,分管生产工作的副总经理将持续跟踪与监督,以保证方案正常运行。

十一、其他

此方案由生产部制订、解释、修订与具体执行。

执行部门		监督部门		编修部门	
执行责任人		监督责任人		编修责任人	

5.5
物料控制与物料管理策略制定

5.5.1 库存管理数据收集与处理方法

(1)库存数据收集方法

① 编码法。所谓编码法,是指通过人工或者计算机等智能设备对所有库存物资进行编码,物资的名称、型号、大小、性状、价格、入库时间等统一编码,准确记录,当库存物资发生变化时,信息自动更新。

编码法虽然传统,且前期工作相对复杂,但这是最常见、最高效的办法。有了前期编码准备,在收集库存数据时,只需要在相应设备或资料内查找物资对应的编码,就能快速找到物资相关的其他信息。

② 信息系统法。信息系统法是指通过建立一套自动、智能的库存信息系统,对库存数据进行管理。这样的信息系统如今越来越常见,企业可以自建,也可以

请外部专家根据企业实况量身设计。

信息系统法的重点是发挥现代科技的作用，这种方法无论是对库存时间的采集还是整理都十分适用。

（2）库存数据处理方法

① 列表整理法。列表整理法是指将收集到的数据用表格形式进行整理分析的处理方法。通过列表整理，不仅可以准确记录数据信息，还可以更加方便观察和分析各项数据之间的数量关系。

列表整理是数据分析与处理的基础，也是第一步。列表整理法在对大量数据进行归纳整理方面有独特优势，这使得数据整理与分析在初级阶段就有条不紊、简明清晰。同时，借助现代办公软件，良好的表格处理，能为后续对数据做图解分析、环比分析、模型创建等做好准备。

② 同比、环比分析法。同比分析是指当期与过去某一期相同时间进行对比，环比分析是指当期与上期进行对比，这两种分析方式在分析增减量、发展趋势等方面有显著作用。

对库存数据进行同比、环比分析，不仅可以在分析过程中最大限度降低时间、季节等因素对分析准确性的影响，还能较为快速地发现库存数据的变动趋势，以便对未来数据进行有效预测。

③ 模型分析法。模型分析法，是指通过建立数据模型对库存数据进行分析处理，是最有发展前途的预测方法之一。

模型分析法以最为简单、常见的图形、表格或符号来描述一个真实的系统，化繁为简，易于控制，方便进行预测。善用模型分析法，帮助数据处理人员认识庞大的数据中隐藏的相互关系，再进一步运用数学方法，通过这些相互关系实现数据预测。

常见的库存数据分析模型有转化漏斗模型、购物篮分析模型、库存周转分析模型等。库存数据分析人员使用各种模型对库存数据进行分析的时候，首先要确保数据来源的准确性与数据导出的准确性，否则模型分析无法达到应有效果。

5.5.2 物料库存控制指标设计

库存控制是仓储部的一项重要职能，它是在满足库存供给需求的前提下通过对企业的库存水平进行控制，力求尽可能降低库存容量、提高物流系统的效率，以提高企业的市场竞争力。其主要任务是进行库存信息的汇总分析、制订库存计划、库存异常处理等工作。

企业库存控制工作一般由库存控制主管进行，其工作职责是分析库存信息、确定各类物资经济订购批量和订购时点，加强库存控制及跟踪管理；编制合理的库存计划及库存控制成本预算,建立并优化公司库存控制系统,最大限度降低库存成本;督促并配合相关部门对呆滞物料的处理。

要妥善处理这些工作,需要对负责库存控制工作的人员进行考核,其考核指标设计如表 5-2 所示。

表 5-2　库存控制绩效考核指标及评分标准

序号	考核指标	权重	目标值	评分标准	得分
1	库存控制流程及制度规范化程度	10%	无重大缺失或错误	发现1次减____分,发现____次以上,本项得分为0	
2	库存分析准确率	15%	____%	每低出____个百分点减____分,低于____%,本项得分为0	
3	物资订购批量及时点合理性	10%	无重大失误或经济损失	发生1次减____分,发生____次以上,本项得分为0	
4	库存计划制订及时率	10%	____%	每低出____个百分点减____分,低于____%,本项得分为0	
5	库存控制成本预算达成率	10%	____%	每低出____个百分点减____分,低于____%,本项得分为0	
6	库存周转次数	10%	高于____次	每少____次减____分,少于____次,本项得分为0	
7	呆滞料处理的及时率	10%	____%	每低出____个百分点减____分,低于____%,本项得分为0	
8	提出建设性处理意见次数	10%	高于____次	每少____次减____分,少于____次,本项得分为0	
9	核心员工保有率	5%	流失人数低于____人	每多1人减____分,多于____人,本项得分为0	
10	员工违纪数量	5%	少于____人	每多____人减____分,多于____人,本项得分为0	
11	员工培训完成率	5%	____%	每低出____个百分点减____分,低于____%,本项得分为0	

第 5 章　供应链生产计划、产能、物料管理

5.5.3 物料计划制订方法

（1）经济分析法

首先分析基期物料管理的基本状况，包括物料需求、物料采购速度、物料使用速度等，并预计物料的未来使用与需求情况，找出物料使用中的矛盾和存在的问题，以及在计划期必须继续解决的问题。

在此基础上，根据企业生产的战略目标、总路线、基本方针，提出计划期的具体目标、任务和需要采取的重大措施，并对物料使用的速度、各种比例关系变动趋势、各种制约因素的变化、生产过程中可能出现的新情况和问题等进行分析和预测，为编制计划提供依据。

（2）综合平衡法

这是一种自觉协调比例关系的方法。将物料使用的各种财、物、人等资源的需求的有关指标，进行定量分析，通过对照比较，不断调整，克服物料管控中的薄弱环节，控制过分突出的"长线"，使其相互适应，达到平衡。

在具体运用平衡法时，要编制各种平衡表，如物料采购和使用平衡表、生产和运输平衡表等。这是编制计划的主要方法。

（3）专项规划法

对物料管理中的关键性问题，组织有关部门和人员进行专门研究，提出规划方案，然后纳入企业物料管理计划，进行优先安排，各部门、人员要保证按期完成。随着企业生产能力的提升与生产方式的演变，专项规划法成为编制物流管理计划的重要方法。

5.5.4 物料库存管理流程

企业物料库存管理流程如图5-3所示。

5.5.5 物料控制模式制定方法

物料控制是指依据物料计划对物料的采购申请、物料收货与入库、物料使用与监督等的管理过程。常见的物料控制模式有自主控制模式、外包控制模式与联盟控制模式。

（1）内部梳理，自主独立控制

企业应充分梳理内部的生产、仓储、采购环境，在环境允许的范围下，最好做到对物料的自主独立控制。

企业可采用精益采购法，实现对物料的精准控制。精益采购法即JIT采购

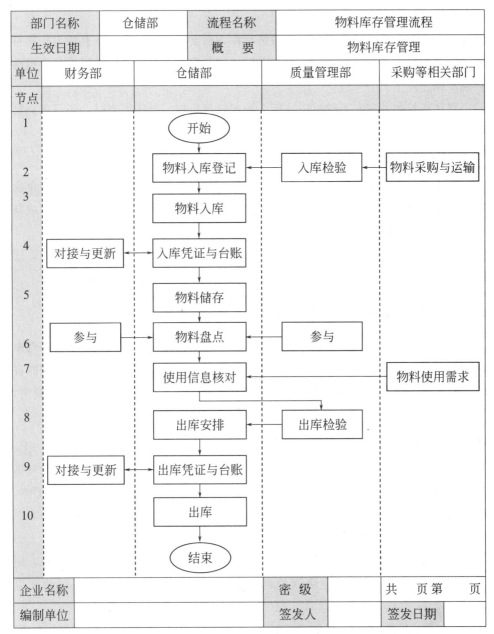

图 5-3 物料库存管理流程

法，是指在恰当的时间、地点，以恰当的数量、质量与价格进行采购，并对采购后的物料进行精益管理，物料的收货时间、货物质量与数量等内容在企业最需要的时间准时到达。这是企业物料管理中的较为先进的管理方法。

(2) 外部授权，摆脱管理负担

当企业的内部条件不满足对物料进行较为科学的管理，或企业有能力将物料管理独立出企业内部时，企业可在充分调查与研究的前提下，将物料控制外包给其他单位。

将物料控制外包，不仅可以减轻企业的管理负担，操作得当时，还可避免物料的冗余或浪费，这对企业专注生产与经营是十分有利的。

(3) 强强合作，联盟协调配置

当企业与其他企业建立起了长久、友好、稳固的合作关系时，可与这些企业联盟，实现资源共享。这种联盟物流管控，需要企业间有紧密的利益关系，或具备相近或相似的生产模式。

这些企业们组成的联盟，不仅可以在生产与销售市场取得明显的竞争力，还可以在采购、库存等方面进行优化配置。

5.5.6 联合库存管理制定方法

所谓联合库存，是指企业与供应商同时参与制订库存管理计划，从而实现库存管理利益共享与风险共担的供应链库存管理策略。企业实行联合库存管理的目的是解决供应链系统中由于各企业相互独立运作的库存模式所导致的牛鞭效应，以提高供应链的效率。企业进行联合库存管理，需要以下方法与经验的支持。

(1) 建立起采供协调的管理机制

相应的供应商要担负起供应责任，提供必要的资源与担保，使企业（相对供应商是客户）对其认可。供应商可一定程度上通过供应策略协调其客户的工作，本着互利互惠的原则，建立共同的合作目标和利益分配、激励机制，在各个客户之间创造风险共担和资源共享的机会。

这个管理机制要求参与的供应商与其客户处于共同愿景的供应链上下游，同时要求建立起来的联合库存协调控制方法以及利益的分配、激励机制的高度一致。

(2) 充分进行信息共享与沟通

为了保证整个供应链利益团体的需求信息的一致性和稳定性，减少由于多重预测导致的需求信息扭曲，要建立联合库存管理的供应商与其客户之间要增强供应链信息获取的及时性和透明性，利用互联网、物流网等现代技术在供需之间建立一个畅通的信息系统，以达到快速响应客户需求的目的（这里的客户是指生产制造企业的下游客户，即市场上的用户）。

（3）发挥第三方物流系统的作用

合理有效地运用第三方库存系统，可以加速联合库存管理的实现。第三方物流也叫物流服务提供商，这是由供方和需方以外的物流企业提供物流服务的业务模式，把库存管理部分功能代理给第三方物流公司，使企业更加集中于自己的核心业务，增加了供应链的敏捷性和协调性，提高了服务水平和运作效率。

5.5.7 安全库存管理制定方法

安全库存也称安全存储量，又称保险库存，是指在仓库中应当常态保持的最低库存量。安全库存是为应对在需求和订货点发生短期的随机变动而设置的。

通过建立适当的安全库存，可以减小缺货的可能性，在一定程度上能降低库存短缺成本，但安全库存的加大会使库存持有成本增加。安全库存的确定是建立在数理统计理论基础上的，因此，企业必须在缺货成本和仓储成本两者之间进行权衡，确定最适合的安全库存量。

安全库存取决于物料的使用频率、供应商交期、生产周期、材料采购时间等因素，各仓库可以在生产、采购等部门的协助下，采用以下方法进行安全库存管理。

（1）物流控制"三不法"

① 不断料。是指不使制造现场领不到要用的材料或零件。制造业物料仓储管理的首要目标是正确计划用料。

② 不呆料。是指需要使用、可以使用的物料购进来，不要让不需要使用、不可以使用的物料进入仓库或待在仓库不动。

③ 不囤料。是指物料购入要适时，贮存数量要适量，以减少资金的积压。

（2）缩短供应链的时间

这是控制不确定性的有效方法之一，实现供应链时间的缩短可以从以下三个方面进行。

① 计划层面。计划层面是指事前阶段，该阶段可以在进行市场调查的前提下，提高需求预测的准确率，从而提高采购工作的质量，减少因采购工作的失误带来的库存浪费或紧缺。

② 执行层面。执行层面是指事中阶段，该阶段要求企业根据自身实力及发展需要，引入合适的、先进的管理模式与设备，以缩短生产制造、运输、安装等的周期与时间。

③ 跟踪层面。跟踪层面是指事中加事后阶段，该阶段要求企业可以优化生产与库存管理流程，加强对物流与库存内容的监督与控制，减少不合格品的产出

和滞销品的冗余。

（3）避免信息不对称

信息不对称，是指供应链上下游与企业内部各部门之间的交流要及时、高效、充分。如果信息交换不对称，就会导致库存冗余或紧缺。避免信息不对称，要从信息共享意愿与信息共享能力两个方面努力。

① 信息共享意愿。是指信息的掌握方或沟通的发起方是否有意愿分享信息，是否及时分享了信息，是否分享了全部信息。

② 信息共享能力。是指在有信息共享意愿的情况下，信息的掌握方或沟通的发起方有能力分享信息，且有能力及时分享信息，同时要求信息接收方有能力及时接收与处理信息。

（4）减少能力不对称

所谓能力不对称，指供应链上下游或企业内部各部门、个人原因的能力不均衡，导致对事项的理解不一致，从而导致决策与执行的时候有差异，进而导致库存管理出现问题。解决能力不对称，最好的办法就是专业人才，专业操作，专业人做专业事。

安全库存是一项比较专业的工作，因此需要专业的人才。安全库存的专业，既体现在安全库存的设定上，也体现在安全库存的审核上，同时，还体现在复盘上，体现在各种跟踪与调整上。

5.6 产品与服务开发协同

5.6.1 产品开发方法

产品的开发方法按不同分类有不同的方法类型。

（1）按照产品开发次序划分

① 次序化产品开发法。次序化产品开发法是指按照产品构思、构思寻找、提出产品概念、初步规划、可行性分析、试生产、试销售等环节在内的先后顺序，按部就班地实施产品开发。

这种方法的优点是各部门之前的权责泾渭分明，能够降低产品开发阶段可能存在的互相推诿、协调不畅等问题；其缺点是开发的各项程序环环相扣，如果有一个环节出现问题，可能会使整个产品的开发进度受到严重阻碍。

② 同步化产品开发法。同步化产品开发法是指在产品开发过程中，将所有

的开发程序重叠起来同步进行，产品开发管理人员在强有力的宏观管理下统筹有序地组织相关部门进行产品开发工作。

这种方法的优点是能够节省产品开发时间，一定程度上提高开发效率，对于那些产品生命周期短、变化快的行业，其利益远远超过风险，能为企业带来比竞争对手更大的优势；其缺点是相较于次序化产品开发，开发方法费用高、风险大，对各部门、各人员的协调能力、沟通能力等要求较高，也比较容易造成企业内部的推诿与拖滞。

（2）按产品开发创新程度划分

① 独创方式。对于一个以产品立足的企业而言，从长远考虑，必须具备不断开发设计新产品的能力，开发新产品最根本的途径是自行设计、自行研制，即所谓独创方式。同时，通过开发新产品，也能帮助企业提高技术竞争力与市场竞争力。

但自行设计与研制新产品对企业的开发能力与设计能力有较高要求，其背后是人才、资金、管理系统的要求。

② 引进方式。当企业自身开发能力不足时，技术引进是开发新产品的一种常用方式。企业采用这种方式可以很快地掌握新产品制造技术，减少研制经费和投入的力量，从而赢得时间，缩短与其他企业的差距。但引进技术不利于形成企业的技术优势和企业产品的更新换代。

③ 改进方式。改进方式是指以企业的现有产品为基础，根据用户的需要，采取改变性能、变换型式或扩大用途等措施来开发新产品。采用这种方式可以依靠企业现有设备和技术力量，开发费用低，成功把握大。但是，长期采用改进方式开发新产品，会影响企业的发展速度。

另外，企业还可以搭配使用以上方法，比如独创与引进结合，就能够在企业自研能力不强的情况下尽可能做到自主开发。

5.6.2 服务开发方法

服务与有实物的产品不同，服务更多的是一系列让客户满意的工作流程、解决办法，因此开发服务其实就是找到解决客户问题的方案。

（1）触点开发法

首先来了解触点管理。所谓触点管理，简单点说，就是抓住产品与用户接触的各个"关键时刻"，通过对这些"关键时刻"的规划、设计和管理，使这些与用户接触的"关键时刻"变为用户满意的点，从而继续下一步。

作为用户，无论他是走进企业的实体门店，还是打开企业的官网或应用程序，企业与其之间都会存在无数触点，设计好这些触点的展现形式，企业的服务开发就完成了一大半。科学精细地设计各个触点，以下问题要重点关注。

① 目标用户。企业所开发的服务针对的用户不一样，需要设计的触点就不一样。同一个产品或服务，在不同情境下面对的目标用户也会不一样，比如可能面对的是客户，是投资方，是合作方，是内部员工；而同样是客户，也分为新客户、老客户、小客户、大客户等。

不同的目标用户，其对服务的体验流程与体验感知是不一样的，其关注点也是有区别的，所以，做触点设计和管理，首先就需要确定目标用户以及其体验流程。

② 设计触点。一旦确定了针对的目标用户，并熟知了他的体验流程，那就可以开始罗列出在这个流程之中，目标用户可能会接触到的触点。

这是一个既简单又困难的过程。简单在服务开发人员只需要尝试罗列出用户在体验过程中所有从感官和心理上接触到的点，而困难在服务开发人员需要足够了解其服务的特性，足够熟悉用户的体验流程，这就需要大量模拟与收集数据。

只要一些触点先被罗列出现，哪怕存在不合理的部分，触点设计也完成了大半部分内容，这是因为市场上大部分服务的触点都具有同质性，即很多服务的触点相同，不用过多思考，服务开发人员就能发现这些具有同质性的触点，对于必需的将其保存，对于不必要的，就需要将其去除。同时，服务开发人员一定要设计出与众不同的触点，否则服务在市场上将失去竞争力。

③ 触点的意义。每一个与用户接触的触点都应该有其存在的目的与意义，或者说有它要实现的功能，如果没有方向，那就没有触点设计一说了。

用户接触的每一个点，服务开发人员在设计时都需要考虑一下，这个触点，是要实现一个什么样的目的而做的？每一个触点，都应该有它的使命，无效触点我们不需要。

④ 流程模拟。流程模拟就是服务开发人员切换视角，假想自己就是目标用户，然后体验一遍设计的服务流程，并且仔细感受每一个用户触点。

流程模拟是常态化的，走一遍肯定不够。除此之外，服务开发人员一般还要邀请行业大咖、专业人士、核心用户等来体验一次流程模拟。这其实就相当于服务的内测。

流程模拟的目的是观察与统计触点设计的问题，需要观察与统计的内容包括但不限于模拟过程、触点反馈、触点任务是否完成、存在的问题等。

⑤ 调整与升级。所有的服务开发在面向市场之前都需要通过不断接收反馈来不断地进行调整升级。好的服务不是企业决定的，是市场决定的，因此服务调整要以市场反馈为依据。

（2）关键人物地图法

所谓关键人物地图法，是指产品开发时先将所有关键人物的期望一一罗列，填充在可视化地图上，方便后期开发决策。

这里的关键人物，包括以下方面。

① 企业决策者。企业决策者是定方向的，企业开发的服务到底走何种形式、服务哪些目标客户、以何种价格策略走向市场等宏观模块，需要企业决策者来确定。

将企业决策者的意见填入可视化地图，并放在醒目位置，能够时刻提醒服务开发人员不要忘记服务开发的根本目标。

② 企业产品经理。企业产品经理确定服务的具体形式、具体价格、具体实现方式等内容，产品经理需要全程把控服务开发各项环节，因此其思路对于服务开发十分重要。

企业的产品经理的想法可能会随时调整，其意见在关键人物地图中仅次于企业决策者。

③ 服务开发执行人员。服务开发执行人员要亲力亲为服务开发的各项细节，因此他们对服务各项细节与流程最有发言权。这些一线执行人员的工作可以帮助企业产品经理发现失误，弥补细节上的不足。

④ 重要客户代表。重要客户代表，是服务问世后主要客户的缩影，客户代表的数量可以视情况而定，他们的意见将左右服务的具体形式与细节。

客户代表意见的重要程度经常被提高到与产品经理意见同样级别，因为好的服务都会坚持"以客户为中心"，脱离客户的产品或服务是没有生命力的。

⑤ 主要竞品。主要竞品的意见，其实来自市场调查。通过对竞品市场表现信息的大量调查，可以帮助服务开发人员规避雷区与吸收成功经验。

（3）用户体验地图法

用户体验地图，是一个能可视化地描述用户使用服务后的体验情况的图文模型，通过这个模型，可以发现用户在整个服务使用过程中出现的问题点和满意点，并从中提炼出服务开发中的改进点和机会点。

用户体验地图的具体操作方法是通过一系列的观察记录、行为研究、调查问卷、访谈用户等手段，获得大量真实有效的用户数据。用于开发服务时，这些数据都是已有的数据，只不过是同类或相似服务的数据。

用户体验地图法本是产品或服务调整升级常用的方法，但也可用于服务开发中，但一般只能用于开发企业已有的类似服务或同系列服务上，此时用户体验地图可以为这类服务开发提供大量开发思路与开发依据。

5.6.3 产品开发优化方案

以下是产品开发优化方案。

方案名称	产品开发优化方案	编　　号	
		受控状态	

一、实施目的

1. 发现产品在开发期存在的问题,弥补产品在开发期出现的不足。

2. 为企业产品开发优化工作提供规范和指导,提高工作效率,从而提高企业产品开发能力,增强企业核心竞争力。

二、适用范围

本方案仅适用于企业产品开发优化工作,但也可为企业其他业务提供参考。

三、实施时间

本方案为长效性方案,当企业产品开发工作出现偏差时即可启动此方案。

四、参与人员及其职责

1. 企业分管产品开发工作的副总经理,负责总体指挥和推进。

2. 产品开发部主要领导及员工,负责具体制定方案与执行。

五、实施要求

产品开发的优化要以提高企业利益为终极目标,以用户为中心,以市场为依据。

六、优化策略

产品开发工作出现不同程度的问题时,要采取不同的优化策略。

1. 产品开发工作出现较小偏差,一定程度上影响产品开发工作进度。此时需对产品开发工作进行小幅、局部调整。

2. 产品开发工作出现较大偏差,已经严重影响当前产品开发工作进度。此时需对产品开发工作进行大幅调整,甚至推翻原有设计重新立项。

3. 企业开发环境、资源等发生重大变化。此时对产品开发的优化调整以变化后的实际情况进行。

七、优化方向

一般情况下,对产品开发工作的优化有以下方向。

1. 产品开发人员优化。人员优化是指优化参与产品开发的管理人员与一般工作人员,人员的优化有增加与削减两种基本方法。同时,还可以优化人员分工,确保相关人员在最恰当的岗位。

2. 产品开发步骤优化。步骤优化主要是指对产品开发的程序进行优化,其基本原则是减少不必要流程、合并类似流程、丰富关键流程。

3. 产品开发时间优化。是指科学设定开发的时间。产品开发时间太长会导致开发人员消极怠工,且影响产品上市时间;时间太短会导致产品开发太过紧促,导致产品细节不足。

4. 产品开发管理优化。是指对产品开发工作的人员、财务、设备、原料等内容的管理方式或逻辑进行优化,增强各相关部门的沟通与协作效率。

5. 对产品本身进行优化。对产品本身优化是产品开发优化最常见也是最重要的部分。对产品本身进行优化一般包括产品外观、产品质量、产品性能等内容进行优化调整。

八、基本优化流程

(一)发现产品开发问题

1. 对产品开发的优化从发现问题开始。
2. 产品开发实际执行人员要时刻关注产品开发进度,与产品上市计划对应,及时发现问题。

(二)分析产品开发偏差原因

1. 发现产品开发的问题后,产品开发部相关人员要展开调查与评估,分析问题出现的原因。
2. 相关人员可向各相关部门寻求帮助,不要把原因局限于产品开发部内部。

(三)提出产品开发优化的对策

1. 查明原因后,产品开发部要寻找解决问题的对策。
2. 对产品开发的优化调整,要视其调整幅度与企业高层沟通。当调整幅度较小,不影响开发进度时,产品开发部可在内部进行调整;当调整幅度较大,已经影响到开发工作进度时,就需要与分管产品开发的副总经理甚至企业总经理对接,请其定夺调整方向。

(四)实施优化调整

1. 查明原因并找到解决办法后,产品开发部负责对产品开发进行优化调整。
2. 产品开发部从发现产品开发的问题到产品开发优化执行,其小幅调整时间间隔不能超过____个工作日,大幅调整时间间隔不能超过____个工作日。

九、过程控制与跟踪

本方案执行过程中,分管产品开发工作的副总经理将持续跟踪与监督,以保证方案正常运行。

十、其他

此方案由产品开发部制订、解释、修订与具体执行。

执行部门		监督部门		编修部门	
执行责任人		监督责任人		编修责任人	

5.6.4　服务开发优化方案

以下是服务开发优化方案。

方案名称	服务开发优化方案	编　　号	
		受控状态	

一、实施目的

为企业同类型服务开发优化工作提供规范和指导,提高工作效率,从而提高企业服务开发能力,增强企业核心竞争力。

二、适用范围

本方案仅适用于企业服务开发优化工作，但也可为企业其他业务提供参考。

三、实施时间

本方案为长效性方案，当企业服务开发工作出现问题时，此方案可立即使用。

四、参与人员及其职责

1. 企业分管服务开发工作的副总经理，负责总体指挥和推进。
2. 产品开发部主要领导及员工，负责具体制定方案与执行。

五、实施要求

服务开发的优化要以调整为主，在不耽误服务开发进度的情况下尽快解决问题。

六、优化策略

对服务开发工作的优化，要视具体情况而定，不同情形下有不同的优化策略。

1. 若服务开发工作出现较小偏差，一定程度上影响服务开发工作进度，此时只需对服务开发工作进行小幅、局部、快速的调整。

2. 若服务开发工作出现较大偏差，已经严重影响当前服务开发工作进度，此时则需要对服务开发工作进行大幅调整，甚至推翻原有设计重新立项。

3. 若企业开发环境、资源等发生重大变化，那么就需要按照变化后的实际情况重新确定服务开发工作的流程。

七、优化维度

一般情况下，对服务开发工作的优化可从开发人员、开发流程、开发时间、开发管理、开发项目等维度进行优化。

1. 开发人员。对开发人员进行优化，是指优化参与服务开发的管理人员与一般工作人员，人员的优化有增加与削减两种基本方法。另外，还要考虑人员与岗位的匹配程度。

2. 开发流程。对开发流程进行优化，主要是指对服务开发的具体步骤进行优化，其基本原则是减少不必要步骤、合并类似步骤、丰富关键步骤。

3. 开发时间。对开发时间优化，是指设定科学合理的开发时间。若开发时间太长，容易导致开发人员消极怠工，影响服务上市时间；若开发时间太短，容易导致服务开发进程太过紧促，导致服务产品细节不足。

4. 开发管理。开发管理优化，是指从宏观的角度对参与服务开发工作的人、财、物、技术等内容的管理方式或管理逻辑进行优化，确保人员使用、资源分配、技术创新等工作高效进行。

5. 开发项目。对开发项目进行优化，其实是指对正在开发的服务本身进行优化。这是服务开发优化工作中最常见也是最重要的部分。对服务本身进行优化包括具体是指对服务触点、服务流程、服务内容、服务形式等关键项进行优化。

八、基本优化流程

（一）发现并明确问题

1. 对服务开发的优化从发现服务开发工作的问题与瑕疵开始。
2. 发现问题后，相关人员要及时上报，将问题明确。

（二）分析开发问题出现的原因

1. 发现服务开发的问题后，产品开发部相关人员要展开调查与评估，分析问题出现的原因。

2. 相关人员可向各相关部门寻求帮助,不要把原因局限于产品开发部内部。
(三)提出服务开发优化的对策
1. 查明原因后,产品开发部要着手解决问题,寻找对策。
2. 对服务开发的优化调整,要视其调整幅度与企业高层沟通。当调整幅度较小,不影响开发进度时,产品开发部可内部进行调整;当调整幅度较大,已经影响到开发工作进度时,就需要与分管服务开发的副总经理甚至企业总经理对接,请其定夺调整方向。
(四)实施服务开发优化调整
1. 查明原因并找到解决办法后,产品开发部负责对服务开发进行优化调整。
2. 产品开发部从发现服务开发的问题到服务开发优化执行,其小幅调整时间间隔不能超过____个工作日,大幅调整时间间隔不能超过____个工作日。

九、过程控制与跟踪
本方案执行过程中,分管服务开发工作的副总经理将持续跟踪与监督,以保证方案正常运行。

十、其他
此方案由产品开发部制订、解释、修订与具体执行。

执行部门		监督部门		编修部门	
执行责任人		监督责任人		编修责任人	

第6章
供应链配送、仓储、逆向物流管理

6.1 运输与配送管理

6.1.1 运输与配送作业流程优化方法

运输与配送作业流程优化,是从效率最优出发,以运输与配送作业流程为改造对象,对它进行根本性思考和分析,通过对它的构成要素重新组合,产生出更为有价值的结果,以此实现运输与配送作业流程的重新设计,从而获得企业效益的一定改善。

(1)流程与管理创新

流程创新可进一步分为流程活动的创新、流程逻辑的创新和流程实现方式的创新。管理创新包括管理观念的创新、管理方法的创新、管理方式和管理手段的创新等方面。

(2)消除不必要步骤

对运输与配送作业流程内的非增值流程或活动予以清除。一是原来不是多余的,可是由于条件的改变、技术的发展而变成多余。二是由于流程设计不合理,某些流程是多余或者毫无意义的。

(3)简化非增值性环节

在尽可能清除了非必要、非增值性的环节以后,对剩下的活动仍然应该进行进一步简化,所有流程都应该基于情况和条件的变化而变化,以提高流程的运作效率。

(4)整合流程保证顺畅

经过创新、清除、简化的流程重新结合,保证整个运输与配送作业流程顺畅、连贯,更好地满足顾客需求。运输与配送作业流程整合主要包括任务整合、组织整合、与供应商整合、与顾客整合。

(5)运输与配送信息化

信息化增加了用户与供方、供方与供方的信息联系。这是一种快捷方式来提供企业的信息、产品的信息、客户所需的服务。供应商也能及时得到市场反馈,改进产品、质量、服务,及时适应市场需求。

（6）运输与配送自动化

自动化就是指采用新技术使运输与配送作业流程自动处理，主要应用在脏活、累活、险活、乏味工作及重复性强的工作，数据的采集和传输，数据的分析。

6.1.2 运输与配送作业流程优化报告

以下是运输与配送作业流程优化报告。

报告名称	运输与配送作业流程优化报告	编　号	
		受控状态	

运输与配送作业流程优化报告

一、运输与配送作业概况

某企业现有运输与配送作业人员 30 人，仓库面积逾 300m²，长期可调用的车辆约 50 辆，动力叉车等设备 20 多辆，年运输量达 20 万吨，在全国范围内设立了近百个物流中心。主要作业内容为物流、进出口通关、配送服务。

二、运输流程现状及问题

经销商下单后，销售系统收到订货指令，仓储中心进行配货，送货人凭有效运输单据到调度中心开作业单，并通知司机开始装货，然后开始运输，到达物流中心后，凭收货单到调度室签回单后返回物流中心。运输流程如图一所示。

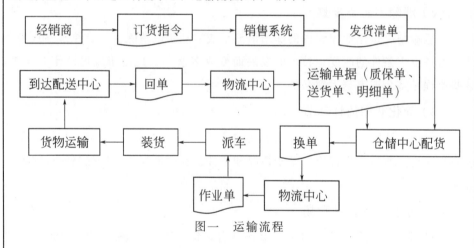

图一　运输流程

运输与配送流程中存在的主要问题有以下 2 点。

1.原有流程中换单步骤过多，容易造成等待，不利于计划执行。

2.缺少运输计划制订步骤，不能对车辆线路做出充分规划，实现效率最大化。

三、运输的流程优化

1.通过对需要的配送点、位置、接收服务时间范围的确定，把每辆车的运输时间、容量、行车线路进行具体规划，安排车辆数量及运输的流程，让每个需求点都能得到规定的服务，满足时间约束的前提下，让物流配送总费用最少。

2.运输方式和商品搭载的优化,按类别、品种分门别类地存放到指定的位置。进行配送时为了充分利用载货车辆的容量和提高运输效率,配送中心常把一条送货线路上不同用户的货物组合,配装在同一辆载货车上,这样不但能降低送货成本,而且可以减少交通流量、改变交通拥挤状况。因此,有必要对配送的产品合理分拣、配载。

3.配送中心为加工等各物流环节的活动,本身不创造价值,所以应尽量节省时间和费用,使装卸搬运作业合理化。优化原则主要有省力化原则、活性化原则、单元化原则、顺畅化原则。

4.优化后的运输流程如图二所示。

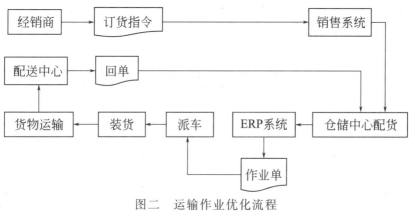

图二 运输作业优化流程

四、配送的流程现状及问题

在配送作业中,物流车辆到达配送中心后,配送人员进行拣货、分货,并通过规划的线路进行送货,客户签收后将信息录入系统,及时与其他成员共享货物信息。配送流程如图三所示。

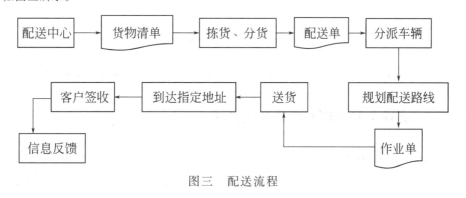

图三 配送流程

现有配送流程中存在以下问题。

1.目前,配送前拣货、分货工作需要两个人进行,一人念单,一人核对货物号,这样不仅效率低,增加人力成本,而且出错率高。

2.目前,每天出库 8000 件,向 86 家零售商配送,根据对业务量的预测,2 年后预计每天出库 20000 件,配送零售商达到 150 家,这对目前配送中心的分拣能力提出了更高的要求。

3. 物流信息交流不畅，供应商、配送中心、零售商之间没有形成信息交流共享平台。

五、配送流程优化建议

1. 拣货、分货环节使用电子识别货物单技术，进行自动分类，减少人力成本和错误的产生。

2. 搭建信息共享平台，使供应商、配送中心、零售商及时了解货物信息，减少沟通成本。

3. 配送流程优化如图四所示。

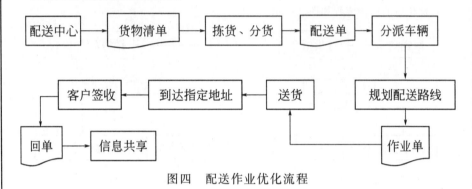

图四　配送作业优化流程

六、小结

运输作业面临需要快速反应、单量大、合理配送的挑战，存在运输效率低下、物流成本过高、反应速度过慢、退货频繁等一系列问题。配送作业承担着企业储存、分拣的功能，同样存在存储能力有限、分拣效率低且出错率高，信息不畅，物流成本过高的问题。针对上述问题对运输与配送各作业流程进行优化，使其顺利解决运输配送流程所出现的问题，立足长远发展，从而在竞争中立于不败之地。

编写人员		指导人员	
主送部门		抄送部门	
报告意见			

6.1.3　运输与配送作业绩效考核方法

（1）强制分配法

强制分配法是按"正态分布"，对考核评价结果或考核者进行合并归类，由考核人员将员工分为几类，每一类强制规定一个百分比，按员工整体绩效归入某一类。分类级别一般为S、A、B、C、D各档次的分布或极优、优、良、中、差的分布。正态分布图如图6-1所示。

按照绩效和能力将所有员工分成5类，其中S类5%，A类15%，B类60%，C类15%，D类5%，对于S类、A类采取的措施是不断奖励，包括岗位

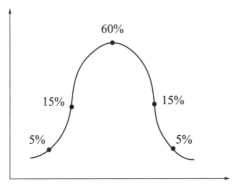

图 6-1 正态分布图

晋升、提高工资，S类还可包括股权激励。B类员工可以适当激励，工作给予认可。C类员工可以进行警告、降级处理。D类员工企业应该考虑淘汰。

（2）要素评定法

所谓要素评定法就是赋予"考核内容"和"考核要素"以具体的内涵（即评语），使之更加直观、具体和明确。

（3）目标管理法

目标管理法由员工与主管共同协商制定个人目标。个人目标依据企业的战略目标及相应的部门目标而确定，并与它们尽可能一致。

（4）重要事件法

考评人在平时注意收集被考评人的"重要事件"。"重要事件"是指被考评人的优秀表现和不良表现，对这些表现要形成书面记录。对普通的工作行为则不必进行记录。根据这些书面记录进行整理和分析，最终形成考评结果。该考评方法一般不单独使用。

6.1.4 运输与配送作业绩效考核报告

以下是运输与配送作业绩效考核报告。

报告名称	运输与配送作业绩效考核报告	编　号	
		受控状态	
运输与配送作业绩效考核报告			
一、概述 　　为明确、合理评价员工的工作成果，充分调动员工的积极性及创造性，达成持续改进的目的，人力资源部于5月中旬组织完成了运输与配送作业第一季度的绩效考核，本次参与绩效考核总人数为25人，不包括副总经理级以上人员及新员工。			

二、考核方法

考核方法为通过对业绩指标的结果评价进行强制分配。

三、运输作业绩效成绩

对第一季度运输人员的考核成绩汇总如下表所示。

业务名称	运输业务	参评人数	25人	分档
评等	姓名	人数	总比	分档占比
A				
B				
C				
D				
E				

四、运输作业考核结果分析

运输业务考核指标有运输任务完成率、运输费用总额、运输货损率、装卸标准合格率、车辆完好率、完成运量率、运输安全事故发生次数、运输线路更改次数,从以上考核结果分布情况来看,考核结果差异性稍大,大体真实反映个人工作的绩效。本次考核基本起到预期的效果,仍需继续完善与加强力度。

五、配送作业绩效成绩(略)

六、配送作业考核结果分析(略)

七、考核过程中出现的问题与建议

运输与配送作业考核过程中出现以下3个问题。

1. 部分员工对绩效考核认识不够,认为绩效考核是企业人力资源部的事情,还有员工认为绩效考核会打消工作积极性,所以对绩效考核工作不够重视,有的只是填报成绩,应付企业的考核工作。

2. 考核者将考核工作置于形式工作,不能准确界定下属的业绩,让下属的考核成绩非常地接近,以此来显示自己的"公平"。

3. 部门负责人希望下属员工拿到全部或比较高的考核工资。其实这种"保护性"考核,打击了绩效较好的员工的积极性,只是保护了绩效不好的员工的利益。

改善方法如下。

1. 完善"绩效考核办法",加强对绩效考核操作知识的培训,明确绩效考核的操作流程、主要事项及评分要求。

2. 加强对各部门负责人绩效管理思维方面的培训,转变管理人员观念,正确理解绩效考核目的和评分偏差所造成的后果,减少评分过程中的主观行为,合理评价员工绩效。

3. 增加考核者人数,进行分类考核。

4. 计算考核指标平均分,避免主观评分造成差异过大。

八、考核结果体现的问题与改善方法

考核结果体现以下2个问题。

1. 部分配送人员不能认真制订工作计划,制定的考核办法不能够对当月的业绩进行有效评价。

2. 部分考核者对被考核者的评分过于主观,没有按照要求评分具体事项,打的是印象分,未能遵守绩效考核的公正、公平性。

改善方法如下。

1. 考核者由管理层进行推荐,保证所推荐考核者评分态度的认真、公正。

2. 严格考核评分制度,对评分项目不能按照要求列出具体事例的将视作为放弃评分。

3. 细化运输配送人员考核指标,细分到每季度具体项目或事项。

九、考核激励的问题与改善建议

考核激励问题:员工的整体绩效激励性不够,无法正面激励特别优秀的员工,打击了被考核人的积极性,不利于员工绩效的提升。

改善建议如下。

1. 考核指标的评分标准建议设置成有加有减的方式,员工整体绩效系数可以超过1,鼓励员工获取更高的、超预期的绩效成绩或对于考核成绩优秀者给予培训学习机会。

2. 对于在其他方面表现优秀员工给予绩效分数奖励,如为企业管理提出建议实施后得到良好效果、为企业利益做出实际贡献、季度全勤等,真正以实际事项业绩考核为导向。

十、绩效面谈

1. 绩效评分结束后,各部门进行绩效面谈,并协同部门经理参与员工的面谈。

2. 绩效面谈从知识、能力、态度及外部障碍等方面对下属工作的完成情况进行诊断分析,找出可能妨碍被考核者实现绩效目标的问题所在,发现绩效差异的原因,帮助被考核人员制订和实施相应的绩效改进计划。

十一、小结

总体来说,本次运输与配送作业绩效考核虽然存在问题,但考核过程没有遇到大的抵触,从绩效考核启动到最后回收表单基本顺利。另外,通过绩效考核办法的推行,提高了大家的绩效管理思维,理解绩效成绩与其薪酬、岗位的变动等息息相关。

编写人员		指导人员	
主送部门		抄送部门	
报告意见			

6.1.5 运输与配送运营方案

以下是运输与配送运营方案。

方案名称	运输与配送运营方案	编　号	
		受控状态	

一、目的

为规范货物运输与配送工作，及时、准确地满足客户的货物需求，不断增强企业货物配送能力，特制订本方案。

二、工作程序

1. 签订合同后，根据项目的需求制订详细的运输发货计划，在装运发货前按照合同要求，在签订生效后将所有装运资料及清单提交客户确认。

2. 一般情况下采用汽车运输方式负责设备运输，也可根据客户实际需求改用不同的运输方式。

3. 将到货时间、到货品种、规格、数量以及车辆型号通知客户。

4. 理货部门按要求将客户所需的各种货物进行分货及配货。

5. 产品所在现场的负责人根据产品的特点（外形及搬运要求），配置和选用适宜的搬运工具（货车搬运、人力搬运），规定合理的搬运方法，以防止搬运物资受到损坏。

6. 应按包装要求进行搬运，搬运中明确责任，文明装卸、轻装轻放，防止受潮、破损，不得破坏包装，防止跌落、碰撞、挤压。

7. 进行适当的包装并详细标明客户名称、地址、送达时间以及货物明细。

8. 运输接货人员在确保票实无误，或对出货的问题处理后，方可装车，装车要求严格按照货物性质、要求，堆码层数的规定，平稳装车码放，捆扎牢固。

9. 设备到达项目地点后，遵守项目现场工作需要，企业进行卸车、安排清点、验货、安装、调试以及验收。

10. 如果客户有退货、调货的要求，则应将退换商品随车带回，并完成有关单证手续。

三、运输作业要求

1. 设备、材料的运输，要坚持及时、准确、安全、经济的原则。根据采购地与交货地的交通运输情况、地理环境和设备、材料的质量要求、采购数量，合理地组织运输，选择运输方式。

2. 国内采购的设备、材料，不需要在国内加工的部分，根据工程进度安排，直接由供应商运输至指定地点，验收合格后，交由总承包商负责出口运输事宜。

3. 需要在国内加工成半成品的材料，由供应商负责运输至加工现场，验收合格后，由仓库管理员验收入库。

4. 考虑到运输过程中成品、半成品的形变，要根据其特点，制定相应的运输方案，在材料包装上要标印或粘贴"运输包装指示标志"，如小心轻放、重心点、由此吊起等。

5. 运输保障控制

对准备运输的货物做好防护措施，以防损伤。对运输的控制有以下5个方面。

（1）装载前的验证：装载前，必须对要运输的货物进行核对验收。

（2）有效地执行运输细则：执行防雨加固方案，到货后立即执行接收条款。

（3）选取和维护运输工具：正确选用运输工具，对运输工具进行维护。

（4）正确选取运输路线：在运输前再次对路线进行勘查，确保运输条件与实际情况相符。

(5)运行过程中的检查:弯道检查,通过弯道大于90°的道路,必须慢行,确保货物处于相对水平的状态。

四、配送频率及时间要求

1.及时、准确保障所需物资,保持24小时通信畅通。

2.有计划地安排配送工作,防止误点错送,针对恶劣天气等不可抗力因素建立完善的应急保障机制以确保物资供应。

3.分拣打包:针对采购单位采购的货物进行分拣打包,打包容器应耐磨、防水、卫生安全,不得含有可能对人身造成伤害的物品,具体标准由采购人员确认。

4.配送地点:采购方指定地点。

五、制订配送计划

制订配送计划时应考虑6个要素:配送货物的性质和特点、车辆种类、现有库存的保证能力、现时的交通条件、装车货物的比例和最佳配送路线与配送频率。

六、日常配送管理

1.在合同签订后,按合同要求将产品送到指定交货地点。

2.在合同签订后,以书面形式提供详细供货及运输计划,便于安排质量抽检和到货验收。

3.配送人员负责把产品运送到指定地点。在配送过程中保证产品的质量与安全,不要配送挤压、损坏的货物。

4.在各阶段的操作过程中,注意要点:明确订单内容、掌握产品的性质、明确具体配送地点、适当选择配送车辆、选择最优的配送线路并充分考虑各作业点的装卸货时间,尽量在最短时间内用最低的成本配送最准确的货物。

七、应急配送管理

按要求时间配送到位,明确配送时限,保证在7×24小时配送服务响应,并及时反馈产品的筹措及配送情况。

八、专项配送管理

根据产品订购计划及配送时限,保证做到7×24小时配送服务响应,并及时反馈产品筹措及配送情况。

1.专人负责受理产品订购、计划调整、退货更换等事宜,时刻保持通信畅通,计划顺畅,处置及时,收到产品需求配送计划后及时予以确认,按要求配送到位。

2.严格按订购计划,明确产品类别、数量、规格、包装、配送时间和地点进行供货,对配送供应的产品进行准确分类、包装、标识,并按照约定时间和地点完成配送。

3.提供产品供货目录,并根据需求及时对产品库存进行调整。

九、附则

1.本方案由物流部负责编制、解释与修订。

2.本方案自××××年××月××日起生效。

执行部门		监督部门		编修部门	
执行责任人		监督责任人		编修责任人	

6.1.6 运输与配送业务绩效考核方案

以下是运输与配送业务绩效考核方案。

方案名称	运输与配送业务绩效考核方案	编　　号	
		受控状态	

一、目的

为了提高配送人员的工作效率与服务质量,规范企业配送人员的工作标准,增强企业配送竞争力,特制定本考核方案。

二、考核原则

1. 坚持实事求是、客观公正原则。
2. 体现多劳多得、奖勤罚懒原则。
3. 遵循差异考核、结果公开原则。
4. 实行分级考核、逐级落实原则。

三、适用范围

适用本企业运输与配送业务所有人员。以下人员除外。

1. 考核期开始后进入企业的员工。
2. 因私、因病、因伤而连续缺勤15日以上者。
3. 因公伤而连续缺勤55日以上者。
4. 虽然在考核期任职,但考核实施日已经退职者。

四、考核者

本次考核由物流部主管、人力资源部主管主要负责。

五、考核周期

对运输及配送业务人员的考核周期采用月度考核与年度考核。月度考核结果决定业务人员当月绩效评估得分,并作为绩效工资发放标准;年度考核将配送人员当年各月考核评估得分进行汇总,并按照年考核次数得出年平均考核得分,结合部门主管的意见,最终作为年终奖的发放依据。

六、考核内容

（1）配送人员考核内容

序号	KPI指标	权重	绩效目标值	考核得分
1	配送计划完成率	20%	考核期内配送计划完成率达到＿＿＿％	
2	配送费用控制	15%	考核期内配送费用控制在预算范围内	
3	分拣准确率	10%	考核期内分拣准确率在＿＿＿％以上	
4	配送及时率	10%	考核期内配送及时率在＿＿＿％以上	
5	配送货损率	5%	考核期内配送货损率在＿＿＿％以上	
6	配送差错率	5%	考核期内配送差错率在＿＿＿％以上	
7	配送丢失率	15%	考核期内配送丢失率在＿＿＿％以上	
8	通知及时率	5%	考核期内通知及时率在＿＿＿％以上	
9	投诉处理率	5%	考核期内投诉处理率在＿＿＿％以上	
10	客户满意率	10%	考核期内客户满意率在＿＿＿％以上	

（2）运输人员考核内容

序号	KPI指标	权重	绩效目标值	考核得分
1	运输任务完成率	20%	考核期内运输任务完成率达到____%	
2	运输费用总额	15%	考核期内运输费用控制在预算范围内	
3	运输货损率	10%	考核期内运输货损率在____%以上	
4	装卸标准合格率	10%	考核期内装卸标准合格率在____%以上	
5	车辆完好率	10%	考核期内车辆完好率在____%以上	
6	运单完成率	10%	考核期内运单完成率在____%以上	
7	运输安全事故发生次数	15%	考核期内运输安全事故发生次数在____以下	
8	运输线路更改次数	10%	考核期内运输线路更改次数在____以内	

七、绩效考核实施

1. 绩效考核说明。

物流部主管在进入考核周期之前与业务人员进行绩效考核沟通，明确考核目标与考核标准。

2. 绩效考核指导。

在考核周期内物流部主管要对被考核的业务人员进行绩效指导，以帮助其随时保持正确的工作方法，最终保证绩效考核目标的顺利达成。

3. 自我绩效评价。

物流部主管在考核周期结束之前向被考核配送人员下发考核表，指导其对照绩效目标进行自我绩效评价。

4. 部门主管考核。

被考核业务人员完成自我绩效评价后上交考核表，由物流部主管对照绩效目标进行考评，其结果按照得分划分为以下几个等级。

（1）绩效评估得分在95分及以上的等级为A。

（2）绩效评估得分在85~94分的等级为B。

（3）绩效评估得分在75~84分的等级为C。

（4）绩效评估得分在60~74分的等级为D。

（5）绩效评估得分在60分以下的等级为E。

八、绩效反馈

物流部主管要与被考核业务人员进行面谈，将考核评分结果告知被考核者，并一同分析考核结果，制定具体的工作绩效改进措施。

九、考核结果运用

1. 月度绩效工资发放。

根据当月被考核业务人员的绩效评估得分、等级确定绩效工资发放比例。

（1）绩效评分等级为A的，绩效工资发放比例为15%。

（2）绩效评分等级为B的，绩效工资发放比例为12%。

（3）绩效评分等级为C的，绩效工资发放比例为10%。

(4)绩效评分等级为 D 的,绩效工资发放比例为 8%。
(5)绩效评分等级为 E 的,绩效工资发放比例为 5%。

2. 年度年终奖金发放。

年度考核将业务人员当年各月考核评估得分进行汇总,并按照年考核次数得出年平均考核得分,按其分数进行年终奖金发放。

(1)年平均绩效评分在 95 分及以上的,年终奖金发放____元。
(2)年平均绩效评分在 85～94 分的,年终奖金发放____元。
(3)年平均绩效评分在 75～84 分的,年终奖金发放____元。
(4)年平均绩效评分在 60～74 分的,年终奖金发放____元。
(5)年平均绩效评分在 60 分以下的,年终奖金发放____元。

3. 员工培训。

企业可根据运输与配送人员年度考核情况培训员工,考核等级为 A 级和 B 级的员工,有资格享受企业安排的提升带薪培训;考核等级为 C 级与 D 级的员工,可以申请相关培训,经部门主管与人力资源部批准后方可参加;考核等级为 E 级的员工,必须参加由企业安排的适职培训。

十、附则

1. 绩效考核指标与标准可随市场与企业的实际情况进行调整,经物流部直属上级同意方可调整,并将调整结果及时告知人力资源部。
2. 本方案由物流部负责编制、解释与修订。
3. 本方案自××××年××月××日起生效。

执行部门		监督部门		编修部门	
执行责任人		监督责任人		编修责任人	

6.1.7 运输与配送运营策略

(1)运输与配送流程的梳理与优化

企业应对原有运输与配送业务流程进行全面的梳理,在保留合理流程的基础上,不断修订落后的规章机制、作业模式,并对其进行优化配置,从而形成作业指挥、物流执行两个系统之间的有机结合,以此来有效促进运输与配送业务的高效运行。

(2)加强物流活动中的仓储管理

一般而言,运输与配送业务会涵盖全国各省市地区,虽然物流本质上对商品承载内容可不考虑,只需区别数量、包装方式以及周转时间和动销率等,但应强调物流作业空间上的动态分配,必要时引入虚拟空间概念对货位进行管理。

(3)设备需及时改进与更新

供应链企业应当在不断发展过程中,加强设备改造与更新,比如引入 RF 系统，以有效缩短实际操作时间，并且加快盘存速度。通过这种方式来取代传统的人工盘存，从而使客户、供应链企业可随时获取准确的信息资料。

再如，引入新设备，比如四向托盘、自动分拣机以及高架叉车和自动引导搬运车等，对当前的物流设备定期检修、维护，从而提高它们的使用效率。

（4）提高物流从业人员的综合素质和业务技能

供应链企业内部应当加强员工综合素质和业务技能的培训，培养员工的归属感，提高他们发现、解决问题的能力，同时还应当结合供应链企业实际情况，适时地引入懂计算机与网络知识和物流的综合性人才以适应企业发展的需要。

（5）完善和健全信息系统

供应链企业应通过市场细分各类产品的特点、客户需求现状以及物流运作要求，筛选重要客户长期合作、跟踪服务。积极寻求供应商，建立稳定关系，在技术、服务以及管理方面结成战略联盟关系，实现信息资源共享。

6.1.8 运输与配送考核与评价体系设计

（1）体系说明

运输与配送业务是物品从供应地向接受地的流动过程，如果其各方面配置合理，将会使物流达到最优。运输与配送考核与评价体系具有以下特点。具体如图6-2所示。

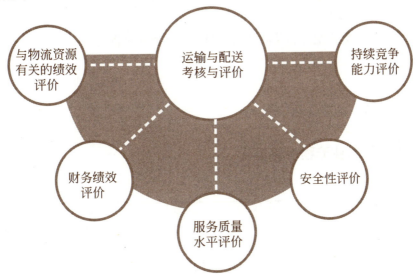

图 6-2 运输与配送考核与评价体系

① 相应的长期性。不追求企业在很短的时间内圆满实现，以帮助企业的持续改进，引导企业绩效的不断提高。

②过程性。考核重点不仅是一个流程或活动的最终结果，还包括了为达到实现这一最终结果而必须采取的一些行动和措施。

③定量化。对于每一项考核要点都引导性地给出了一到多条测评的项目，以事实、记录、数据来作为考核得分的主要依据。

（2）考核与评价体系设计重点

① 构建和完善运输系统。

第一，注重运输网络的合理配置，将物流中心设置在有利于提高货物直送的地方。

第二，因地制宜地选择最佳的运输方式，构建并充分运用海陆空立体交叉的现代化交通网络。

第三，依照成本收益原则，通过比较，选择使用成本最低的运输方式。

第四，提高运送效率，努力提高运输工具的运行率、装载率，避免装载空间的闲置。

第五，推进协同运输部门、企业、行业间的合作，以及批发、零售、物流中心之间的配合，共同提高运输工作效率。

② 构建和完善物流配送信息系统。物流配送信息系统是支持物流配送的流动系统，物流配送正是通过信息系统得到准确的市场情况而运作的。一个完善的物流信息系统的构建与发展就是使物流和信息流能够协调运作，从而达到配送通畅，提高效率。

③ 构建和完善物流配送主体系统。现代物流配送主体系统是指将产品提供给消费者这一过程的一切部门、法人和自然人构成系统，包括物流配送投资主体和需求主体、与物流配送相关的辅助部门以及物流配送供给主体四个部分。

6.2 仓储管理

6.2.1 仓储作业流程优化报告

以下是仓储作业流程优化报告。

报告名称	仓储作业流程优化报告	编　　号	
		受控状态	
仓储作业流程优化报告			
一、仓储中心概况 目前企业仓库面积 $300m^2$，分为 2 层，层高 4.5m，每层均有独立仓库，实行封闭式管理，库内设有大型停车场，大货车可以随意进出掉头，配有 2t 承重电梯 2 部，叉车 30 辆，地牛 5 个，托盘 50 个，还设有司机休息区、吸烟区、办公区等。			

随着市场的竞争程度愈演愈烈,需求和供给状态不断变化,对企业的效率有了更高的要求。企业要根据市场变化对仓储管理的工作流程进行相应的改革,提高工作效率,减少操作失误,如果仍然按照原有的流程进行工作,必然会产生诸多不合理的情况,导致企业在市场上的失利。

二、入库流程现状及其问题

入库流程如图一所示。

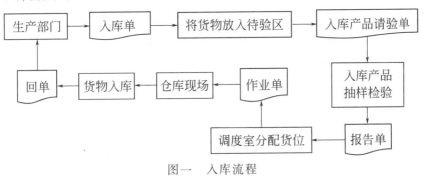

图一 入库流程

发现仓储中心入库流程中存在的主要问题有以下几个。

1. 流程未体现不合格产品如何处理,是否返工等。
2. 分配货位是在检验后,出具报告单完毕后进行的,造成等待,不利于计划制订。
3. 没有涉及信息系统,不能自动采集录入货物信息,缺乏信息共享。

三、入库流程改进方法

1. 检验不合格产品,可以返工的进行返工,不能返工的放在不合格区域等待处理。
2. 仓库将拟入库货物的基本信息通过信息采集设备进行自动采集,然后进行数据库导入,更新数据库信息。基本信息包括:入库货物的数量、尺码、重量,每件货物的信息,供应方将入库车辆信息导入至数据库,并和接收方进行信息共享。基本信息包括:入库车辆的类型、吨位、预计到达时间等。
3. 分配货位改在检验前,加强货位的计划管理,分段制订计划,包括月、周、日计划。
4. 流程改进方案如图二所示。

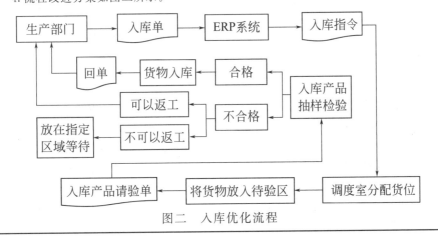

图二 入库优化流程

四、出库流程现状及问题

在提货作业中,企业为贸易商开提货样单,产品交易成功后,企业给购买厂家开提单,购买厂家拿提单根据自己生产计划委托物流企业去专业市场提货,仓储中心根据提单和样单组织发货。出库流程如图三所示。

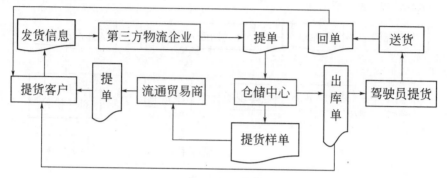

图三　出库流程

仓储中心出货流程中存在的主要问题有以下几个。

1. 物流量不均匀,表现为每天的出库量变化较大且每天提货时间过于集中,图四为2022年3月1个月的出库量,图像清楚地反映了物流量的变化情况。业务量短期内大幅变动,给仓储中心内部设备、人力资源的调配使用造成了很大的困难,也提高了运作成本,主要原因是仓储中心内部物资转出主要是按照客户需要,随来随取,无计划性。

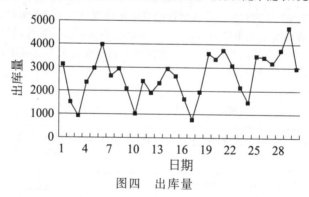

图四　出库量

2. 对运输承运人的协调控制能力弱,因为承运人选择是由货主或客户委托货运公司决定的,造成流量不均匀。

3. 客户物流服务由仓储中心、货运公司、社会承运人三方提供,各自为政,协调不畅,仓储中心物流业务单一,盈利能力、整合资源的能力低。

4. 没有对客户进行分类管理,使资源紧张时无法优先满足重要客户,使客户满意度较差,影响了仓储中心竞争力和可持续发展。

5. 仓储中心目前主要是提供有限的装卸、储存业务,利润少,产品配送业务目前还没有开展,配送主要由客户选择运输公司进行外运,各自为政,难以实现共同配送,使物流成本过高,配送时间过长,物流节点整合资源的潜力无法发挥,也使得在同类产品市场竞争时,不能提供差异化的服务,缺乏核心竞争力,这也是仓储中心内部作业缺乏计划性,交通流量堵塞的主要原因。

五、仓储中心出库流程改进及其建议

1. 设置配货中心,开展配送业务。配送是物流中心的一项重要功能,因为物流中心承担物流节点的功能,由于物流中心积聚了大量的社会物资,可以更好地整合社会资源,有条件更好地实行共同配送,实现物流的规模效应和时间效应。

2. 加强时间分段管理,提高服务质量。时间分段管理是常用的一种均匀一天物流量的方法,在计划性很强,物流量较大且涉及较多供应商的产品生产,尤其是采用准时制生产时通用的一种做法,在汽车、家电等很多产品生产中采用,收效显著。

3. 为解决码头内物流量不均匀,需要加强内部作业的计划性,对客户进行 ABC 分类管理,保证为关键客户提供及时服务,对供应链进行优化,通过预约等手段逐步加强作业管理的计划性,也可以考虑制定分时段的收费政策,来平衡物流量。

4. 加强信息化建设。采用条码、射频技术进行货物标设、跟踪管理。

5. 改进后出货流程如图五所示。

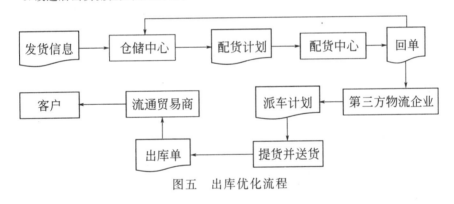

图五　出库优化流程

六、小结

优化后的流程改善了仓储作业效率低下、信息共享不及时以及各部门之间的沟通不及时等问题,提高了物流作业的效率,使仓储作业得到更好的发展。

编写人员		指导人员	
主送部门		抄送部门	
报告意见			

6.2.2　仓储作业绩效考核报告

以下是仓储作业绩效考核报告。

报告名称	仓储作业绩效考核报告	编　号	
		受控状态	

仓储作业绩效考核报告

一、总体运行说明

20××年,企业围绕整体发展战略和年度经营目标,严格按照企业的绩效考核安排,在企业高层领导下,各部门工作人员的主动配合下,积极开展绩效考核工作。在本年考核结束之时,为更好地总结本年度绩效考核的经验与不足,便于下年度绩效考核工作的开展,特总结如下。

二、绩效考核结果

通过对绩效考核相关数据的收集和分析,20××年度,员工绩效考核成绩分布情况如下表所示。

考核分数	区间人数	所占比重
60分以下	2	1.6%
60~75分	15	11.8%
76~90分	65	51.2%
90分以上	45	35.4%

三、考核体系中存在的问题

1. 考核体系设计问题。

绩效考核本身需要稳定的组织结构、科学的职位描述、公正的良好手段等。但企业20××年绩效考核中,还缺乏科学的职位描述体系,导致某些绩效考核指标及流程设计不够全面,所以客观地讲本次考核体系的某些设计方面还不是十分到位。

2. 绩效考核沟通问题。

沟通与互动是绩效考核实施操作中需要重点关注的问题,如果一个部门经理在帮助员工制定个人工作目标时不与员工进行充分沟通,过程中没有引导与协助,最后的考核结果没有在与员工充分沟通的基础上提出工作改进点,那么最后的考核结果肯定是失效的,很难起到绩效改进的作用。

3. 绩效考核认识问题。

部分员工对于绩效考核的认识还不到位,认为考核只是走一个形式,所以从思想上还不够重视,此外在考核实施过程中,还有部分员工认为绩效考核无非就是考核者给他们的工作增添不必要的麻烦,这些负面的认识误区使员工在操作中会产生明显的抵触与排斥情绪。

4. 绩效考核申诉处理。

20××年绩效考核中,员工普遍反映对绩效考核结果无申诉途径,只能被动接受考核结果。这一现象导致员工对绩效考核的科学性、公平性存在质疑。

四、应对策略

1. 通过探索和改善,在实践中不断完善和优化绩效考核体系,尤其是那些反映问题较多或所占权重较大的考核指标。

2.加强对员工绩效考核知识的培训,逐步地导入考核理念,使之形成积极参与绩效考核的习惯。

3.人力资源部加强与各职能部门之间的沟通与引导工作,并通过表格或其他各种方式引导部门经理与员工之间的考核沟通与互动。

4.将绩效考核与薪酬挂钩,只有与绩效挂钩,才能充分引起员工的重视,也才能够充分暴露一些原来无法暴露的问题,然后通过调整达到考核体系不断优化的结果。最终考核体系才能真正达到激励员工不断改进绩效的作用。

5.针对绩效考核结果无处申诉的问题,在明确申诉机构的基础上重点增加了申诉处理,并在其中规定申诉形式、申诉受理时间及答复,以改变员工被动考核心态。

五、考核成绩统计

从考核成绩的统计结果上看,企业86%的员工的工作表现都能符合企业的要求,12%的员工还需进一步的改进,2%的员工不能达到企业的要求。

六、考核结果运用

1.本次考核结果与员工的薪酬待遇、岗位调整、培训开发等人事制度挂钩。

2.为企业建立能上能下、能进能出的自我约束用人机制,以实现人才在企业内部各岗位的优化配置,促进企业人力资源的开发、管理与合理利用。

3.本次考核极大地提高了员工的工作积极性和主动性,在员工中形成了争先创优的局面。

编写人员		指导人员	
主送部门		抄送部门	
报告意见			

6.2.3 仓储运营方案

以下是仓储运营方案。

方案名称	仓储运营方案	编　号	
		受控状态	

一、目的

为保证仓储部的产品、物料能够及时、齐备、按质按量地供应及交付,确保物流畅通、安全、有序,降低库存积压,提高库存周转率,加速资金周转,特制定本方案。

二、建立质量保证体系

(一)建立组织机构

企业建立以仓储部经理为第一责任人的产品、物料质量保证体系,由物资供应部门、质检部门及库房管理人员负责产品、物料质量管理体系的日常运行工作。

(二)建立仓储管理制度体系

仓储管理制度体系,是指导产品、物料工作的原则性准则,形成一套行之有效、完整的管理制度体系。是确保物料管理工作正常进行的坚实基础。

(三)采用计算机系统管理

仓储部所有进场产品、物料的进场、入库、保管、出库等均采用计算机系统管理,统一调配。

三、仓库的规划设立

原则上应以物资的属性特点和用途规划设置仓库,并根据仓库的条件考虑划区分工。凡吞吐量大的平台堆放,周转量小的用货架存放。平台堆放以分类和规格的顺序排列编号,上架的以分类定位编号。

四、材料的储备

根据项目特点,合理编制材料储备定额。在编制材料储备定额时,要考虑材料消耗的不均衡性及不确定性、材料的运输周期、材料储备资金、市场供销状况、材料管理水平等因素。材料储备定额包括经常储备定额、保险储备定额及季节储备定额。

五、材料的接收入库

根据材料的到货方式和到货地点安排接收,到货方式有铁路车站到货、码头机场到货、到供货单位提货。接料工作是仓库业务的开始,必须认真检查,取得必要的证件,避免将一些运输过程中或运输前就已发生损坏的材料带入仓库。

1. 供货单位直送仓库。

首先检查入库凭证,与供货单位人员共同作初步验收。检查材料数量和外观质量,无误后可签认放行。若有差错应填写记录,由送货人员签章证明。以此向有关部门提出索赔。

2. 到车站、码头、机场等运输部门提料。

根据有关资料仔细核对品名、规格、数量,检查外观、包装、封印的完好情况,若有疑点和不符,应当场要求运输部门检查,对短缺损坏情况做出记录。到库后与仓库管理员办理内部交接手续。

3. 到供货单位提货。

将提货与初验结合起来同时进行。仓库应根据提货通知,了解所提材料的性能、规格、数量,准备好提货所需机械、人员及工具,与供方当场检验质量,清点数量,做好验收记录,以便交仓库管理员进行复验。

4. 办理入库手续。

凡验收合格的材料,应及时办理入库手续。

六、材料的保管

1. 材料的安全消防。

不同的材料性能决定了其消防方式有所不同。一般固体材料燃烧应采用高压水灭火,若同时伴有有害气体挥发,则应用黄沙灭火并覆盖。一般液体材料燃烧,适合使用干粉灭火器或黄沙灭火。因此应按材料的消防性能分类设库。每种材料的消防方式应视具体材料性能而确定。

2. 降温。

怕高温的材料,在夏季应做降温养护,可采用房顶喷水、室内设置降温设备、夜间通风等,改善保管温度。

3. 防虫和鼠害。

通过喷洒、投放药物,减少损害。

4. 材料的出库。

(1)及时审核发料单据上的各项内容是否符合要求,核对库存材料能否满足;及时备料、安排送料、发放;及时记账登卡;及时复查发料后的库存量与记账登卡的结存数是否相符;剩余材料(包括边角废料、包装物)及时回收利用。

(2)准确按发料单据的品种、规格、质量、数量进行备料、复查、点交;准确计量,以免发生差错;准确记账、登卡,才能使账物相符;准确掌握送料时间,减少二次转运。

七、材料的出库

1. 仓库管理员必须认真贯彻发料和限额领料制度,认真核对领料单,严禁乱发错发。根据生产计划和实际情况需要进行领料,严禁多领少用,从而使材料腐蚀变质。

2. 材料出库凭证是发放材料的依据,仓库管理员要认真审核材料发放品种、规格、数量,并核对签发人的签章及单据、有效印章,无误后方可进行发放。非正式出库凭证一律不得发放。

3. 首先检查出库凭证与发放材料所列项目是否一致,然后检查发放后的材料实存数量与账务结存数量是否相符。无论是内部领料还是外部提料,发放人与领取人应当面点清交接。如果一次领(提)不完的材料应做出明显标记,防止差错,分清责任。

4. 材料发放出库后,应及时清理拆散的垛、捆、箱、盒,恢复原包装要求,整理垛位,登卡记账。

八、仓库盘点

1. 通过盘点准确地掌握实际库存量,摸清在库材料质量状况,发现材料保管中存在的各种问题,了解材料储备定额,了解积压数量。

2. 通过盘点应做到"三清"即数量清、质量清、账表清;"三有"即盈亏有分析、事故差错有报告、调整账表有依据;"三对"即账册对、卡片对、实物对。

3. 盘点内容

(1)盘点数量。通过对仓库材料数量的盘查清点,核对保存的实物与账面所记载的数量是否一致。盘点中发现数量出现盈亏,且盈亏量超过规定范围时,除在盘点报告中反映外,须向项目物资供应部部长上报,查找原因,及时处理。

(2)盘点质量。在清点材料数量的过程中,同时检查材料外观质量是否有变化,是否临近或超过保质期,是否已属于淘汰或限制使用的产品,若有则应做好记录,上报项目物资供应部部长及时处理。

(3)当库存材料发生损坏、变质、降低等级问题时,须填报"材料报损报废报告"并通过项目技术、质量、材料供应、材料检验部门共同鉴定等级降低程度、变质情况及损坏损失金额,报资源经理进行处理。

(4)当出现品种规格混串和单价错误时,应及时进行调整。对于各项保管措施出现的问题,应在盘点报告中单独列项说明。对于保管场所设施的问题,向资源经理及物资供应部部长提出申请处理。

九、仓储安全质量保证措施

1. 建立以生产主管为第一责任人的设备、材料质量保证体系,由生产主管、仓储主管、技术负责人、质检负责人、材料负责人、设备负责人、保管负责人组成,对设备、材料的使用有否决权。

2.建立健全设备、材料管理规章制度,严格按仓储管理制度执行,对于特殊设备、材料、易燃易爆材料应编制作业指导书。

3.由生产主管、仓储主管组织对仓库进行定期和不定期的检查。由仓储主管对产品标识、可追溯性、实施情况进行专项检查,发现问题时要及时纠正。保存检查和纠正记录。

4.加强质量控制,原材料、成品、半成品的采购必须认真执行设备、材料采购管理制度。对采购到现场的材料,采购人员必须进行验证,严把质量、数量、品种、规格验收关。

5.对进场材料或半成品坚持验品种、验规格、验质量、验数量的"四验"制度。

6.合理有效利用进场有限空间位置,对进场材料要分类堆放整齐,并挂上标签牌,根据货物特点必须做到成方、成垛、成行、一头齐、一个面、一条线。做到过目有数,检点方便,文明整齐。

十、附则

1.本方案由仓储部负责编制、解释与修订。

2.本方案自××××年××月××日起生效。

执行部门		监督部门		编修部门	
执行责任人		监督责任人		编修责任人	

6.2.4 仓储业务绩效考核方案

以下是仓储业务绩效考核方案。

方案名称	仓储业务绩效考核方案	编 号	
		受控状态	

一、概述

本方案主要由仓库部门主管负责监督执行。仓库部门主管根据每个员工每天的工作完成情况,依据本方案的相应标准予以打分。以一个月为一个考核期,每一个考核期内,各个员工的初始考核分数均为 100 分,每月的考核结果由考核专员负责汇总,结果汇总出来后,按照本方案的相应标准对各个员工给予相应的绩效奖金与惩罚,绩效奖金与其工资一同发放。

二、入库考核

1.配件入库前,财务人员必须统计入库配件,例如数量、型号、颜色及生产材料等,是否与入库实物相吻合无误差,方可签收入库,否则追究财务人员的责任,扣财务人员考核分数 2 分。

2.当财务人员对物料核对完毕并签名后,仓库管理员方可做入库记录,否则追究仓库管理员的责任,扣仓库管理员考核分数 2 分。

3.仓库管理员必须及时把材料摆放到指定位置,并在相应的账物卡上做好增减记录,新进材料没有账物卡的,必须及时建立账物卡并在账物卡上做好相应的增减记录,否则追究仓库管理员的责任,扣其考核分数 2 分。

4. 仓库管理员要定期把相应物料某段时间在账物卡上的入库记录与财务人员处对应的入库记录进行核对,并做相应的书面核对记录,发现不符及时上报仓库主管,不按规定进行定期核对的,追究仓库管理员的保管责任,扣其考核分数2分。

5. 财务人员要定期检查账务入库记录、账卡记录是否相符,一旦发现二者不符,及时上报仓库主管,由仓库主管安排人员对相关物品进行盘点。财务人员及时发现入库记录与账卡记录不符并上报仓库主管,奖励其考核分数2分。

6. 电脑入库记录与账物卡入库记录不符,非财务人员发现,奖励发现者考核分数2分,同时追究财务人员的责任,扣其考核分数2分。

7. 未经仓库主管同意,仓库管理员无权查看财务人员所用电脑中的有关物料某段时间的入库记录,一经发现扣其考核分数2分。

8. 仓库主管定期组织仓库管理员与财务人员核对某段时间有关物料的入库记录,发现不符,及时安排相关人员盘点并落实具体的责任人。因仓库管理员忘记在账物卡上及时做增减记录进行盘点的,追究仓库管理员的责任,扣其考核分数10分;因财务人员记错物料入库记录造成盘点的,追究财务人员的责任,扣其考核分数10分。

三、出库考核

1. 配件跟辅料出库前,仓库管理员必须核对领料员所持限额领料单是否有生产部主管签字和领料人签字,如果两者签字不齐,仓库管理员可推迟发料并备注(如果生产主管请假要有临时代替人签名,因物料的特殊性不得不多发的物料,仓库管理员必须在单据上注明清楚但要由领料人签字),仓库管理员发完物料后,应把单据一张不漏地交给财务人员入账,否则追究仓库管理员的责任,扣其考核分数5分;仓库管理员完成入账后应把另一份单据上交仓库主管审核,如有发现遗失单据将追究账务员的责任,扣除考核分数5分。

2. 仓库管理员没有接到领料部门的领料单,直接发放物料的,无论是否造成不良后果(特殊情况须报经仓库主管或经理批准),均追究仓库管理员的责任,扣其考核分数10分。

3. 仓库管理员接到领料部门领料单,发出相应的物料后,必须及时在相应物料对应的账物卡上做好增减记录,否则追究仓库管理员的责任,扣其考核分数2分。

四、退换料考核

1. 退领物料,领料员持领料单跟退料单到仓库进行退领料,仓库管理员必须确定造成退料的具体原因。因物料原因造成退料的,领料单上必须有品管部主管的确认签字并注明原因;因人为原因造成退料的,领料单上必须有生产部主管的确认签字并注明原因(备注:退换的报废物料必须把全部配件拆掉分别注明物料名称,不然一律不换),如发现仓库管理员不按程序接收物料,追究仓库管理员责任,扣其考核分数5分。

2. 仓库管理员核对退换领料单后,按退换领料单要求发放物料,并做好相应的账务记录,否则追究仓库管理员的责任,扣其考核分数10分。

3. 仓库管理员没有接到退换领料单,直接发放物料的,无论是否造成不良后果(特殊情况须报经仓库主管批准),均追究仓库管理员的责任,扣其考核分数10分。

4. 仓库管理员、领料员在领料单和换料单上签字后,领料员方可把所领物料带出仓库,否则追究仓库管理员的责任,扣其考核分数5分。

五、发料考核

1. 仓库管理员因物料的特殊性多发出的物料，相应的责任人必须及时追回，因追回不及时造成多发物料丢失（用料部门的实际用料记录与仓库的出库单记录不符，而仓库相应的责任人无法追回多发的物料）的，追究相应的责任人的责任，扣其考核分数10分。

2. 仓库管理员追回多发出的物料后，财务人员必须打出退料入库单，并做好相应的账务记录，否则追究财务人员的责任，扣其考核分数2分。

3. 对于追回的多发物料，仓库管理员必须及时摆放到指定位置，并做好相应的账物卡增减记录，否则追究仓库管理员的责任，扣其考核分数2分。

六、其他考核

1. 因生产中心加急生产订单等特殊需要，下班休息期间仓库管理员或财务人员配合生产中心需要，及时发放生产中心急需物料，奖励相关人员考核分数2分。

2. 因下班休息期间，仓库有关人员配合生产中心需要发放急需物料，不能按照规定程序办理有关出库手续的，属于特殊情况，予以特殊对待，不追究责任人的相关责任，但是相关手续必须于特殊情况发生后的第一个工作日内补办，不能及时补办的追究责任人责任，扣其考核分数2分。

3. 在不耽误做本职工作的前提下，主动帮助部门其他人员完成相关工作的，奖励其考核分数2分。

4. 对于仓库主管安排的有关工作，在仓库主管的多次（超过两次）催促之下完成，不论完成结果如何，扣相关责任人的考核分数10分。

七、考核方案执行的其他有关细则

1. 仓库主管必须根据每天仓库的实际出入库情况，有针对性地对出入库流程的关键点进行重点检查并做好记录，发现问题，直接追究具体责任人的责任，按相应标准扣分。

2. 仓库主管对仓库所属人员进行的每次考核打分，必须随时通知所有被考核人员，让其知道扣分的原因或加分的原因。

3. 对仓库管理员、财务人员的考核，每月由仓库主管把相应的考核检查表格交绩效考核专员处进行汇总，考核结果汇总出来之后，按照相应的标准计算被考核者的绩效奖金，并把结果及时通知被考核者，考核奖金与其工资一并发放。

八、绩效奖金计算的有关细则

1. 企业每月出200元作为仓库管理员、财务人员的绩效奖金。

2. 每月被考核人员考核分数低于60分者，将在工资中扣100～200元。

3. 被考核者每月的考核分数低于80分者，不予发放当月的绩效奖金。

4. 考核分数在80～85之间发放绩效奖金100元，考核分数在86～90之间发放绩效奖金150元，考核分数在91～95之间发放绩效奖金200元，考核分数在96～99之间发放绩效奖金250元，考核分数为100分，发放全额奖金300元。

5. 被考核者每月的考核分数高于100分者，计算其考核分数比初始分数增加的比率，其绩效奖金的发放额按相同的增加比率予以提高。

九、绩效考核申诉

1. 被考核人对考核结果不清楚或存有异议的，可通过书面的形式向人力资源部的绩效考核管理人员提出申诉。

2. 被考核人须在考核结果公布后的____个工作日内提出申诉，否则无效。

3. 人力资源部必须在接到申诉后的____个工作日内提出处理意见和处理结果。
十、附则
1. 本方案由仓储部负责编制、解释与修订。
2. 本方案自××××年××月××日起生效。

执行部门		监督部门		编修部门	
执行责任人		监督责任人		编修责任人	

6.2.5 仓储运营策略制定

（1）优化仓储管理方式，提高管理效率

① 及时更新机械设备，对设备的管理及使用要设立严格的制度。

② 对仓储管理人员进行现代化管理理念的培训，使得仓储管理工作顺利进行。

③ 做好仓储工作流程的优化，确保工作人员能够快速有效完成工作。

④ 协调好仓储管理与其他部门之间的工作配合。

⑤ 可以借鉴其他供应链企业的管理方式及经验，发现自身问题要及时有效地改正。

（2）降低仓储费用，提高利润率

① 对货物进行分类管理，适当地集中库存，以此来加速周转，提高企业的产出量。

② 采用有效的先进先出方式，保证每一个被存储物的储存期不至于过长。

③ 提高存储密度，提高仓容利用率。

④ 采用有效的储存定位系统与有效的监测清点方式。

（3）提高工作人员综合素质

① 对内部员工进行培训，提高管理及工作人员对专业设备的了解及使用。

② 对于管理人员可以实行外部进修学习的方式，学习现代化专业的管理知识。

③ 对外招聘相关方面的专业人才，提高企业的整体管理水平。

6.2.6 仓储考核与评价体系设计

（1）体系说明

仓储作业应从服务水平、库存周转率、库存利润率、信息化水平以及资源利用程度5个方面来构建绩效考核体系。

① 服务水平。对于服务水平的管理应该是积极主动地跟踪和探究并在这个过程中使得服务质量得到有效推进，评价服务水平的主要指标有服务时间、服务成本、服务质量以及服务数量等。

② 库存周转率。库存周转率是评价库存效率的主要指标，对于影响库存效率的其他指标，最终也归结到库存周转率指标上来。

③ 库存利润率。货物吞吐量、进发货准确率、平均库存费用、账货相符率以及商品缺失率等指标的评价是供应链企业财务特性的体现。

④ 信息化水平。信息化水平用以考核企业的仓储业务信息化程度，节省人力成本，简化仓储业务流程。

⑤ 资源利用程度。资源利用程度用以对仓储业务的资源利用效率和水平状况进行考核和评价，能够反映出仓库管理水平和质量的高低。

通过对上述5个方面所涉及的指标进行综合归纳、概括和整合，可以建立起对于仓储业务绩效考核的完整评价体系。

仓储考核与评价体系如图6-3所示。

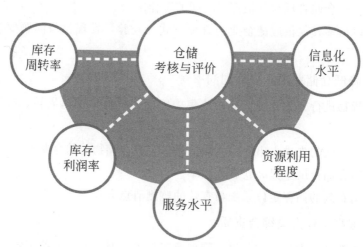

图6-3　仓储考核与评价体系

（2）体系设计重点

① 明确组织结构与部门使命。在了解组织机构的过程中，应注意上下级关系的对应，权责是否一致，职能的重叠与空白。在设计考核评价体系时，还应了解部门在组织中处于何种地位，日常营运工作，以及部门在组织中需实现哪些战略目标。

② 有系统地确定、收集和组织工作信息。这一过程是通过对工作的研究，

确定该工作的任务、职责、与其他工作的关系，以及该种工作的工作环境与任职要求，进行职位描述。

③ 进行持续不断的改进提高，并根据业务情况做出改变。绩效考核是一个持续进行的流程，应当反映当前存在的和正在兴起的业务挑战，也要反映企业的绩效和事业价值。当业务和劳动力发生变化时，绩效考核与评价体系也要随之改变。要确保绩效考核体系与企业价值和优先考虑项保持一致。

6.3 逆向物流管理与逆向物流体系设计

6.3.1 逆向物流作业流程优化报告

以下是逆向物流作业流程优化报告。

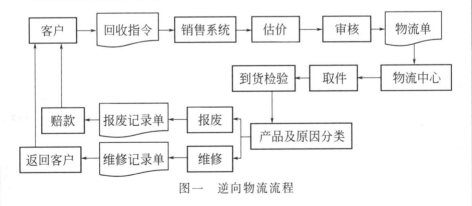

报告名称	逆向物流作业流程优化报告	编　号	
		受控状态	

逆向物流作业流程优化报告

一、概述

根据相关数据统计，企业近一年来逆向物流单量约为 2000 单，并预计未来将呈增长趋势，为了逆向物流作业流程优化与完善，通过对本企业在逆向物流运作过程中出现的不足和问题进行分析，做出相应作业环节的优化。

二、逆向物流流程现状及问题

逆向物流流程如图一所示。

图一　逆向物流流程

逆向物流流程发现的主要问题有以下几个。

1. 由于现有快递员都主要服务于正向物流系统，对于逆向物流订单只是一种临时兼顾的状态，当正向取件和配送任务繁忙时就会出现拒单或延误的情况。

2. 估价系统描述不够清晰，可能会与用户期望价值产生误差。

3. 由于回收清单整理及传递由人工完成效率较低,所以当出现信息传递不及时的情况时,回收中心的相关工作人员就处于等待的状态。

4. 没有驻点服务人员对产品进行初次评估,有些没有回收价值的商品,没有做就地销毁,造成了人力物力的浪费。

三、流程优化

逆向物流优化流程如图二所示。

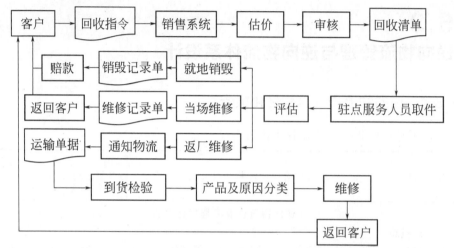

图二　逆向物流优化流程

通过对现有流程问题的分析,企业可从以下方面进行解决。

1. 企业应设置逆向取件专职快递员,避免快递员由于正向取件和配送任务繁忙而出现拒单或延误现象,并从管理制度上对快递员上门取件的时间进行严格的约束,提高逆向物流订单处理。

2. 构建透明公开的估价体系,依托线上线下价格数据信息,全面采集尽可能完善现有价格数据库,为用户提供合理的废旧产品回收价格。

3. 实行竞价机制,以产品回收商、处理商相互间竞价的方式为用户提供更具吸引力的回收价格,使消费者在废旧产品回收处理中的地位变得更为有利。

4. 细化回收平台客户端产品信息描述选项,为系统提供更加准确的产品信息,使系统能够更加全面准确地掌握产品情况,给出更加精准的估价,尽量缩小与用户期望之间的偏差。

5. 企业应加强与回收中心之间的信息互通,实现回收业务相关信息与回收中心实时共享,尽量省略人工操作,提高信息传递效率。优化后的业务流程与优化前相比,去掉了重新分配快递员和人工传递信息的环节。

6. 为了降低物流成本,需要对退回的产品或者零部件进行分类和评审,针对价值不大的产品或者零部件,要求就地销毁。对于涉及保密性高的产品或者零部件要求返厂或者销毁(需要有销毁记录)。对于价值较高的产品要求返厂。

7.驻点技术服务人员承担质量管控和维修人员的双重责任,对问题产品进行检验和把关。一般可维修问题由技术服务人员当场维修;不能修好的产品由技术服务人员建议返厂或者报废。这样一来很多不必要返厂的产品就在办事处当地消化掉了,减少了60%左右的产品返厂,因此减少了一半左右的物流成本。

8.回收人员需要增加一项职责,在每一台问题产品上贴上与问题产品相关信息,包括:产品问题或现象、退货客户详细地址、退货人员姓名和联系方式、收货人员地址和联系方式。保障每一台问题产品在维修以后都能找到它原来的主人和出处,以便工厂或者销售人员能够准确寄回给客户,提高产品寄回的准确率,提高客户满意度。

9.添置驻点服务职能,负责异常事务处理。原有流程分支过多,造成各岗位工作人员工作出现中断,其根本原因是业务(交易)信息不完整,业务规则不固定造成的,针对这一情况可以制定固定的业务规则,通过信息系统进行固化,减少交易的随意性,当实际情况超出界定范围时,由专门的人员进行信息获取与协调工作。

10.简化审核流程。简化、集中审核环节,明确审核规则,由信息系统进行自动审核。

11.建立集中式的回流商品处理中心。在集中式回流商品处理中心的集中式系统中,所有要进入逆向物流系统中的产品都要送到处理中心,在那里可以经过分类、加工后,运到下一个目的地。

四、成果总结

通过对流程的优化、完善,逆向物流作业大大减少了不必要的工作环节,减少了等待时间,提高了工作效率,改善了工作质量。

编写人员		指导人员	
主送部门		抄送部门	
报告意见			

6.3.2 逆向物流绩效考核报告

以下是逆向物流绩效考核报告。

报告名称	逆向物流绩效考核报告	编　　号	
		受控状态	

<table>
<tr><td colspan="2" align="center">逆向物流绩效考核报告</td></tr>
<tr><td colspan="2">

一、考核基本情况

本次考核本部门从考核准备、组织实施、结果统计与评定等各个环节都做了周密的安排,基本圆满地完成了考核工作。

1.考核期限。

____年1月1日～____年2月28日。

2.考核范围。

目前,物流部有员工____名,根据岗位的性质不同将其分为管理人员和专业技术人员2类。

</td></tr>
</table>

二、考核过程简述

1. 此次年度考核分为管理人员考核和专业技术人员考核两类。

(1) 管理人员考核,主要是在考核个人能力的基础上,考核整个逆向物流工作业绩完成情况。

(2) 专业人员考核,主要是考核员工考核期内的工作业绩、工作能力和工作态度。

2. 为了避免绩效考核结果密集分布在高位区,或者密集集中在中间地带,考核采用强制分布法,将考核结果按一定的比例分配到各个区域。

三、考核结果说明

考核评估结果主要包括每项指标的单项总分、单项均分、单项评定等级、综合评定结果、优点与不足之处。

1. 逆向物流管理人员综合评定结果汇总:

考核对象1 良好水平,总分____。

考核对象2 良好水平,总分____。

……

2. 基层员工成绩汇总:

分值在____的,有____人。

分值在____的,有____人。

……

四、绩效反馈与面谈

人力资源部根据每个人的考核结果,将其反馈给被考核对象,并分别与之进行了绩效面谈,共同制订出绩效改进计划,使被考核对象明确自己的绩效改进方向。

五、绩效考核评估

1. 在本次绩效考核的实际操作过程中,有以下问题存在。

(1) 由于时间原因,某些考核指标的选取不够科学化,比如中层管理干部的考核指标当中,有两项指标为客户管理、市场开拓能力,这两项指标主要针对销售岗位的中层管理干部来说的,如果作为非销售岗位的管理干部来讲,这两项指标就显得不太科学。

(2) 考核内容过于笼统,对所有中层管理干部的考核用的是相同内容的考核表,而非根据岗位的不同,把考核内容做区分。这种情况在基层员工的考核表当中,对这个问题有所避免,但是做得还不够细。

(3) 考核实施之前,没有对绩效考核相关事宜进行培训,造成部分员工对此次考核的不理解,并产生排斥心理。员工的考核意识比较淡薄,再加上后期缺乏相关的培训引导,给本次的考核工作造成一定的困难。

(4) 从递交的考核表当中发现,对于考核表当中的优点与不足之处,评语显得比较空泛,没有落实在具体行为当中。这就让受评人看到考核结果时,不太清晰自己究竟在哪些方面做得不到位。

2. 绩效考核方案改进措施。

(1) 确定考核指标前,根据各个岗位的具体要求,充分展开调研工作,和各部门员工配合,制定出个性化、科学化的考核指标,确保考核内容的有效性。人力资源部根据此次考核当中存在的问题,在接下来的考核工作当中,尽可能地做到规范化。

(2)针对前期员工对本次考核的反应,以后在实施新的考核方案之前,都会对此进行相关的培训,确保评估人充分理解考核的目的和考核当中的注意事项,同样也使被评估者明白组织的期望,确认自己在工作当中的努力方向,以便使员工由现在的被动管理逐渐转变为员工的自我管理。

3.考核者(受评人)的绩效改进计划。

本次绩效考核后,由人力资源部和受评人的直接上级根据绩效考核结果,共同对其进行了绩效面谈,确保其明目前自身所存在的不足,并与受评人共同制订了下一步的绩效改进计划,让受评人认识到下一阶段自己在工作当中的努力方向和注意事项。

六、总结

此次考核,虽然存在一些方方面面的不足之处,但因为考核方法和考核对象的选取比较科学,一定程度上弥补了考核本身所存在的不足之处。就考核结果来说,还是相当有效的,能够反映中层管理干部和部分基层员工的工作业绩、能力和工作态度,而且在进行绩效面谈时,受评人也比较能够接受。

编写人员		指导人员	
主送部门		抄送部门	
报告意见			

6.3.3 逆向物流运营方案

以下是逆向物流运营方案。

方案名称	逆向物流运营方案	编 号	
		受控状态	

一、目的

1.提高顾客满意度和忠诚度,增强企业竞争能力。

对消费者来说,逆向物流的实施能确保不符合订单要求的产品及时退回,有利于消除顾客的后顾之忧,同时提高顾客对企业的忠诚度与回头率。

2.保护环境,塑造良好的企业形象。

环境业绩已成为评价企业经营绩效的重要指标,实施逆向物流战略有助于保护环境,为社会可持续发展做出贡献,提升企业在公众中的形象。

3.降低企业成本,提高市场竞争力。

回收的物资经过统一检验后,对于可重复使用的产品和可再加工的零件进行再加工、拆卸、翻新等逆向物流活动后可重新获得使用价值,可以作为生产原材料或直接进入销售渠道,大大降低了企业的生产成本,提高了市场竞争能力。

二、职责分工

1.客户服务部负责接收顾客的退换货申请,并与顾客保持联系,报告产品情况。

2.物流部负责对商品进行回收,向相关人员传达退货事项。

3.生产部负责对退回商品进行检验、处理与再检测,并将问题反馈给质量控制人员。

4. 财务部负责将退货产品录入账单，做好对账工作。

三、工作程序

逆向物流从消费者流向生产商的过程可以分为 4 级：第一级是零售商，第二级是分销商，第三级是生产商，第四级是供应商。根据逆向物流的方向，把逆向物流管理流程分为零售商、分销商、制造商和供应商管理流程。逆向物流业务主要有回收、检验、分类和处理等。

（一）接收逆流信息反馈

业务员要求客户开具相关的退货单或返修单；业务员接到客户退货返修的信息后，要交代跟单员及时签收、及时处理；如果是业务员自己经手从客户处取回逆流产品的情况下，则要主动向跟单员反馈逆流事项的信息情况，并把退回的产品交由跟单员去跟进处理。

（二）回收

跟单员签收快递/退货后，向业务员传达退货事项的情况，确认实际签收的数量和理应退货的数量信息是否一致；同时，必须开具"退货跟进单"；跟单员要及时同步维护"逆流产品跟进明细汇总表"；跟单员把"退货跟进单"和退回的产品放在一块，一起流到检修处进行及时维修或检测。

（三）检验

对于接收的回收品首先进行检验。一是防止不合理的回收，例如零售商通过检验以控制买家的无理退货；二是通过检测回收品的性能、成分，以决定下一步的处理方案，是直接再销售还是加工后再销售，是分拆后投入生产还是做报废处理。

在每个检验的过程中，都需要对产品进行分类，以确定产品回流的原因，以便对流经该节点的逆向物流进行分流处理。

（四）维修处理

维修员对"退货跟进单"的不良品，遵循"一单一清、一单一入库"的原则进行维修；修好之后要在"退货跟进单"上记录维修相关的信息，并签名；然后把逆流产品和"退货跟进单"一起流到检测与加工环节的相关人；如果逆流产品有报废，则进入报废的程序，开具报废单申请报废入库。

（五）检测与加工

检测与装配人员遵循"一单一清、一单一入库"的原则对逆流产品进行检测，以及对售后维修好的逆流产品进行检测和装配加工，如需要换外壳和产品标签时，则负责到仓库领取相关的外壳和产品标签，然后在"退货跟进单"上签名，最后把完好的逆流产品和"退货跟进单"一起交回给跟单员入库。

（六）品质控制

如果是品质问题而引起的产品逆流退回，则品质控制相关人员根据逆流产品的不良现象、原因、维修对策、改善方法等制作相关的逆流产品的品质报告和改善计划。

（七）良品入库

跟单员凭"退货跟进单"，把维修好的逆流产品入库到仓库，成品库管员要确认"退货跟进单"上有检修人员的签名，同时要判定产品外观是否完好，如完好则接受入库，否则应该拒绝入库不完好的不良品；然后在"退货跟进单"上进行确认和签收，并且还要另外开具"退货跟进单"一式三联（一联仓库、一联业务、一联财务）。

如果是返修产品,则跟单员打出"返修送货单",把货发给客户,不需入库。如果有报废品,需要领取新的产品补给客户时,则在返修送货单上另起一行开列换货的数量,并注明报废换货;跟单员复印"退货跟进单",一张给品质,一张自己留存。

(八)财务对账

财务根据"退货跟进单""返修送货单""逆流产品跟进明细汇总表""报废单",凭此四种表单进行业务退货对账。

四、逆向物流的信息系统管理

建立为逆向物流服务的信息系统,为逆向物流的顺利完成提供准确、充足的附加信息。逆向物流的信息主要包括废品、副产品、过期产品、再使用产品等信息数据的收集。通过建立资讯系统及时地掌握产品的销售地点、使用状况等信息,进行科学的分析,从而做出相应的经营决策,能够在最短时间内找到和回收已销售的产品,控制和降低可能发生的风险。

五、附则

1. 本方案由物流部负责编制、解释与修订。
2. 本方案自××××年××月××日起生效。

执行部门		监督部门		编修部门	
执行责任人		监督责任人		编修责任人	

6.3.4 逆向物流业务绩效考核方案

以下是逆向物流业务绩效考核方案。

方案名称	逆向物流业务绩效考核方案	编　号	
		受控状态	

一、目的

1. 帮助逆向物流业务人员改进工作方式,提高工作效率。
2. 为绩效奖金发放以及职位调整等人事政策提供参考。

二、考核原则

1. 定期化与制度化。绩效考核制度作为人力资源管理的一项重要制度,企业所有员工都要遵照执行。本考核为月度考核。
2. 以量度标准为主导。关键业绩考核和目标考核相结合。
3. 有效沟通原则。在考核过程中要坚持对存在争议的问题通过沟通的方式来解决,减少在绩效考核过程中不和谐因素的出现。
4. 个人效益和企业绩效挂钩原则。绩效考核的实施,必须相应体现企业的效益情况。以绩效考核为依据所进行的奖金发放额度随着企业效益的变化而有所变化。

三、考核实施

1. 操作准确。

(1) 定义。

接运货物的交接、运单、标签、交货单据的制作,必须与客户委托发货记录的信息一致,操作各环节应准确核对每票货物的件数、到站、品名、重量、运单号等信息,做到正确操作、无错发货物(错发是指货物交给航空企业配载发运至非货物指定目的地)。

(2)考核标准。

① 收运货物(提货)时,按照客户发货明细单上给出的信息,核对到站、品名,清点件数,称重,量体积,100%确认无误。

② 出入库:分拣入库时货物交接按照规定,应逐票进行核对、清点、复важnost,准确粘贴标签标记后入行,做好登记。出库按照配载发货的交接单操作,与装车人员交接准确,做好签字确认,不得遗漏货物在库内或错发。

③ 运单、标签、交货单据要求按客户委托发货单上信息100%制作准确;业务信息记录按照开单信息100%记录准确。

④ 货物的交运要求发货员认真核对运单、交接单上信息是否一致,逐票清点货物的件数,检查货物的包装情况,保证交运货物的准确,不得错发货物。

⑤ 货物交接各个环节要求登记的信息准确、真实、有效,并签字确认无误。

(3)考核办法。

单向满分10分,每出现一次操作错误或错误记录扣2.5分。

(4)数据来源。

由当班的信息班长提供当(班)日货物信息统计(以邮件形式发到人资部邮箱中)。

2. 运输正点。

(1)定义。

全天提(发货)车辆必须按照规定的批次、规定的线路,准时准点(在规定的时间点上下误差不超过5分钟)到达(离开)目标操作节点。

(2)考核标准。

① 因提前发班车没按规定批次发车,驾驶员未经允许改变行驶路线;或不按规定交接检查车辆的技术状况,导致病车上路抛锚,造成的晚点,责任由司机承担。

② 因配载不按规定批次进行配载货物,造成的晚点,责任由配载人员承担。

③ 因操作现场不按规定操作,导致货物滞留车内,不能准点离开,造成的晚点,责任由操作人员承担。

(3)考核办法。

单向满分10分,每出现一次晚点,扣除此项考核分数1分。

(4)数据来源。

以信息班长核对司机货物交接单上派车时间和客户货物交接单上客户配载及操作员签字时间为准。

3. 货物安全。

(1)定义。

① 丢失:是指货物在航空运输过程中部分或者全部遗失和货物在操作过程中保管时导致的遗失。

② 损毁:指货物在运输过程中,由于运输原因导致的外包装破损且托寄物损坏,或者外包装无损,托寄物损坏的情况;或者由于货物在操作、保管期间导致的损坏。

(2)考核标准。

① 客户货物在提货、分拣、入(出)库、运输、上站过程中,因操作人员未按照"货物操作管理规定"执行和履行职责,导致货物丢失的,当班责任人员承担全责。

② 客户货物在提货、分拣、上站过程中,因操作人员的野蛮装卸行为导致货物外包装破损,托寄物损坏的,当班责任人员承担全责。

③ 除能证明货物的毁损是因不可抗力或货物本身的自然性质合理损耗造成的,不纳入该项考核,否则将纳入考核。

(3)考核办法。

① 破损率为0%,每出现破损一次(根据客户的货物破损投诉统计的次数),扣除考核分5分;破损率=统计周期内破损的件数(由客户提供的货物损毁投诉进行统计)/统计周期内总的发货件数。

② 丢失率为0%,每出现一次货物丢失(根据客户的货物丢失投诉统计的次数)则全部扣除此项分值,并承担该货物的赔偿费用。

(4)数据来源。

由客户部项目组提供。

4.信息反馈。

(1)定义。

是指按照客户要求和本企业的"操作管理规定"将货物实际的提/发货信息和其他的相关信息以指定的方式反馈到客户指定的人员。

(2)信息传递标准。

① 货物信息在预配航班飞机起飞前3小时内,由前台信息员以电话或者传真及邮件形式反馈到客户指定的人员。

② 航班信息在预配航班飞机起飞前2小时内,由前台信息员以电话或者传真及邮件形式反馈到客户指定的人员。

③ 货物落地信息及异常信息在预配航班起飞后1.5小时内,由前台信息员以电话或者传真及邮件形式反馈到客户指定的人员或者信箱。

④ 货物异常情况(危险品、限运物品):在操作过程中出现的货物异常情况,在1小时内反馈到客户(客户前台信息或客户领导)。

⑤ 货物出港信息在航班起飞后2小时,客户仍未得到货物出港信息的,当班信息员对其负全责。

⑥ 信息班长必须将每日的异常信息(落货和危品)及时与客户进行核对,并记录客户当班人员的姓名,以保证当月异常信息的准确性,若发现与客户的异常反馈信息不相符的,当班的信息班长则对其负责。

(3)考核办法。

① 信息及时:以航班为单位考核,每出现一个航班提发货信息未能及时反馈的(由客户提供信息反馈不及时的数据统计),每票扣除考核分2分(50元)。

② 信息准确:以航班为单位考核,每出现一个航班提发货反馈信息错误(由客户提供信息反馈不准确的数据统计),每票扣除考核分2分(50元)。

(4)数据来源。

以前台信息员录入当日出港货物信息为准。

四、附则

1.本方案由物流部负责编制、解释与修订。

2.本方案自××××年××月××日起生效。

执行部门		监督部门		编修部门	
执行责任人		监督责任人		编修责任人	

6.3.5 逆向物流网络体系设计

（1）逆向物流网络体系说明

逆向物流是相对于正向物流来说的，一个完整的闭环供应链系统应包含正向物流和逆向物流两部分。逆向物流网络体系与正向物流网络体系具有相同的总目标，也就是以最低的成本或最大的效益实现废旧产品从回收过程到再市场化过程的转变。

一个完整的逆向物流网络必须实现以下主要功能：产品收集、检测分类、仓储、再处理（再利用、再制造、再循环）、废弃处理、再分销。在每一类具体的回收产品逆向物流中，这些物流活动或多或少会有差异，同时这些基本活动的集合描绘了物流网络活动的内容。

逆向物流网络连接了两个市场，即回收市场和销售市场。通过回收市场获得使用过的产品、材料，经过逆向物流网络的转换，成为再使用的产品、材料后再度进入销售市场。

逆向物流的网络体系如图 6-4 所示。

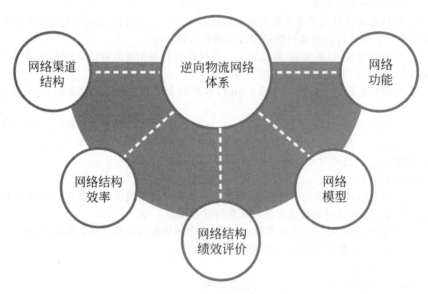

图 6-4　逆向物流网络体系

（2）逆向物流网络体系设计影响因素

逆向物流网络系统设计主要是解决网络的层数、成员组织方式和连接方式、运输服务、顾客服务、逆向链与正向链的整合问题及构建逆向物流网络的效率问题等。在具体构建逆向物流网络时，必须综合考虑所处的内外部环境及逆向物流的独特特点。

① 环境因素。逆向物流网络构建环境从产品、市场、资源三个方面考虑。

第一，产品因素。废旧产品的物理特征和经济属性对物流网络的布局有很大的影响，例如数量、重量、体积、损坏程度、经济价值等。由于产品特征的不同，将会导致不同的最终产品、回收程度以及不同的再使用、再制造和再循环产品市场，从而导致不同的网络结构形式。

第二，市场因素。市场因素涉及参与逆向物流的各种市场角色及相互关系，这对最终的逆向物流网络结构有着重要的影响。

第三，资源因素。相关资源具体包括公用回收设施、企业私人回收设施、运输资源、人力资源、时间限制、法律因素、合同限制等。

② 逆向物流网络结构的独特特点。

第一，废旧品的不确定性。不确定性主要包括回收物品的数量、质量（如损耗程度、污染程度、材料的混合程度等）和到达时间等，这些不确定性因素将给逆向物流系统结构设计带来一系列后续问题。

第二，检测和分类的集中程度。供应不确定性导致的直接后果之一就是要在逆向物流网络中设置检测/分类环节，而在传统供应链的生产分销物流网络中却没有。

第三，"正向"与"逆向"的关系。正向物流网络的特点是"少对多"，呈发散状结构；逆向物流网络的特点是"多对少"，呈收敛状结构。逆向物流通过三种渠道进行：一种是传统的正向物流网络；另一种是独立的逆向物流网络；还有一种是正向和逆向相结合的集成网络。

6.3.6 产品逆向物流管理策略制定方法

企业在制定产品逆向物流管理策略时，可使用 SWOT 分析法、OGSM 分析法、关键成功因素法，具体方法说明与操作如表 6-1 所示。

表 6-1 产品逆向物流管理策略制定方法

方法名称	说明	操作
SWOT 分析法	将部门的 S（优势）、W（劣势）和 O（机会）、T（威胁）两两组合，分别形成四大策略：SO 策略、WO 策略、ST 策略、WT 策略	◆SO 策略：发挥自身优势，利用外部机会 ◆WO 策略：利用外部机会，弥补自身劣势 ◆ST 策略：利用自身优势，回避外部威胁 ◆WT 策略：弥补自身劣势，回避外部威胁

续表

方法名称	说明	操作
OGSM 分析法	O：Objective 目的。指"达成或实现什么"，明确"做事"的方向 G：Goal 目标。对目的一个具体、量化的描述 S：Strategy 策略。指实现目标的路径和方法 M：Measurement 衡量指标。衡量的是策略的实施情况，需要评估每一个策略完成后能否达到期望结果	◆设定"目的"，即"做什么"，如提升销售额、降低客户投诉、提升员工士气等 ◆确定目标，明确"做到什么程度" ◆目标确定后，需要确定将通过什么策略或采用什么方法来实现目标。假设目标是提高逆向物流循环利用能力，那么策略就是提高设备系统再利用能力、加大废弃物治理设施投入强度等 ◆衡量指标，明确每个策略需要"做到什么程度"
关键成功因素法	关键成功因素指的是对部门目标达成起关键作用的因素。关键成功因素是部门实现规划目标的必要条件	思考部门必须具有哪些方面的能力和条件，才能实现规划目标？如何提升这方面的能力？因此，为实现部门的具体目标，首先明确："为实现这些具体目标，必须创造哪些条件？"一旦知道对于哪些条件对部门实现目标是关键的，就可以制定策略来获得这些关键成功因素

6.4 物流业务外包与物流外包战略制定

6.4.1 外包数据收集与处理的工具及方法

（1）外包数据收集与处理的工具

① 信息系统。企业应根据物流外包业务的实际情况，制定相应的物流数据管理措施，明确物流数据形成过程中企业物流人员和外包服务人员各自的职责。只有在项目过程中有条不紊地记录数据，才能保证数据的准确、完整和标准化，确保数据的有效性。

② 报表系统。通过报表系统定制的综合报表，主要用来对运输系统中的数据进行归纳、汇总和展示。报表系统还提供多个分析报表形式，主要包括业务支持报表和辅助管理报表，还可以根据实际需求进行报表定制。

③ 结算单。结算单是客户、外包商进行结算的凭证，其数值取自运输路单。结算单统计的数据包括统计收入结算与统计支出结算。收入结算指为客户运输货

物收取运费形成的财务收入,支出结算指外包车队承运运输任务形成的财务支出。

结算单分为草稿、审核和过账 3 种状态。草稿状态的结算单将运输路单引入到结算单,过账状态的结算单通过接口自动进入财务系统,在财务形成应收账款或应付账款。

(2) 外包数据收集与处理的方法

① 收集根底数据。根底数据包括企业共享数据和生产数据两部分。共享数据通过接口从其他模块系统引入,生产数据只在物流管理信息系统使用。

共享数据包括组织信息、车辆信息、车队信息、客户信息等,生产数据包括业务类型(物资/作业类型)、运输路线、钢材品种、运价清单、燃油类型、计量单位、司机信息和外包车队信息。通过维护根底数据,保证系统最根本数据的正确性和统一性。

② 管理订单中心。订单中心主要是用来承接外部运输订单和固定运输业务。通过接口,将客户的运输提单直接引入到企业系统中,生成运输订单。通过运输订单了解客户的运输需求,细化运输任务,便于调度人员安排运输车辆和货源。

6.4.2 外包绩效考核报告

以下是外包绩效考核报告。

报告名称	外包绩效考核报告	编 号	
		受控状态	

外包绩效考核报告

一、概述

20××年__月__日,绩效考核组依据企业制定的绩效管理实施方案,对物流外包商进行了绩效考核,结合服务合同内容、经营管理目标顺利完成了绩效考核工作。现将20××年度 8 月的绩效考核工作开展情况汇报如下。

二、绩效成绩

8 月份物流外包商在各项目中的表现。

1. 8 月份外包商在质量项目的表现。

外包商	总交货批次	检验不合格批次	批次合格率/%	得分
1	6	0		
2	5	0		
3	4	0		
4	4	1		
5	3	1		

2. 8月份供应商在交货项目的表现。

外包商	总交货批次	如期交货批次	延迟1~3日交货批次	延迟3~4日交货批次	延迟5~6日交货批次	延迟7日以上交货批次	得分
1	6	5	1	0	0	0	
2	5	3	1	1	0	0	
3	4	2	0	2	0	0	
4	4	1	1	1	1	0	
5	3	0	0	1	0	2	0

3. 8月份外包商在经济、支持与服务项目的表现。

经济指标	标准分	外包商得分					支持服务指标	标准分	外包商得分				
		1	2	3	4	5			1	2	3	4	5
价格具有竞争力	12分	12	11	9	8	6	对投诉的反应及时、到位	5分	4	4	3.5	2.5	2
价格合理、具体、透明	2分	1.2	1.5	1.5	1	1	合作态度良好	3分	3	2.5	2	2	1.5
不断降低成本	2分	1.3	1.5	1.5	1	0.5	沟通手段齐备	3分	3	3	3	2	1.5
让顾客分享成本降低的利益	2分	1.3	1.5	1.5	1	0.5	积极配合改进	5分	4	3	2	2	2
收款发票合格、及时	2分	1.2	1.5	1.5	1	1	其他支持程度	4分	3	3.5	3.5	2.5	2
总分	20	17	17	15	12	9	总分	20	17	16	14	11	9

三、考核结果及应用

外包商1为A级,正常派单,酌情增加派单,优先派单,在特殊情况下可办理免检,货款优先支付。

外包商2为B级,派单策略维持不变,物流部应对其下发整改通知,对存在的问题采取整改措施。

外包商3、4为C级,减少派单量或者暂停派单,要求其对不足的部分进行整改,并将整改结果以书面形式提交,物流部对其整改结果进行确认后决定是否继续正常采购。

外包商5为D级,物流部应对其下发整改通知,并于2个月内寻找新的供方。

四、考核问题与解决

1. 评价标准不全面。

虽然有评价体系,却没有成本、质量、技术等核心指标,评价结果没有突出重点、指标不够完善。

2. 缺乏外包商综合评价。

没有使用比较系统的、规范的方法对多个指标、多个单位同时进行评价。综合评价方法一般采用加权平均计算得分,指标的权重直接影响评价结果,改变外包商的优劣等级,显然合理、正确地确定权重系数非常重要。

3. 对考核标准理解不同。

外包商对考核标准的不同理解,是考核产生偏差的重要原因之一,为了降低偏差,可以采取这样一些措施:企业要对以上可能产生的偏差的标准有一个清楚的认识。因为搞清楚可能出现的偏差会有助于考核时避免这些问题的出现。

人力资源部
二〇××年××月××日

编写人员		指导人员	
主送部门		抄送部门	
报告意见			

6.4.3 物流业务外包服务体系设计

(1) 体系说明

物流外包是企业为集中精力增强企业核心竞争力,而以合同的方式将其物流服务部分或完全委托给专业的物流服务企业运作。物流外包是一种长期的、战略的、相互渗透的、互惠互利的业务委托和合约执行的方式。

供应链管理下的物流业务外包服务体系有5个要素,如图6-5所示。

(2) 体系设计重点

① 正确选择物流外包企业。首先需要对市场上众多的物流企业进行调查、分析和评价。调查其管理状况、信息技术支持能力、行业运营经验、长期发展能力和信誉度等。认真分析其承诺和报价,报价应根据外包企业自身的成本确定,而非依据市场价格,同时报价中包括各项作业的成本明细。在评价的基础上,从多个企业物流外包中选择一家最适合的。

② 签订合同,详细说明相应事宜。在合同中要对服务的环节、作业流程、作业方式和时间、费用等细节做出明确规定,使双方相关人员在作业过程中能够步调一致,也为企业检验对方物流作业是否符合要求提供了标准和依据。同时要

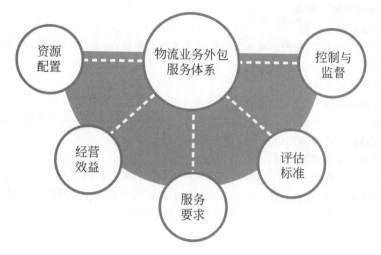

图 6-5 物流业务外包服务体系

规定相关的赔偿细则。这是物流外包最重要的一个环节，它是决定物流外包成败的关键要素之一，也最大限度保护了双方的利益。

③ 与企业物流外包结成战略联盟。物流外包意味着双方利益是捆绑在一起的，即"一损俱损，一荣俱荣"。因此为了双方的共同利益，也为了更好地使企业物流外包为自己服务，要与其结成战略联盟，并进行充分沟通和交流，让对方在一定程度上了解自己的签约期间的业务计划、发展目标等商业秘密，这样才能使企业物流外包有良好的表现，促进两者的共同发展。

④ 对物流外包进行监督和控制。将物流外包后，不能认为一切都是物流外包企业单方面的工作，而将自己的全部精力放在核心业务上，仍需要派一定的管理人员亲自视察和监督外包物流外包企业的工作，以便及时发现问题及时纠正，因此，物流要建立物流外包控制机制，对物流外包企业的业绩进行定期检查，制定标准对其进行考核。这是物流外包顺利实施的重要保证。

除了上述的重点，企业要分析物流外包所能提供的物流服务的宽度，将物流外包的项目逐步扩展，保持一定的弹性，使其以最灵活的方式为自己服务。同时要意识到物流外包可能会受到内部作业流程的制约以及员工的抵制，毕竟这也是一定程度上的变革，因此要注意企业物流内部组织结构的调整。

6.4.4 物流供应商管理和绩效考核方案

以下是物流供应商管理和绩效考核方案。

方案名称	物流供应商管理和绩效考核方案	编　号	
		受控状态	

一、目的

通过对物流供应商管理与考核,建立合理公平的 KPI 管理体系,监控其运作质量,奖勤罚懒、优胜劣汰。提高总体运输服务质量和客户满意度。

二、原则

对物流供应商进行合理、清晰的考核,建立有效的激励机制。

三、管理与考核办法

1. 物流管理部发货员每日应及时通知物流供应商上门提货。物流供应商应在指定的时间内,安排合适的车辆到指定的仓库提货。

2. 要求物流供应商应保证提货车辆车厢的洁净、干燥,最好使用集装箱式货车。车厢内不能有杂物、刺激性气味、油污等。

3. 提货车辆到达仓库后,仓库发货员应安排提货员到指定地点提货或者等待提货,保证提货现场的有序性。具体装车时间由各仓库货品的出库进度和产品的紧急程度决定。

4. 物流供应商提货人员进入厂区后,须举止文明,穿着得体。严禁穿拖鞋,严禁在仓库内或周边区域闲逛、抽烟、吃零食、乱丢垃圾、大声喧哗等,禁止和仓库人员攀谈。

5. 物流供应商提货员在装车时,发货员应做好现场监督。指引提货员依托运单到指定的区域提取货物。提货员搬运货物时,应轻拿轻放,严禁踏货、抛货、重摔等野蛮行径,确保企业货品的安全。一经发现,所有货损由物流供应商承担,并给予相应的经济处罚。

6. 物流部应安排专人对货物的运输过程进行跟踪、监督与管理,并及时将终端的异常问题反馈给物流供应商。对于延期到货、错发货以及货损、货差等异常,应特别关注,做好异常记录并适时进行跟进,要求物流供应商及时整改与落实。

7. 对于物流供应商在承运过程中造成的各种损失,运输科负责人应及时向物流供应商进行索赔,同时做好相应记录,作为考核的原始数据进行存档,并做好相应的账务处理。

8. 每月 8 日前,相关人员从物流信息系统中,将物流供应商考核内容进行选择计算,将各物流供应商考核结果发给物流供应商,并将"物流供应商月度 KPI 考核通报"给予物流供应商确认。

9. 每月 10 日之前物流中心统一出具全国物流供应商考核,将"考核表""评估报告(包括所有物流供应商)""评估报告(作业比例 15% 以上)""分企业排名"反馈给各物流供应商。

10. 根据奖惩办法,对物流供应商进行奖罚处理。物流中心每月 10 日之前统一将"物流供应商月度 KPI 考核通报"统计汇总,对于处罚的项目统一发给各区域物流经理按要求在运费中进行扣检,并提供给财务一份,同时物流中心将汇总表给予财务中心安排统一扣减运输成本的核算。

11. 考核指标及权重。

序号	考核指标	计算方式	分值	权重
1	订单延误率	不合格订单数/可统计的总订单数	25	25%
2	货损货差率	不合格订单数/可统计的总订单数	25	25%
3	回单未完成率	30天内没有返回的订单/同期完成的订单总数	20	20%
4	客户投诉率	当月客户投诉订单数/当月运作的总订单数	10	10%
5	信息反馈及时率	当月信息反馈达标订单/当月运作的总订单数	10	10%
6	提货及时率	当月及时提货订单/当月运作的总订单数	5	5%
7	紧急出库完成率	当月紧急出库合格订单/当月运作的总订单数	5	5%

12. 考核标准。

(1)物流供应商货物送达的及时性,每延误1单扣0.5分(非人力可抗拒因素除外),并扣发不合格订单运费的10%。

(2)货物送达的完整性,每出现一次货损扣2分。

(3)物流供应商未在30天内回单的(实际回单天数＝回单日期－客户收货日期)每出现一次扣1分。

(4)客户对物流供应商服务的满意度,客户每投诉一次扣1分。

(5)物流供应商相关信息的传达与反馈,如到货信息查询等,拒绝查询的扣5分;信息不准确且未造成重大损失的扣1分;信息延误的扣0.5分(由企业物流部物流专员负责与物流供应商进行信息对接)。

(6)物流供应商提货及时率及搬运与堆码的规范性,物流供应商每违规1次扣1分。

(7)物流供应商对紧急订单的完成率,每延误1单扣1分。

13. 评定标准。

(1)总得分≥90分的,无任何过失行为,且完成任务的总体质量很高,评为A级物流供应商。

(2)总得分≥80分的,无任何重大过失行为,且完成任务的总体质量较高,评为B级物流供应商。

(3)总得分≥70分的,有不超过三次轻微过失行为,并没造成显著负面影响,且完成任务的总体质量可以接受,评为C级物流供应商。

(4)总得分＜70分的,有超过三次以上的过失行为,造成较大损失的,评为D级物流供应商。

14. 考核结果处理办法。

(1)物流供应商被评定为D级一次,给予严重警告,并限期整改,同时削减其业务量;连续两次被评为D级,直接终止业务合作。

(2)物流供应商被评定为C级一次,给予警告;连续两次被评为C级,则要求限期整改并对其业务能力重新评审;连续一个季度被评为C级,则根据其服务状况削减其业务量。

(3)物流供应商被评定为B级的,注意维持与其的良性合作关系。

(4)物流供应商被评定为A级,可以与之形成战略合作,并适度增加其业务量。

15.考核奖惩方式:对于考核结果按月度、季度对物流供应商进行评估奖罚。原则为:奖励先进的物流供应商、提高落后物流供应商的能力;考核物流供应商的能力、提高招商局的物流供应商管理;

(1)除需要按照合同规定,对相应责任事故及损失做出赔偿外,所有考核的物流供应商均参加此考核方案。

(2)每月由集团根据分企业上报的统计结果对各类合作伙伴进行排名;每季度进行综合评比进行奖励。

(3)持续两个季度KPI指标无法达标的承运企业将被下达强制停止合作的通知。

四、附则

1.本方案由仓储部负责编制、解释与修订。

2.本方案自××××年××月××日起生效。

执行部门		监督部门		编修部门	
执行责任人		监督责任人		编修责任人	

6.4.5 物流运营模式制定方法

在供应链管理中,物流运营模式可分为自营、组合外包以及整体外包三种模式,企业可通过以下3种方法确定物流运营模式。

(1) Ballow 模型法

基于 Ballow 二维决策模型分析企业对物流的管理能力以及物流对企业的重要性两个重要因素,当两种重要因素偏低时可选择第三方物流服务,反之,可选择自营模式。

(2)经济效益分析法

将几种运营方案进行分析计算,取固定的建设周期与运行周期,从企业的实际经营角度出发,采用成本效益对比分析,得到适合企业运行的最佳方案。

(3)层次分析法

将物流作业分为目标层与指标层,目标层为物流模式的最优选择,指标层为不同的运营成本、预期收益、竞争力提升、风险因素等,不同的指标与运营模式对于总目标的重要性权重不同,最后选出最优模式,如图6-6所示。

6.4.6 物流供应商选择的工具及方法

(1)物流供应商选择工具

企业在选择物流服务供应商时,可以利用供应商筛选系统、供应商调查表、供应商评估表等工具进行综合评估。

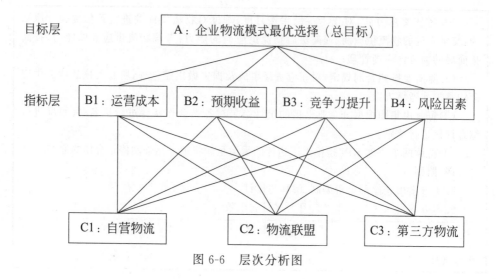

图 6-6　层次分析图

（2）物流供应商选择方法

① 定量分析法。通过相关的数据分析物流供应商的作业效率、财务水平、业务运作能力等，综合选出合适的供应商。

② 直观判断法。直观判断法是根据征询和调查所得资料并结合企业的分析判断，对物流服务供应商进行分析、评价的一种方法，主观性较强。

③ 招标法。通过招标法选择物流服务供应商，通常是由企业提出招标条件，各供应商进行竞标，然后由企业决标，最后与提出最有利条件的供应商签订合同或协议。招标可以是公开招标，也可以是指定竞标。

④ 协商选择法。在可选择的物流服务供应商较多、委托企业难以抉择时，也可以采用协商选择法，即由企业选出条件较为有利的几个供应链企业，同它们分别进行协商，再确定适当的供应商。

⑤ 标杆法。在进行物流供应商选择时，以物流行业内一流企业的最佳实践为基准，将各个物流服务供应商的实际情况与这些基准进行定量化评价和比较，从中选择出符合企业要求的供应商。